干支易象要诀历史悬案探秘

贺云飞 著

图书在版编目（CIP）数据

干支易象要诀历史悬案探秘 / 贺云飞著 . —北京：华龄出版社，2022.6

ISBN 978-7-5169-2220-0

Ⅰ. ①干… Ⅱ. ①贺… Ⅲ. ①《周易》—研究②占卜—研究 Ⅳ. ① B221.5 ② B992.2

中国版本图书馆 CIP 数据核字（2022）第 059112 号

责任编辑	郑　雍	**责任印制**	李未圻
书　　名	干支易象要诀历史悬案探秘	**作　者**	贺云飞
出　　版 **发　　行**	华龄出版社 HUALING PRESS		
社　　址	北京市东城区安定门外大街甲 57 号	**邮　编**	100011
发　　行	（010）58122255	**传　真**	（010）84049572
承　　印	运河（唐山）印务有限公司		
版　　次	2022 年 6 月第 1 版	**印　次**	2022 年 6 月第 1 次印刷
规　　格	880mm × 1230mm	**开　本**	1/32
印　　张	11.5	**字　数**	257 千字
书　　号	ISBN 978-7-5169-2220-0		
定　　价	88.00 元		

作者简介

贺云飞　干支易象学创始人。祖籍山东德州，1972年出生于黑龙江省呼兰河西畔。南京政治学院毕业。辽宁省书法家协会会员、沈阳市美术家协会会员。自幼喜医嗜易，对《黄帝内经》中“五运六气”、李时珍《濒湖脉学》均有独到见解。主要从事汉代易学研究，对《焦氏易林》《京氏易传》以及传统数术中的奇门遁甲、六壬、六壬金口诀、六爻、命理、堪舆、麻衣相法等均有系统研究，深受《三国志·管辂传》启示和影响。重点梳理了自汉以来的象数应用易学，提出了干支易象理论，由于易理精湛、方法灵活、应用性强，深受广大易学爱好者喜爱。

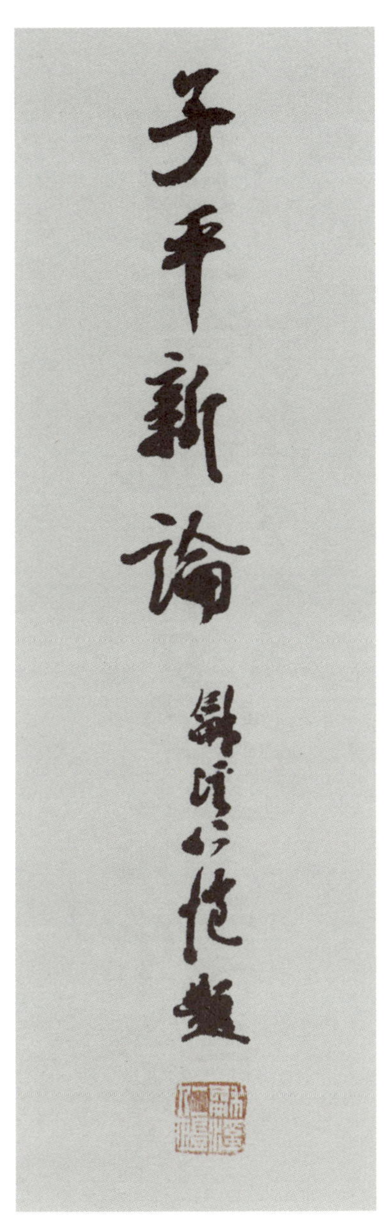

书画鉴赏家 杨仁恺

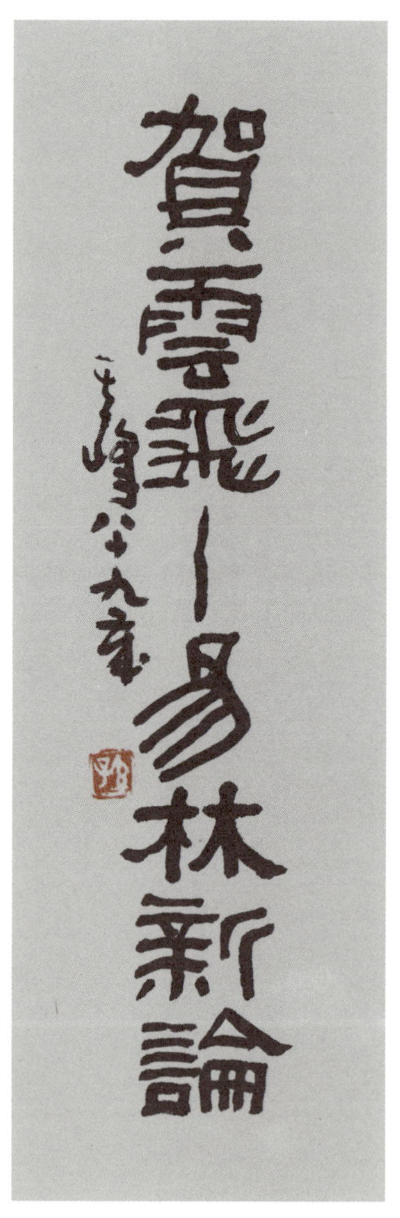

天津美术学院终身教授孙其峰

幽贊而達乎數
明數而達乎德

恭祝雲飞先生新作出版

辛丑年冬書於濟南 忠军

林忠軍

山东大学林忠军教授

《文王演易图》

中国美术家协会理事、吉林省美术家协会副主席、吉林省美术家协会秘书长、国家一级美术师兼任中国长城书画院艺术委员会委员，长春市美术家协会副主席孙维国

自 序

《周易》是《易经》和《易传》的总称，我们通常讲的《易经》是六十四卦中的卦爻辞，分为《上经》三十卦《下经》三十四卦，而《易传》则是指《文言》《彖》上下、《象》上下、《系辞》上下、《说卦》《序卦》《杂卦》共七种十篇，又称“十翼”。自汉以来，由于儒家学说地位的发展确立，《周易》被尊为群经之首，所以对它的研究形成了一种专门的学问，就是我们常说的易学。

从历史上看，易学作为一门学问，其对《周易》的研究包括象数、文字和义理三个环节，就《易经》流派上讲有田何的今文《易经》和费直的古文《易经》，从文本而言又有马王堆的帛书《易》与上博楚竹书《易》。自战国时期产生的《易传》开始，对《周易》的研究便存在着取象说和取义说的对立。取象说是取八卦所象征的物象来解释《周易》中的卦象和卦爻辞，取义说则是取八卦和六十四卦的卦名含义，解释卦爻象和卦爻辞。具体来讲，如对乾坤两卦的解释，取象说以乾为天，以坤为地，而取义说则以乾为健，以坤为柔顺。这两种学说在《易传》中并存又互相补充，自汉以后，这两种说法逐步发展为两大对立的学派即象数学派和义理学派。两派之间的学术之争和派别斗争影响和推动了后世易学发展的态势和走向。

如果说战国时期形成的《易传》奠定了易学的哲学理论基础的话，那么两汉易学，则是结合了天文历法并受到占星术和天人感应学说的影响，推测阴阳灾异的象数学派主流已基本形成。晋唐易学则是融合了老庄玄学来释易，形成了魏晋玄学派，属于义理学派。到了宋明时期，易学又同道学即新儒的哲学相结合，一直发展延续到清初。清代汉学兴起后，对《周易》的研究又重新回到了汉易的传统。

汉代易学的主流是象数易学研究，这个时期不仅易学大家辈出，而且易学理论也呈现出多元化的特征。如孟喜的卦气说，京房的八宫说，郑玄的爻辰说，虞翻的卦变说以及陆绩、干宝、蜀才等对象数易学的推动和弘扬，使易学研究不仅仅局限于对《周易》文本文字的训诂及注解，大大拓宽了象数易学的研究空间和视野，极大地丰富了象数易学理论，更多的体现在象数易学思想的理论与实证上，如《三国志·管辂传》中记载：辂至列人典农王弘直许，有飘风高三尺余，从申上来，在庭中幢幢回转，息以复起，良久乃止。直以问辂，辂曰："东方当有马吏至，恐父哭子，如何！"明日胶东吏到，直子果亡。直问其故，辂曰："其日乙卯，则长子之候也。木落于申，斗建申，申破寅，死丧之候也。日加午而风发，则马之候也。离为文章，则吏之候也。申未为虎，虎为大人，则父之候也。"从管辂仅凭一个方位的飘风就判断出王弘直儿子将死亡，东方有骑马的官员到，而且全部得到了验证，可见汉时的象数易学还是非常倾向于实证的。其实，这种以象证理的精神在《易传》中早就有："是故天生神物，圣人则之；天地变化，圣人效之；天垂象，见吉凶，圣人象之；河出图，洛出书,圣人则之。”这就是“易与天地准”的命题，换句话说，就是天地间大千世界出现什么现象，我们都可以以易象的思维去发现它，分析它，研究它。

《辂别传》曰：“辂为何晏所请，果共论《易》九事，九事皆明。晏曰：‘君论阴阳，此世无双’时邓飏与晏共坐，飏言：‘君见谓善《易》，而语初不及《易》中辞义，何故也？’辂寻声答之曰：‘夫善《易》者不论《易》也。’”可见管辂所用的易象及爻象，是当时流行的京氏易，而不是《周易》文本。基于对易学史以及象数易学的认识，只要符合《周易》卦爻象和卦爻辞中所蕴含的思维方式，如整体思维、变易思维、直观思维、模拟思维、形象思维、辩证思维、类推思维、演绎思维、形式逻辑思维等，是完全可以如管辂一样，脱离《周易》文本及文字训诂注解去体现《周易》的思想和精神的，这样的研究也可以称之为易学。北大哲学系教授朱伯崑先生在其《易学哲学史》一书中即提出：“研究易学哲学史就取材说，应以哲学家、思想家以及富有哲学思想的经学家的著述为主。这是因为易学哲学史所研究的课题，不是研究《周易》本身，亦非从文字训诂方面研究各家对《周易》的注解是否可取，而是研究易学中各流派于《周易》的解释中提出的哲学思想，至于其是否符合《周易》本义，那是无关紧要的。”

翻开《史记》《汉书》《三国志》等古籍，像管辂这样以现象和征兆来实证易理的例子应该说很多，但都没有易案解析，只有《三国志·管辂传》中有此一例管辂自占自解的易案，我深以为然，二十多年前就对此易案进行了深入的研究，发现管辂先生治易在继承焦延寿和京房等西汉先贤易学思想基础上，对于《周易》纳甲法又有新的发展和理论飞跃，尤其是上引文中判断王弘直儿子死亡时的解析中讲道："乙卯是长子的征候"一句，对我启发极大，影响极深。研究象数易学的朋友都知道，传统的注易解易运用爻象时，多是讲当位不当位，世应爻以及承、据、中、正、比、应、互卦、反对与旁通、卦主、卦德等，而极少提及干支。从《周易集解》中只能见到郑玄、干宝运用卦爻纳甲干支去解易，管辂先生竟然能依据乙卯一组干支，而取震卦的类象长男来判断王弘直长子死亡，我觉得这个细节极为重要，并认为应当举一反三融会贯通来研究，依据管辂先生运用干支来体现易象，由此，我提出了"干支易象学"的研究思路取向，再结合纳音、纳甲、十二辟卦等，进行了大量的实践和古易案破解，获得了诸多实证方面的经验。2020年又完成了对古籍《梅花易数》的注解，命名为《干支易象学梅花易数注解》并由詹石窗教授作序，华龄出版社出版发行。从反馈结果来看，干支易象学这种探研易学的思维模式和方法，得到了广大读者的认可和好评。

为满足读者要求，今再推出《干支易象要诀历史悬案探秘》，旨在进一步扩大干支易象在《周易》研究领域的视野，不断地推动象数易学在新的历史时期的演变与发展。本书取材于诸多古籍如《搜神记》《稽神录》《酉阳杂俎》《睽车志》《太平广记》及长篇小说《封神演义》和史书《三国志》等部分相关内容，通过干支易象学的分析和解读，挖掘小说与历史中哲学、史学价值以及审美和文化传承价值，重点探研其中所蕴含的隐而不彰的象数易学应用新理论、新观念、新技法。具体来讲本书有以下几个特点：一是坚持古为今用，古今结合的原则，对每则小故事都做深入浅出的易理分析，并指出易理卦象爻象的要点，然后进行总结，同时又结合现实生活中的现象运用探研理论进行分析判断，实证探研理论的合理性；二是坚持知识性、趣味性、应用性相结合，让这些篇幅短小，叙事婉曲、描摹细腻、语言凝练、设想奇幻的小故事在保持知识性、趣味性的同时，通过干支易象的易理解析和总结，使其对现实生活更具指导性；三是本书较之《干支易象学梅花易数注解》而言，不仅有理论的升华和飞跃，而且坚持开放式的多元多维度的探研视角，对《三国志》中杨仪、魏延、邓艾、管辂占风等涉及易学的疑案，进行了翔实的解析，为破解史书中的千年悬案，做出了积极的探索。

《艮》卦六五爻云："艮其辅，言有序，悔亡。"由于时间仓促，水平有限，本书内容未必尽如人意，敬请读者批评指正。

贺云飞

2021年11月13日

目　录

第一章 《睽车志·杨礼说三事》等易案解析与启示

01 古易案 吴兴《杨礼说三事》，青莲口香骨钩联

这个故事取材于《睽车志》卷一。《睽车志》是宋代笔记小说，其名中的“睽”，即取自火泽睽卦，书中记载的大部分是离奇的神怪故事。我们用干支易象来探研这则小故事，从中挖掘易理十分具有启发意义。

《杨礼说三事》原文

吴兴杨礼承务[①]，其母县主[②]素与尼法安善。安尝夜梦有青莲花，其女曰莲师，自婴孩则口常作莲花香，然生四岁而夭，火之，其骨自颅至足皆相钩联，举之不绝。

①承务，为古官职，后泛指地主富豪。

②县主，为古代皇族女人的封号。

释　意

吴兴有个叫杨礼的承务郎，其母亲被封为县主，她与尼姑法安关系友善。尼姑法安说曾经夜间梦到青莲花。杨礼女儿名叫莲师，自婴孩即口中常有莲花香，然而不幸四岁就夭亡了。火化后发现骨自颅至足都是完整的，当地人将此事一直传到现在。

本易案解析

我们要破解古文故事里的易象，前提是先要把原文的准确意思理解清楚，然后才能运用干支易象解决问题，否则我们的感悟就是错的，也就不可能正确解读这些故事。有些易友在解析这个故事的过程中，主要存在两个问题：一是不能正确理解古文原意；二是解析本身五花八门没有亮点。解析内容貌似头头是道，看着好像是在用干支易象学的方式方法，但实际上是形似而神非，没有抓住重点，其结果必然是南辕北辙。

大象定卦宫　细节爻上寻

如果我们要从干支易象的角度来探研故事，最重要的是找到关键词句和关键点。象意的大方向（即卦宫），一定不能错，然后才能进行准确定位，这是一切探研的基础和前提。

先定准大的象意之卦宫。这个故事最先提到了母亲和尼姑，那么这两个象意就是先要考虑的关键点。故事情节里的主要要素如：母亲和尼姑、尼姑梦到青莲花、青莲花和杨礼女儿之间的关系、杨礼女儿自幼口常有莲花香、四岁夭折以及火化后头颅到脚的骨骼完整相连等情节，一定都是相互关连，一脉相承的，哪一个都少不了，反过来也可以验证我们的关键象意是否取用得准确到位。

母亲，不论取哪个卦宫，肯定是父母爻，这一点毫无疑问。莲花，显然是水中的植物，如果解析的出发点取离卦或震卦，问题就很大，说明没有判断清楚重点在哪里，抓不住故事的象意核心。也就是说，关键点定位在哪个卦宫，必须要首先弄清楚，一定要准确无误，然后才能在这个前提下正确提取具体爻象。否则即使解释得再好、再精彩，说得再头头是道，也无法应用。

既然莲花是草本植物，那么在八卦中代表草本植物的，只有震巽两个卦，而莲花显然要取巽卦。我们定位巽卦后，母亲就是辛亥父母爻。从这个象意入手，辛亥有亥为水，十二辟卦为坤，坤中有木为乙卯，为亥水中之木，辛亥之中即有莲花之象。

辛卯为尼为太庙

《干支易象学梅花易数注解》基础部分中曾经讲了一个香炉破损主神象断手指的实测易案，其中用到了艮卦鬼爻。在讲到爻位的时候，强调了上爻为太庙，丙寅和丙申相应，为寺庙也为和尚。同样道理，巽上九爻辛卯也可以为寺庙，也可以是尼姑，与辛亥父母爻相生，故为“相友善”，就是关系比较好。

本书中易案解析的思维模式和角度，很多是易友以前没有也不可能接触到，但在本书的解析中又会大量运用，干支易象学技法——把亥转换成十二辟卦为坤，此时尼姑辛卯随之化为坤鬼爻乙卯，生父母爻乙巳，也代表尼姑和杨母关系友善。辛卯是亥中鬼爻乙卯，鬼爻为法，坤为安静，为“法安”之名。

法安夜梦青莲花

这个象意还是在亥中体现。梦是晚上睡觉时，头脑中产生的景象，亥为夜晚与巳相应，巳为腾蛇为虚幻为梦，在坤为乙巳宅爻，故以亥为坤，则坤中乙巳即为夜晚所做之梦；生乙巳者乙卯，即为做梦之人，乙卯又由辛卯化来，即巽宫父母爻辛亥的亥字辟卦为坤，坤之鬼爻为乙卯，此卯木与巽之辛卯木的象意相同，为尼姑法安做梦。莲花不离水，为水木相生之象，亥中乙卯生乙巳，被生者乙巳也可以为莲花，故梦见莲花。

一爻多象莲师名

亥为坤，而乙巳、乙卯均可为莲花，则辛亥也可为莲花，又为巽父母爻，与子孙爻辛巳相应，辛巳又为乙巳，为坤父母爻，故可认为子孙爻和父母爻都在亥中，子孙为孩子，父母为师，辛亥又为莲花，为杨礼女儿名曰莲师。

自婴口常莲花香

莲师从婴孩时，就口气非常清新，有花一样的香气。婴孩是刚出生的小孩，最大特征是离不开母亲。辛巳既是子孙爻又是父母爻，与辛亥应，符合婴儿象意。而以亥为坤，巽中鬼爻辛酉又成为子孙爻，也可以代表孩子，酉为兑为口，为小孩口。莲为辛亥，莲香为气息，辛卯为巽宫世爻兄弟爻为风，与辛酉相应，又与辛亥半合，为小孩“口常作莲花香”。此是将辟亥为坤与巽相组合，并按坤来取六亲辛酉则为子孙按巽则为鬼爻，又如以亥为坤，将巽与坤的六亲象意相融合，此时体现了象的丰富性，即辛巳在巽为子孙，在坤则为父母，故乙巳则既有子孙的象意又有父母的象意。

四岁而夭莲夭命

辛酉为子孙与辛卯相应，辛卯以亥为坤为鬼爻，又为巽宫上九世爻为夭命，卯为四，为小莲师四岁而亡。而辛卯生乙巳，即为火化之象。

自颅至足骨钩联

其一，以巽论，骨可为辛酉金，在巽三爻为鬼爻；其二，以坤言，辛酉应爻辛卯在坤为乙卯也为三爻为鬼爻，两个鬼爻在一个爻位上，二象归一，而辛卯居巽上九爻可代表头，卯为震又代表足，所以，自头颅到足，其骨皆相钩联。这里，既体现了坤巽两卦世应爻的对立统一关系，也体现了同爻位同六亲属性的干支易象之间的关系。

作为奇闻传不绝

乙巳，既是父母爻，也是子孙爻主传播，由辛卯来生，应辛酉为兑为说，所以这个故事作为传说，被人们经常提到。辛卯为巽宫世爻，于亥为坤而言又是鬼爻为奇特，故事在当时也成为奇闻，一直流传不绝。

至此，我们就用干支易象把这个故事的主要情节演绎完毕了。这种思维方式，转换太快，跳跃度太大，可能易友一下子接受不了无法理解。但慢慢熟悉这种探研方式，你会发现易象别有洞天。

原来习惯于用梅花易数类象去解卦的，容易对这种思维方式越看越糊涂。那么，比较有效的办法是把巽卦和坤卦的爻象、六亲画出来，与解析对照起来就能看懂。

本易案启示

这个古代小故事的干支易象演绎，给我们的启示就是：不要总盯着一个卦中的那几个爻象，还可以集中一个地支，按照十二辟卦，把所有的爻象都浓缩在一个地支之中，就会发现很多六亲都在变化，像武侠小说中讲的上乘武功“乾坤大挪移”。比如这个易案中，按常理怎么也想不到辛卯能到亥中去，跟乙卯相通互同，但恰恰是这样变化转换之后，故事的解析才能紧密相连。

02 易案　年命一柱化辟卦之财运篇

这个易案与刚刚解析的古易案故事有一些联系。2018年8月我去合肥送孩子上大学，上海的朋友听说以后，就赶过去一起吃饭，饭桌上为新认识的朋友进行了实测。

一组干支惊四座

其中有个朋友就让我看看他近期的生意怎么样。因为饭桌上不可能问他的八字，我就只问了他的年命是73年癸丑人，然后判断说，进入立秋这个月，他岳父或岳母住院了，应该是脑类疾病。结果他反馈说是岳父差点因为脑类疾病救不过来。那么仅仅通过一个癸丑，就能看到岳母岳父家那边有人得病，而且是脑类疾病，确实是匪夷所思。如果说出来不做解析，别人要么说是仙儿附体，要么就认为是胡说八道，别人用四柱、六爻，用奇门遁甲都测不出来的事情，这里却仅用一组干支就解决了？也确实是难以置信！这个易案比较珍贵，其中有一些新感悟的应用。具体解析如下：

易案解析并释克应

他问的是生意，我判断的是父母病，是不是所问非所答？这个不是。其实在古代奇门遁甲、六壬的预测中，都是去找克应！比如判断谁家何时有人抱小孩来或者有人骑马来，或家里有人送活物来等事情发生而且对了，那就要在三年之后有某事发生，这个就叫克应！找克应的原理，就是先拿几点判断去验证，如果对了，再找所问之事与这几个判断之间的干支易象联系，而如果这几点对不上号，那后面的判断也是不对的，这就是内在的逻辑关系。这样去思考是对的，高水平预测都是这样进行的，绝对不是胡说八道。

那么所问之人年命癸丑，按十二辟卦是地泽临，二爻丁卯鬼爻持世，再见到月令庚申，十二辟卦为天地否，三爻乙卯财爻持世，这样丁卯见乙卯，纳音就位相克，丁卯为宅爻，就是家里有人病；为什么定位是岳母家？因为丑为山为岳，癸为坤为母，合起来是岳母之象，所以岳母家有人病；庚申鬼爻也为病，居五爻可以代表父亲，也可以代表头部之疾，鬼爻临白虎为岳父病了，可以这样去用。这跟我们刚才讲的在一个地支里面取象的技法是一脉相承的，我在这个易案的实践中应用而且准确应验了。

同时，对于年命癸丑而言，乙卯虽然来克世，应岳母家有人病了，但乙卯见申也是财爻，病了也说明财旺，不过毕竟在庚申白虎中，所以事情还有阻隔，所以我判断他这个月生意刚刚有眉目，反馈确实是这么回事。下个月辛酉，还是有阻隔，包括戊戌年后几个月也都不行。后来他又问明年怎么样，我说明年可以有财，因为财爻乙卯木明年亥年得生。

这种技法易友翻开古书，翻开现在所有资料，都没有记载，这是我研究出来的新技法，而且就是从探研古代笔记小说里的故事中得来的。

易理靠学，易道靠悟

我们学易理靠什么？就是我说的“易理靠学，易道靠悟”。关于悟性，有不少人问过我：一样的易理，你为什么一用就灵，我用就不灵？我说这就要看你用不用心，我们常讲心神，说心在神在。但有很多人学基础理论的时候，叶公好龙，三分钟热情，这样肯定不行。阿基米德定律是洗澡得来的，万有引力定律是牛顿看苹果得来的，如果不用心去琢磨，怎么会发现这些定律？我们讲的这些神来之笔，也都是用心琢磨出来的，所谓心生妙法。所以说悟性，首先要用心，用心去做，用心去学，才能学好。其实不论学什么，都要心在神在，才能出神入化，也只有用心去学、去感悟，才能渐入佳境。

03　易案　年命一柱化辟卦之职业篇

这个案例是我刚刚给癸丑人测完后，饭桌上另一位朋友十分感兴趣，请我看看他的生意如何。

我同样也没问他八字，只问了年命是壬子。我判断他目前不是做餐饮，就是搞交通道路生意的。他反馈说：“我以前是做快餐的，现在做高速公路护栏。”他感叹道：“你这个职业范围定得太小、太神奇了！简直难以置信，你仅仅通过一个壬子，就直接定位若非餐饮便是交通道路。现在的行业太多了，你却只给了两个答案！别说现代了，就是古代也不好测，而且提前没有介绍，都是第一次见面，也没有提前说要预测。”接着他又问生意怎么样？我判断他的生意是三人合伙，农历六月份出现不愉快，意见出现分歧，而本月（庚申月）有贵人相助，渐入佳境。他说：“是在那个月，另外两个合伙人之间不太舒服，公司发展也碰到了很多阻力，此月也确实是有贵人相助，回款也挺好，确实渐入佳境。”随后他拍着胸口说：“这个简直太神奇了！我们要是只听别人讲，根本就不可能相信能一口说出我是做公路生意的。六月份合作伙伴出现问题这个事情，你不可能知道，在场的其他人也都不知道，而且只问一个年龄，就可以预测到这个程度，确实是非常之精彩，也非常之神奇！”

本易案解析

相比《梅花易数》“小儿科”式非常简单基础的易案和理论，这里展示的理论和技法，不光是易友没接触到的崭新内容，层次也要高出很多。

两组干支互换共参

这个案例首先是两个结合，即把壬子年命与当下月令结合，又与太岁戊戌结合。古书记载包括金口诀也有这个技法：就是把两组干支互换位置，比如壬子见戊戌，可以有壬戌的象意，也可以有戊子的象意。实际应用结果也会很准，现结合这个易案，再进一步解析这种技法如何应用。

世上职业千千万，妙定餐饮与交通

壬子，按纳甲法为乾卦子孙爻主食伤，食伤见到戊戌按爻位是五爻主道路。道路临食伤主吃的，为在路边搞吃的，也就是经营餐饮，但他说不是，那么如果考虑进庚申月令的因素，庚申是五爻，戊戌又是五爻，故跟交通道路有关，结果果然是做高速公路护栏生意。

六月份己未月，纳音天上火，月令就是朋友或者合作伙伴，而壬子和戊戌天干和地支互换，就有戊子霹雳火的象意，那么天上火见霹雳火，为晴空霹雳，主口舌，就是合作伙伴之间出现意见分歧；己未克壬子，所以经营受阻；庚申月令来合壬子，所以这个月有贵人相助。再者，当天是辛卯日，贵人诀“壬癸蛇兔藏”，晚上夜贵为卯兔，也说明有贵人相助。实际是找到了他当地一个领导亲属，帮助解决了困难，所以他的公司逐渐好起来了。

第二章 《稽神录·郑就》等易案解析与启示

04 古易案《郑就》宅东得宝剑，廉颇梦里授玄机

第二章古代小故事是选自《稽神录》卷一中的《郑就》，原文如下：

《郑就》原文

寿春屠者郑就，家至贫，尝梦一人，自称廉颇，谓就曰："可于里东掘地，取吾宝剑，当令汝富，然不得改旧业。"就如其言，果获之，逾年遂富。后泄其事，于是失剑。

释 意

寿春有个屠户叫郑就，家里非常贫穷。他曾经梦见一个自称廉颇的人告诉他："你到宅子东边，掘地取我的宝剑，就会富起来，但是你必须不能改变屠户的职业。"郑就按照梦里说的去做了，果然得到一把宝剑，几年后富了起来。但后来这个事情泄露

出去了，宝剑也无缘无故没了。

本易案解析

因分野而定癸酉

用干支易象探析这则小故事，首先还是要定义卦宫和大象。廉颇，是赵国大将，赵国按古代地支分野居酉位；屠户，我们会想到坤卦世爻癸酉剑锋金，故癸酉可以为赵国大将廉颇，也可为廉颇之剑。

合易理郑就之名

癸酉坤世爻与乙卯大溪水相应，卯酉为关门闭户；癸酉世爻可代坤，化十二辟卦为亥，为水为耳，关字加耳旁即为“郑”；癸酉为子孙为小口，近取诸身，并以《梅花易数》测字之法，可组合成为“就”，合为郑就之名。廉颇之剑和郑就之名也有关联。

得宝剑寿春宅东

一般测寿元要看子孙爻，旺则主长寿。易理上因为疾病就是鬼爻，子孙爻旺，克官治鬼，就是不得病，当然还要具体分析。那么癸酉子孙为寿与乙卯相应，卯木为春，为寿春之名。又都在坤宫为地，乙卯为坤三爻也为东边，靠近二爻为宅位，所以宅东挖地可得宝剑。

生宅爻宝剑致富

宝剑癸酉到家里，就是子孙爻旺。虽然癸酉与乙卯应，为子孙爻临鬼，但乙卯也为震为木，为青龙主财。宝剑到了家里，也会冲乙卯动，动则生乙巳宅爻，那就是家里财旺了！所以郑就得到宝剑之后，家里的日子就好过了，富起来了。

应坤象不改旧业

坤中有癸亥猪、乙未羊、癸丑牛、癸酉鸡，等等，癸酉剑锋金应乙卯鬼爻，那就得不改旧业，还要靠屠户致富，才能克应这些象意。

鬼爻动事泄失剑

癸酉剑锋金子孙主言说，与鬼爻乙卯相应，鬼爻为看不见，为丢失。言说之后，宝剑与鬼爻应了，自然就消失了。

虽然乾宫也有剑锋金，但与地支分野不符，不能完全表现故事情节的象意，这是易案破解的关键点。

请易友了解一下古代十二地支分野，本书后面的易案中，还要用到这个知识点。

十二次	寿星	大火	析木	星纪	玄枵	娵訾	降娄	大梁	实沈	鹑首	鹑火	鹑尾
二十八宿	角亢氐	房心	尾箕	斗牛女	虚危	室壁	奎娄胃	昴毕	觜参	井鬼	柳星张	翼轸
分野	郑	宋	燕	吴越	齐	卫	鲁	赵	魏	秦	周	楚
	兖州	豫州	幽州	扬州	青州	并州	徐州	冀州	益州	雍州	三河	荆州

本易案启示

这个案例给我们一个启示就是，坤卦鬼爻动，不见得是坏事。一是乙卯本身也是青龙也主财；二是乙卯动也生乙巳宅爻，家宅的风水地运就上来了，也主家里进财，家业旺盛。

在风水上也启示我们：有人适合剑锋金，放在坤卦东边，可以起到旺宅的作用。而有人在家里西南方向摆放植物或者树，但发现放完后家里不是有人腿疼，就是老人病了。因为西南见木为乙卯，就是坤临鬼爻。所以调整风水一要考察各自命理，二要结合实际，不能乱用，有人见宝剑是凶器，而有人就适合。

05 易案　独臂人送面，此非一臂之力

一位企业老总，梦到有人送他一碗面，奇怪的是送面的人只有一个胳膊。他认为这是有人要助他一臂之力，但是实际没有，就问我对这个梦的看法。

本易案解析

乙卯大溪水为坤，正应独臂人送面

仍然强调第一步必须要定位准，第一步定位不准，后面象意判断得再好，思路再活跃，那也是下笔千言，离题万里。

那么梦里有一碗面，面是五谷杂粮，是很碎的东西，可以是坤宫。那么盛面的碗，就可以为坤中乙卯（乙卯为震为器皿）为鬼爻，与世爻癸酉相应。而送面的人有伤残，是一个胳膊，正符

合了乙卯为鬼爻的象意；煮面条肯定要有水，乙卯又为大溪水，这个关键点的象意一定要解读出来。大溪水乙卯又跟子孙爻癸酉相应主吃的，可以为面条，也可以是水中之物比如水产品。送面就是乙卯发动，生二爻乙巳为宅爻，为有人送上门。所以我判断有人要给这个梦主海鲜之类的水产品。结果当晚晚饭时候，有人正好从海边回来，给他带了一网兜海鲜，他马上就给我反馈了，说还以为是别人助我一臂之力，没想到是有人送海鲜。

这个易案涉及了纳音的应用。现在无论在传统命理上，还是在象数运用上，往往很多人忽视纳音。听过我命理课的人都知道，我纳音应用得比较多一些，易友没事多学学纳音，看看六十甲子纳音都代表什么。其实纳音里面还有很多象意，乙卯也不是一个简简单单的大溪水的问题，将来易友要是有机缘听我的命理课，纳音一定用得上，而且非常重要。

同为癸酉与乙卯，理一分殊各一枝

本书涉及的内容、思维方式和类象在《干支易象学梅花易数注解》这本书的基础上，无论在内容上、层次上都有所提高，有所变化，难度上也会有所增加。此案例与《郑就》易案的相近点是都发财得物了，这个是有人送海鲜，那一个是得宝剑当屠户致富。尽管同样是癸酉和乙卯相冲，都应了好事，但也不能按照固定模式去理解，我用癸酉与乙卯相冲，还准确预测过有人送水果和大米，说明乙卯又可以是水稻和大米，又可以是水果：甲寅乙卯纳音相同，都是大溪水，甲寅是水果，乙卯也同样可以代表水果。

06 易案 卯因遇申得财，鬼爻伏吟捐衣

易友庚申月问，她农历五月份梦见已过世母亲的锁骨伤了，会应何事。因为是自己的母亲，所以尽管过了几个月，但对这个的梦印象依然很深。

本易案解析

卯见申为财爻，克应还钱收鸡

前面年命一柱化辟卦之财运篇的易案中提到过，申月见卯木以财论，因为申金按照十二辟卦为天地否，三爻乙卯财爻持世。

过世的母亲，为坤宫鬼爻乙卯；母亲摔伤了锁骨，还是坤宫鬼爻乙卯。既然在申月鬼爻乙卯动了，可以代表财。坤为旧为归还，所以我判断最近有人会还给她和她爱人两笔钱，因为老公也是官鬼爻。反馈说最近她和爱人都有人还款，确实是两笔，其中一笔钱，以为同学可能还不了了。

这个易案挺有意思的一点，是我还判断最近有人给她家送鸡，而她反馈确实如此！说最近不敢吃的东西比较多，猪牛发生了疫情传闻，羊也不敢吃了，孩子说想吃鸡肉，跟农村亲戚说了之后，亲戚就买了只笨鸡，也就是前几天给送过来了。还款是乙卯，因为乙卯是门户，门户又生宅爻，所以是进财，乙卯又跟酉金相应，酉为鸡。

鬼爻伏吟发动，有捐衣之善举

我又判断她家买了家用电器，而且最近有旧衣服淘汰，她爱

人也买了一双鞋，这三点也都应验了。家用电器是豆浆机，豆浆机是带水的，实际还是乙卯。五谷杂粮都在坤宫成长，巳为乾为圆为豆，坤中乙巳就可以代表大豆。豆浆机乙卯来生宅爻乙巳为大豆，为买了豆浆机；卯又为震为足为官鬼爻，为爱人买鞋。

这个案例的难点是旧衣服淘汰捐出去了。她说十几年也没收拾衣服了，也没给过别人淘汰的衣服，但最近社区要捐衣服，就把上大学时期的那些衣物，全收拾打包捐给了社区，这个事就在此梦中体现出来了。

当下快递业务这么发达，收个快递包裹概率比较高，但是判断旧衣服捐出去这个事情不常有。没有的事情，我们不能硬往上靠，那不叫应验。概率不高的、不容易发生的，像捐衣服这种十几年才发生的事情，才有研究和探索价值。

母亲锁骨摔伤是乙卯鬼爻，过世了也是乙卯鬼爻，就是重叠的鬼爻，两个乙卯发动，为鬼爻伏吟。乙卯代表母亲就是父母爻，所谓“衣食为父母”，可以代表衣服，而摔伤就有衣物破损之象，也代表乙卯发动了，变成艮卦子孙爻丙申。衣服破了临子孙，庚申月令为震五爻为道路，申主传送，子孙为流动，就是淘汰了破损的衣服，并且流动也就是捐出去了的象意。

母亲去世，又摔伤，是鬼爻伏吟，乙卯变丙申，而且相当于两个乙卯变丙申，就有重叠的信息，这是本易案的启示，也是易友需要认真理解的重点。

第三章 《稽神录·茅山牛》等易案解析与启示

07 古易案 《茅山牛》食衣成贼，震巽通爻象纷呈

这个古易案故事也是来自《稽神录》卷一，原文如下：

《茅山牛》原文

庚寅岁，有茅山村中儿牧牛，洗所着汗衫，曝于草上而假寐。及觉，失之，惟一邻儿在傍，以为窃去，因相喧竞。邻儿父见之，怒曰：生儿为盗，将安用汝？即投水中，邻儿匍匐出水，呼天称冤者不已，复欲投之。俄而，雷雨暴至，震死其牛，汗衫乃自牛口中呕出，儿乃得免。

释 意

庚寅年，茅山村中有一个小男孩放牛，洗完所着汗衫，放在草上晒，然后自己假寐。醒来发现洗的衣服没了。当时唯一在旁

边的，是他邻居家一个小孩，就以为是这个邻居小孩偷去了，两人因此吵了起来。邻居小孩儿的父亲看见后怒道：生儿竟然为盗贼，留着有什么用？就把他孩子扔水里了，这小孩从水里爬出来，呼天喊地说自己冤枉，父亲气愤，又要把他扔到水里。突然之间，天上下暴雨又打雷，把牛给劈死了，汗衫从牛嘴里吐出，邻居小孩得以幸免。

从古至今，天下之大，无奇不有。古代笔记小说里记载的这些离奇故事，可能有真有假，但都是源自于生活。天打雷把牛劈死和人丢东西这些事情，其实在我们生活中也不少见，且不说牛被劈死、树被劈倒，甚至人被劈死的事件也发生过。我们没有必要钻牛角尖，觉得怎么那么巧，就那个时间下雨了，还打雷把牛劈死了，牛口里还吐出衣服来……如果这么想，那就是本末倒置了，违背了我们研究的重点和目的。

既然故事中的现象在现实生活中是真实存在的，而易学要研究的也是生活中的各类现象，那么我们完全可以用干支易象学的观点进行解析，通过观察其中的爻象变化，从中得出书本上找不到的易理，而这些易理恰恰从古到今也没有人讲解。

故事是什么？故，就是过去；事，就是事件，故事跟每天发生在我们身边的事情一样，都有一定的现实性和研究价值。如同“以史为鉴，可以知兴替”一样，我们也可以从故事中挖掘易理，发挥易学的应用价值，既联系生活实际，研究和推测出可以预知的部分，又通过研究总结经验，实现理论的再发展、再升华。就像毛主席在《实践论》中讲的，从实践中来，到实践中去，这样就形成了良性循环。

我的易理技法，都是从笔记小说中悟出来，再到现实生活中去对接，真切地感受到悟出的这些易理确实好用而且使用精准。我的这种学易方法，在书本上是找不到的，从中悟出的易理和启示，在书本上也是看不到的。在《卜筮正宗》《黄金策》《易隐》等这些流传的典籍中，也找不到这样的故事解析和易理探研。

我在几年前的实践中，就通过一位朋友把葡萄放在东南方向这个事情，运用从笔记小说中探研出的易理和灵感，预测她开了三个店，在某月份最小的店有只老鼠死了，之后两个月旺财。过了两个月这个门店却一直赔钱，最终兑出去了，而且都神奇应验。这个易案发表后没做解析，也有易友仿此易案推断别人家有老鼠死，但都没准。这个案例已录入本书，将会详细解析家里有老鼠死亡与旺财、破财之间关系的易理。

本易案解析

故事的解析仍然要先定准卦宫与卦象，这是切入点。其实这就像解数学题一样，首先要研究已知条件，然后求证结论。那么这个故事给我们最明显的两个已知条件：一是庚寅岁，肯定要用到；二是茅山村也值得研究。从这两个前提入手，把庚寅和茅山之间的关系作为研究对象，就能用干支易象清晰地演绎故事脉络。

近取诸身，茅山为辛丑

远取诸物，近取诸身。茅山的茅，有草字头，会想到巽卦和震卦，但震卦为木一般代表的是参天大树，巽卦则代表花草，所以我们直接定位巽卦。丑为山，则茅山即为辛丑，茅山村牧童，自然可以为子孙爻辛巳，与父母爻辛亥相应。辛亥父母爻为衣服，应子孙为牧童，可为牧童的衣服。

牧童放牛是动的，牛也是动的，亥为水，辛巳冲辛亥父母爻动了，就有洗小孩衣服的象意。辛巳巽五爻可以为太阳，为道路，也可以为草上晒衣服。我们用这种探研故事的方法稍微研究一下，就能得到一个启发：看到辛巳见辛亥，就可以很具体地判断某日或者几点给小孩洗衣服。

事发之年，庚寅岁至重

庚寅岁至关重要，绝对不可忽略。怎么用？就是把巽卦变为庚寅！因为这个巽卦里的情况是在庚寅年出现的。在研究其他易案时，易友们也可以像本书一样，把巽卦的爻象与六亲画出来，旁边列出震卦的爻象和六亲，这样就可以慢慢看、慢慢分析这些象意：牧童晒衣服、睡觉、衣服丢了、暴雨打雷、劈死牛，还有牛嘴里吐出衣服……再看看庚寅震宫二爻与巽卦之间，是什么样的变化。易理研究阶段，可以放慢速度，静下心来，屏弃杂念，抽丝剥茧。易学水平的成长和提升是在平时，不是群里测几个例子水平就见长了。易友要把这种学习方法重视起来，用好我们这种探研方式，在平时多下功夫。当然易友们也不要担心我们只是理论对理论，虽然本书以研究为主，但我们始终会坚持理论联系实际，结合探研出的易理与启示，解析一些实际易案，帮助易友增强与实际对接的能力。

震巽通变，爻象立纷呈

震巽两个卦的爻象和六亲放在一起，就可以清晰地看出：辛亥父母爻变成庚寅兄弟爻，辛巳子孙爻变成庚申鬼爻，子孙化鬼，父母化兄弟，小孩和衣服变成了兄弟和鬼爻，所以牧童以为邻居的小孩把衣服偷去了。如果易友们对纳甲法不是很熟练的话，这时的思维可能就跟不上了，我们可以先放下易案，拿出《干支易象学梅花易数注解》重温一下六爻纳甲法的相关知识。

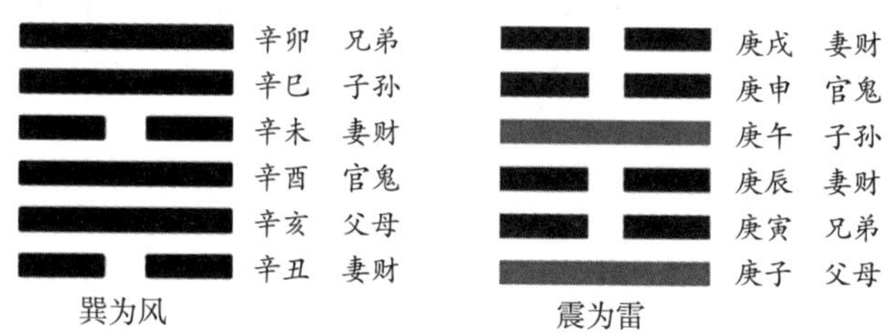

巽为风　　震为雷

再接着观察震巽两卦，茅山牛辛丑，化庚子为震卦父母爻，就是邻家小孩的父亲知道了此事，庚午则为邻居小孩。庚子动克庚午，即其父子水来克子孙午火，所以邻居父亲将其子扔进水里了。

但由于太岁庚寅生庚午子孙爻，所以小孩没死，从水中匍匐出来；又由于子按十二辟卦为地雷复，为重复之象，所以也就有父亲将其子再次要投入水中的象意。从现实生活常理来讲，谁的父亲也不会把自家孩子往死里弄，无非是自己解气，实际也是给牧童看的，让别人看到他家教严格。

此时，父母爻临水在震宫，动克子孙，为天下雨之象。子孙午火测天气主晴，被父母爻主雨来克，因为把子孙扔水里了，说明雨很大，所以马上降了暴雨。

我们再换一个思维和角度，这是本易案解析的难点：子孙是午火，午火要是入水了，就化成水中的午火为戊午，纳音天上火在水里动了，应坎宫戊子霹雳火。戊子由庚子化来，也是父母爻，所以天下大雨，同时戊子临水动克子孙戊午，霹雳火为雷，所以雷电交加，暴雨暴雷。很显然，把小孩扔到水里，子孙爻和父母爻都动了。父母爻庚子动，冲子孙庚午，则庚午四爻化为坤宫四爻癸丑，庚申鬼爻也随之变成坤宫癸亥，而癸亥水以震宫论，又恰好是父母爻为衣服。由于庚午这个关键点的变化，震上卦变为坤卦，庚申也变成大海水癸亥，使得偷衣服的贼，由庚午邻家小孩，变成了癸丑为牛！

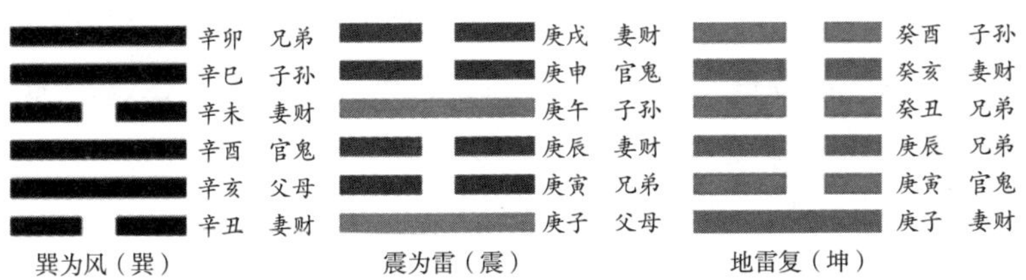

巽为风（巽）　震为雷（震）　地雷复（坤）

由于震巽通变，辛未化为庚午，也说明震卦中的庚午和巽卦中的辛未相通，庚午这时化成癸丑牛，而辛未在巽下互卦兑中，合为牛口，为牛死后口中吐出牧童的衣服。庚寅见丑本身就是鬼爻，震为雷，所以这个牛必是雷劈致死之象。

本易案启示

这个故事我们用干支易象解析完毕，从中提炼出如下结论和启示：

1. 辛丑见庚寅，有失物之征；

2. 辛丑见庚子，两个壁上土，如遇雷雨之天气，就有牛或马被雷击致死之征；

3. 辛未见庚午，有呕吐之象；

4. 辛丑、辛巳、辛亥见庚寅，有小孩落水之征；

5. 辛巳见辛亥，有洗衣服或洗小孩衣服之征。

08 易案 偶梦故母耳环丢，三重鬼爻齐发动

一位女士做噩梦，梦见过世的母亲戴的两个耳环，原先是倒三角形的，后来丢失了。她建议母亲换成圆形的，母亲听从了她的建议，但是感觉好像不太满意。问这个梦主什么？

我判断是主家里母亲这边姨妈之类的人中，有两个女性长辈住院两次或者是死亡。她反馈说，这个梦做完第二天去看了姥姥，第三天姥姥就去世了；她姨这一年，也是在这个期间住院了。我说应该是因腿脚之伤住院。

本易案解

通过母亲耳环由倒三角形换成圆形，怎么判断出姨妈住院和有人去世？解析如下：

故母丢失皆为鬼，丁换为巳成三重

耳环耳坠，我们会想到一组纳音钗钏金，是过去女人头上戴的，后来泛指女性首饰，又因为是女性，就应该想到辛亥。三角形耳坠，可以是个“丁”字，丢失了就是临鬼爻，又换成圆形的为乾，十二辟卦为巳，丁见巳为丁巳，也是鬼爻。那就是辛亥父母爻临鬼，为螣蛇带鬼，螣蛇在巽宫又是子孙主医院，跟父母长辈搅在一起还带鬼，巽主双，就是应有人病或者死两件事，所以一个是姨妈住院，另一个是姥姥去世。丁巳螣蛇带鬼，又在兑卦初爻，所以她姨妈是腿脚伤。如果按照整体思维观念，把巳直接

还原成乾金，巽卦见金也是鬼爻，巽鬼爻是辛酉与辛卯相应，卯为震为足，也可以得出腿脚之伤的结论。

我们看这里含的几重象意：巳代表子孙，代表医院，在巽宫跟父母爻相应，可以代表长辈，巽主双，所以是两个。丢失为鬼爻，换成圆形也是鬼爻，过世的母亲还是鬼爻，是三重鬼爻，所以这年她姥姥去世，姨妈住院。

接着她又说在其母亲墓地的东南位置，离母亲墓碑不远处有一棵松树，以前个头小，不起眼，现在一下子窜起很高，树荫能为石碑遮住太阳，问吉凶。因为东南方向树木为世爻为自己，能为母亲墓碑遮挡太阳，加上月令庚申见卯木也是财爻，所以我判断是好事，说明她最近各个方面，包括精神状态和运势都挺好，反馈确实是这样。

09 易案　十二辟卦说辛卯，雷天大壮有神应

辛卯日，一位新西兰华侨回国后到我这里来，闲聊中得知她是壬子年戊申月出生。据此我判断当月她母亲可能要给她钱，而她可能给母亲买衣服和鞋之类，然后又判断她姨家房产证上好像有变动，要做点什么事情。

她反馈说，母亲今年90岁了，只有一个弟弟，大概70多岁，好像是因为打伤人，被抓起来了，这个事情我曾经预测过。但是这个事她们一直瞒着母亲。最近她母亲想要去看弟弟，大家不让去怕露馅。后来她母亲又提出来要回农村买装老衣服，她怕母亲知道弟弟的事情伤心，就劝母亲在城市里购买。我判断出买衣服，但没判断出是装老衣服，这个还可以继续探研。房产证是她

姨家要在证上加亲戚家小孩的名字，为了孩子上学，确实是有这么回事。

本易案解析

这个易案是按照十二辟卦，结合当天的干支，卯为雷天大壮，父母爻庚午持世应财爻甲子，卯对于她的八字戊申又为财，所以判断母亲要给她钱。然后财爻跟父母爻相应，也是给父母买衣服，这个装老衣服可能跟鬼爻有关。同样道理，这个卯中的财又是甲子，而子按十二辟卦是地雷复也是庚子，以震卦论也为父母爻，所以这个甲子既是财爻又是父母爻；卯化大壮父母爻持世，父母爻可以为房产证，而申为天地否，乙卯财爻持世，乙卯又是坤宫可以代表姨，所以综合判断是姨家的房产证有变化。甲子是财爻和父母爻，再按乾卦论甲子又是子孙爻，就是子孙跟父母爻相应，所以是因为小孩上学而变动房产证。

本易案启示

子孙与父母爻相应，而且是旺动的话，可能有因小孩上学而变化房产证之征。因为雷天大壮在卯木之中，应爻甲子为水生木，为水木清华之象，为学习，就是因孩子上学变更房产证。

第四章 《稽神录·熊博》等易案解析与启示

10 古易案《熊博》葬棺升刺史，墓主神算五百年

本章就从解析《熊博》这个小故事开始，看看里面有哪些易理，又带给我们哪些启示。我们多次强调，解析故事首先要找出关键点，先定卦宫和类象，然后再用干支易象学理论定位具体取象。这一点如果不能做到准确无误，那后面破译解析得再好，演绎得再精彩，也是无用功！

《熊博》原文

熊博者，本建安津吏。岸崩出一古冢，藤蔓缠其棺，傍有石铭云："欲陷不陷被藤缚，欲落不落被沙阁，五百年后遇熊博。"博使平光寺僧为率钱葬之。博后至建州刺史。

释　意

熊博是一个渡口或者码头的小官吏。有一年，渡口某处塌

方，然后出现了一座古冢，古冢里的棺材被藤蔓缠绕，旁边的碑铭刻着三句谶诗："欲陷不陷被藤缚，欲落不落被沙阁，五百年后遇熊博。"熊博觉得有自己的名字，就安排平光寺里的和尚，凑钱把棺材重新安葬。后来熊博得到重用，升职为建州刺史。

本易案解析

岸崩，山头俱而取艮

这个故事的开头就说一个管理码头的津吏，遇到了岸崩。通过观察"岸崩"这两个字，我们发现都带"山"字头，会想到艮为山。艮卦中哪个爻有岸堤的象？只有丙寅和丙申两个阳爻。但丙寅处于上九爻，是高山之顶，太高了并且里面也不含水，而丙申处于三爻，又居于下互卦坎为水中，更符合岸堤的象意。丙申与艮宫鬼爻丙寅相应，艮为小，也是津吏这个小官员的象意。我们取象不仅要符合易理，还要符合实际，与现实生活紧密相连，让大家一看就觉得应该是这样，非常贴切，然后才能应验。

岸崩，其象动而化鬼

岸崩，就是岸堤动而且化鬼爻，丙申怎么才能化为鬼爻呢？就是阳爻化阴爻，丙申化乙卯为坤宫鬼爻。坤为旧为古，乙卯又是鬼爻又是木，又在地中，古墓的象意就出来了，棺木的象意也出来了。因为坤卦变成鬼爻，这个时候坤卦二爻乙巳，论宅爻只能是阴宅，也就是棺材。

谶诗，藤缚沙阁之解

乙巳中巳为腾蛇，与乙卯木相邻又相生，为棺材被藤蔓缠绕。如果以乙巳为整个棺材，乙卯为门户，正好是露在外面的棺木被藤蔓盖住缠住了。再从纳音的角度来说，乙卯为大溪水，水为坎主陷，所以说“欲陷不陷被藤缚”。巳的天干是丁，巳就是丁巳，这在六壬和金口诀上都有说明，丁巳纳音沙中土，所以“欲落不落被沙阁”。

神机，妙算五百之年

接下来我们破译“五百年后遇熊博”。首先，艮主背，为后面；坤为破旧。洛书二七为火，三八为木，一六为水，四九为金，五十为土。艮坤都为土，为五十之数，艮为小坤为大，岸堤崩塌是艮化坤，所以取大数不取小数，为五百年。再看乙卯是大溪水，代表棺木也是官鬼，与岸堤联系起来，也正好是管堤岸码头官吏之象，因此乙卯也可以代表熊博和他的官位。由此看出，这个墓里的主人，在安葬于此之时，就想到其棺木将来会遇到这个人来处理，计算力非常准确独到，想象力非常大胆，对预测能力非常自信！

坤象，碑文熊博俱与

坤中的乙卯，是由艮中子孙丙申化来，艮为山，山中的子孙肯定是动物，变成坤卦，就是大腹、大圆背动物之象；乙卯为震为足，跟癸酉剑锋金相应，剑锋金代表匕首，卯主双，为双匕之征；卯为四数，乙卯为大溪水，为四点水，有双匕和四点水旁的名称，在动物就是“熊”。又坤为博大，故为熊博。艮为石，丙申可以为石碑；坤为文，癸酉剑锋金为刀刻，所以石碑上刻有字，就是我们刚才解析的那三句谶诗。我曾为易友出了一个易案《文王梦飞熊》，大家对飞熊取象莫衷一是，其实飞熊可以取乙卯，熊是坤宫的。

对于取象一定要缜密思考，不能一个象意觉得差不多就行了。照猫画虎不行，一定要把方方面面都考虑进去。比如这个故事，首先要考虑码头、岸崩，变爻，然后棺木、藤蔓、石碑、刻字、沙土、官吏、僧人、升官，等等，都要在取象上紧密相连，逻辑上要十分明确。

升迁，棺入土鬼未伤

乙卯与上六爻癸酉相应，上六爻为太庙，那么乙卯可以为寺庙也可以为僧人，所以熊博找僧人安葬古墓。乙巳为火为光，坤为平，乙卯是鬼爻，生乙巳为古墓，为平光寺的僧人来安葬古墓。尸骨入土为安，也意味着乙卯没有被伤，乙卯代表熊博和他的官位，所以克应熊博后来升官为建州刺史。癸酉为刺，坤为旧为史，故官名为刺史，连这个都与易象有关。

本易案启示

通过这则小故事的解析与探研，我们有三点启示：

1. 乙卯可以为渡口，为桥梁，也可以为管渡口的小官；
2. 乙卯可以为寺庙，可以为古墓，可以为熊姓。当然癸酉也可以为熊姓，丙申也可以为熊姓，我们要学会变通；
3. 乙卯见丙申或者丙申化乙卯，有挪坟的象意。

如果从书本和资料中去找“丙申见乙卯有挪坟的信息”，好像匪夷所思，没法接受，但我们通过探研《稽神录》小故事的方式，就可以得出这些结论，如同通过《茅山牛》小故事得出五点启示一样。有易友就反馈他八字中有辛丑，庚寅年里，年终奖被盗，他跟朋友去洗澡时差点淹着，也出现了落水的信息，这都是故事中的启示在现实生活中的例证，也证明我们这种探研方法是有价值的，结论在现实中也是成立的。

其实我有很多看起来匪夷所思的易案，也是从这些小故事中挖掘出来的招法。金庸武侠里有古墓派招法，我们这里研究古墓故事，也可以算是“古墓派”招法。我们每章的第二个和第三个易案不一定是古易案故事，更多是现实实测的易案，是探研的理论与现实对接。

11 易案　梦飞虫辛巳水果，妙克应朋友带梨

这个易案是9月1日庚申月丙申日，沈阳棋盘山一位街道办事处主任，是武警部队转业的，跟我关系也不错，打电话说要过来。这时我突然想起早晨做了一个梦，梦到在屋里睡觉时，窗户敞开着，很多飞虫飞进来了，我一下就把这个梦，跟朋友来联系了起来。

飞虫从窗户进来了，窗户是明亮的地方，那么肯定是取辛巳：一是辛巳是明亮的东西；二是凡涉及虫子之类，一般就会往巽卦考虑。巽宫为木，辛巳是子孙爻主吃的，木上产的吃的东西，应该是水果，就断定他要带水果来。

结果他一进屋提着一个兜，我也没看是什么，就问他提的是

不是水果。他说是棋盘山绿色无农药的新鲜梨。我一看跟这个梦也相应了，就笑着告诉他，已经知道他会带水果过来。

为什么是给我？因为辛巳跟辛亥相应，辛亥是二爻为宅，辛巳如果动了冲宅爻，就是送到家宅里面，因为是我做的梦，所以是送给我。

12 易案 申化辟卦财爻动，妙断当日有钱来

一位街道办主任找我，是因为工作的事让他心理不平衡，我劝了他一番。他又问近期财运，我根据当天的月令和日柱，直接判断他这个月应该有两笔财，第一笔应该3万多。他拿出手机告诉我，刚发了绩效奖31000元。然后问我还有没有，我说还有。又问什么时候能有信儿，我说就在今天，而且这笔钱跟房子有关。他笑着说真是这样，有人要租或者要买他的一处房子，约了今天下午两点钟见面谈。我又判断最近还有人要还他大约3万块钱，他说是有个朋友借过3万块钱，就这两天给送过来。

本易案解析

我的判断根据是他本来年命就是戊申年的，又是庚申月丙申日问财，申按十二辟卦是天地否，为乾宫卦，三爻乙卯财爻持世，卯酉又为门户，为财临门，卯为双，所以这个月有两笔钱要进来。卯为木为三八，之所以取三没取八，是因为丙申日为艮为小，也是小财。

他又问这个月还有没有财，因为丙申日问财，申财爻持世，问财就是财爻动了，那就直接断当日。又因为申中的财爻，与父

母壬戌相应，就是财临父母发动，所以跟房产有关。这就是十二辟卦申金的用法。

第三点有人还钱之事，因为乙卯为财，在坤为旧，所以为旧账，坤又主归还，所以是有人还钱之象，卯为门户，要给他送钱过来。

请记住，卯只有见申才是财。望易友们把易案关键点和启示重视起来。

第五章 《稽神录·卢枢》等易案解析与启示

13 古易案 《卢枢》夜望中庭月，精妙组象见鼠猫

《卢枢》这个小故事是笔记小说《稽神录》卷二中的内容，原文如下：

《卢枢》原文

侍御史卢枢言其亲为建州刺史，尝暑夜独居寝室，望月于中庭，既出户，忽闻堂西阶下，若有人语笑声。蹑足窥之，见七八白衣人，长不盈尺，男女杂坐饮酒，几席什器皆具而微，献酬久之，席中一人曰："今夕甚乐，但白老将至，奈何？"因叹吒。须臾，坐中皆突入阴沟中，遂不见。后数日，罢郡新政家有猫名白老，既至，白老自堂西阶地中获鼠七八，皆杀之。

释 意

有一个地方官，某个夏夜，他跑到院子里去看月亮。一出

门，就听见房子西边的台阶下边有人的说笑声，这人很好奇，就蹑手蹑脚地走过去看个究竟。一看不得了，台阶那里居然有七八个还不到一尺高的小人，全穿着雪白的衣服，男男女女坐在一起喝酒，席子上摆着好多吃的，食盘酒壶也全都是微缩版的。喝了好一会儿，席间一个人忽然说："今天很快乐，可是白老就要来了，怎么办？"说完连连叹气。没过多久，所有人就都哭着跑进了阴沟里，不见了。

后来过了好几天，一个新上任的官住进了府衙里，他带着一只猫，名字就叫白老……白老一到，没多久就从台阶底下的地里挖出了七八只白色的大老鼠，全都杀死了。

本易案解析

台阶楼梯官鬼爻

这个故事直接取"西阶"定义卦宫，就是兑卦。关于台阶我曾经讲过，在风水中楼梯、台阶都为鬼爻，因为台阶是一层一层的，官阶是一级一级的，台阶和官级的道理是相似的。故事中谈到了西边的台阶，就会想到西边为兑卦，鬼爻为丁巳。

精彩演绎猫与鼠

故事提到有七八个白衣人饮酒，白衣人这个象意，可以从兑卦中取出。但七八个的数是怎么来的，老鼠和猫是怎么来的，就很难直接想象出来。根据我们的基本思路，定义丁巳后，要同步考虑应爻，则丁亥为食伤子孙爻，鬼临食伤也主有人偷偷吃东西。但为什么是老鼠，就需要进一步延伸拓展思维：把巳火化十二辟卦，为乾为马为午，为壬午，与甲子应，壬午为白为老，子为鼠，所以巳可以变为子，成语“蛇鼠一窝”，其易理也在于此！其他如暑夜和庭中望月，都可以找到相关信息：兑卦的世爻是丁未，未月是小暑节气，可以为暑月；丁巳与丁亥相应，亥为夜晚，丁亥屋上土可以为亭中，丁亥四爻也是门户之爻位（二爻为宅，三四爻为门户），为晚上亭中望月。

那么猫的象意在哪里？我们不能说壬午火为白老所以就是猫，这个不成立。都说照猫画虎，猫和虎还是比较像的，寅为虎，所以最合适猫的类象也是寅木，但是兑卦里无论如何也变化不出寅木，这就是一个难点了。我们仍然从十二辟卦入手，研究猫的象意。亥十二辟卦为坤，丁亥与丁巳相应，再转一次十二辟卦巳为乾，就可以得到地天泰卦，泰卦十二辟卦对应的地支就是寅木，猫的象意就出来了。寅为猫，乾宫为甲寅宅爻，所以为有猫进宅，地天泰应爻癸酉为刀也为子孙治鬼，又因为亥水克巳火，所以老鼠被猫所伤；老鼠七八个的数字，还是按照十二辟卦，巳为壬午，午数为七，与甲子相应，相加可以为八，所以是七八只老鼠。猫来了，说明壬午鬼爻旺，为甲子临鬼爻旺被冲，即原文“获白鼠七八，皆杀之”。

本易案启示

1. 当巳亥相冲且亥在前巳在后，可变为泰卦，化出寅木；

2. 巳火可以化为子水。

大六壬里，有巳见子为死的说法，有的人说是因为巳和子两个字连起来写，像个行书的“死”字。这个说法是不对的，其原理就是刚才解析的：巳为乾，乾为马，马为午，巳化壬午，当它旺的时候，与之相应的甲子就是临鬼旺，所以巳旺有老鼠死的克应。易理还是要掌握其中的变化诀窍才能正确运用。

14 易案　小店偶见老鼠死，克应发财再失财

2015年7月10日下午，学员睿文和伙伴两个人一起来到我工作室。其母亲送了她三棵葡萄树，栽在了东南方向，并告诉我她家开的是东南门，问这个事是吉是凶。我判断了几点：

第一，她家总共应该是开了三个店面。我只知道她是做家具的，但不知道开几个店。她反馈说：是开了三个店。

第二，在甲午年丙子月，三个店面中最小的那个有老鼠死了。她说确实有这么回事，印象挺深刻：她最小店面的桌子下面，放了一个塑料水桶，老鼠可能从桌子跳到水桶里，没爬上来淹死了。第二天店里的女员工发现后，觉得害怕，就连桶和老鼠一起扔掉了。

我听完反馈接着判断说，此事发生之后，这个店的销售额连续两个月走高，生意非常好，卖得挺火，她说是这样。我又判断到过了年就不行了，一直赔到现在，她说是一直赔，一个月2万多，然后问我怎么办。我建议她把这个店兑出去。

本易案解析

第一，她是做家具生意的，家具是木头，母亲是父母爻。这里值得注意的是不要把易学中的母亲，只理解成传统意义上的妈妈，在易学里母亲就是父母爻；第二，开东南门是巽卦。这样母

亲给三棵葡萄树，还有家具木材生意等都可以对应上。

母亲父母爻主房产店铺，给她三棵葡萄树，就克应有三个店铺。三棵葡萄树可以取辛卯为旺，而父母爻辛亥动了冲辛巳，也生辛卯，辛卯旺了又生辛巳，辛巳也旺了。根据《卢枢》易案所阐释的易理和启发，巳为乾，乾为马，为午，与子水相应，午火临太岁又旺，到子月为应，所以丙子月克应老鼠死。这个案例如果以冲将星者为灾煞论，太岁寅午戌，子水为灾煞；月令申子辰，午火为灾煞，《三命通会》里有记载：灾煞相见，如果是水就是水灾，是火就是火灾（这个我以前应用过，挺灵验），那么子水临灾煞，也是老鼠死亡之征。再从三棵葡萄树的角度，辛巳子孙爻动，是巳火旺；东南方向为门，也为火为巳为午，再加三个木生，也是巳火旺，也可以得出鬼爻旺动冲子水的结论，也有老鼠死的象意。把老鼠连桶一起扔掉后，两个月旺财，然后就不行了。首先，老鼠掉桶里是因为子为鼠，丙子月正好在艮上互卦震中可以为桶，丙子五爻为高处，所以是从高处跳下；其次，丙子是财爻，与丙午为宅爻相应，加上水正好生巽木为门，为财爻临门，为财旺，丙子丁丑涧下水，纳音相同可以连用，所以之后两个月生意比较好。过了这两个月之后，按照克应来讲，老鼠死了，丙子财爻也死了，还连桶都弄到门外扔掉了，那财运也就没有了，所以这个店也就得兑掉了。为什么是最小的店面？因为丙子是艮为少男，在这里就是指最小的店。

15 易案　一根白毫蕴易象，轻重深浅须思量

这个案例主要是有个变化点，提醒我们在取象时要注意细

微变化，细节有差异，程度有深浅。就像中医用药似的，高手用药，每摸一次脉，每过一段时间，药量上都是有变化的。同样道理，我们在取象上也要有个度的考虑。事情是这样的，就是上个案例里的那位易友，她左边眉毛上长了一根白毫，朋友看到后给拔掉了，问能应什么事。

本易案解析

已经拔掉了，就是事情已经发生了，所以我判断四天前，税务部门下午来找过她。她说确实，而且往前数了数，正好是四天前的下午，也没什么大事儿，就是正常收税。本来一根白毫掉了，也不会有什么大事，但是这里涉及一个取象层次深浅的问题。

具体如何取象呢？大体上，左为青龙，右为白虎。左边视为震卦，就是震卦里见到眉毛上一根白毫。震纳庚为白，拔掉了为鬼爻为金，为庚申。那么一根毫毛，可不可以理解为一株禾苗，都是很纤细的形象，然后再换一种思维，兑藏庚酉辛，庚可以为兑，禾+兑为税，临鬼爻就是税务官，而毫毛也意味着不是领导，就是税务员。

定位下午，是因为申时为15点到17点；税务上门，是庚申发动应庚寅为门户；定位四天，因为庚为金为四九，而取四不取九,一是毫毛应该是小的，二是很快拔掉了也不应该算个事。毫毛本身确实也不是什么大事儿，但是事情却神奇应验了，有趣就有趣在这里，也涉及取象程度深浅的问题。

本易案启示

这个易案提醒取象时，要注意事件的大小和轻重缓急，要有一个尺度，有一个依据，不能什么事情一遇到鬼爻都不好，遇到鬼爻就是大事，这样就比较机械了，毫毛不是不可以看成大事，但是得有必要的环境和条件。学习易理，绝对不要学成一个定格的形式，易理应该是灵活的，是千变万化的。

第六章 《封神演义》子牙禳灾等易案解析与启示

16 古易案 黄昏床前四尺坑，子牙禳灾斗文王

易案是从《封神演义》第23回到24回之间节选的一段故事，内容是姜子牙为樵夫武吉解灾。故事前情大致如下：

武吉这个小伙子，是一个以砍柴为生的普通老百姓，有一天在渭水河边相遇姜子牙，两个人互相通报了姓名。武吉取笑姜子牙说，你道号“飞熊”，但是看着瘦得像个猴子。姜子牙说武吉左眼睛青右眼睛红，今天肯定要打死人。武吉不信，便挑了柴去城中卖，结果路遇文王去灵台，武吉在躲避军队时扁担失控，不慎将军中一个叫王相的人致死。

周文王画地为牢，将武吉扣押于此。但武吉家仅有老母，需要照料，坐牢三天，动弹不得，急得号啕大哭。恰好一个叫散宜生的官员路过，听说有老母需要照料，就把武吉放走了，并要求

他照料完后，继续回来坐牢。武吉回家途中，又遇子牙，另眼相看，并求解救之道。子牙说，救你可以，但你得拜我为师，于是武吉行拜师之礼。

《封神演义》子牙禳灾故事梗概

(节选自《封神演义》23~24回)子牙曰："你既为吾弟子，我不得不救你。如今你速回到家，在你床前，随你多长，挖一坑堑，深四尺。你至黄昏时候，睡在坑内，叫你母亲于你头前点一盏灯，脚底点一盏灯，或米也可，或饭也可，抓两把撒在你身上，放上些乱草。睡过一夜起来，只管去做生意，再无事了。"武吉听了，领师之命，回到家中，挖坑行事。……

散宜生曰："主公，方才作歌者，像似打死王相的武吉。"王曰："大夫差矣！武吉已死万丈深潭之中。前演先天，岂有武吉还在之理。"

据史料记载，《周易》的爻辞有可能出自文王，他在易经上的造诣肯定是登峰造极的。在《封神演义》这部神话小说的描述中，不管偷东西还是干坏事，文王都可以"画地为牢"，不回来就能推测出人在哪里。

周易预测达到这个程度的，还有西汉《焦氏易林》的作者、京房的老师焦延寿。他在河南当县令时，管辖范围之内，路不拾遗，夜不闭户，没人敢偷东西，谁偷东西也马上就能测出来。后在擢升时，老百姓集体跪求皇帝让其留任，皇帝顺应民意，焦延寿也就终老此地。但周易水平比较高的，除了文王是大官，再就是京房了，郭璞是一个参军，管辂水平高但也就是个县丞，相当于现在的副县长。当然后期还有殿前御史李虚中、《三命通会》作者万明英，都是不小的官，但都是讲命理的，象数易学真正水平高的都是在汉代，汉易也是象数易学发展的巅峰时期。

我们解析的这个故事里，文王预测了结果。姜子牙还是很有水平，知道这个经过，也知道怎么办。当然这也是《封神演义》对道家的渲染，“解灾治世帝王师”，如西汉张良等都是道家人物。现在民间还有化灾解灾这些现实存在，在一些笔记小说、传记中也有记载，也是这些思想的延续，不是无源之水，无本之木。我们暂时不研究类似武吉因为左眼青右眼红而致人死这些相学内容，先研究姜子牙破解武吉灾难的方法，在易经的卦象和爻象上是否合情合理，是否与文王卦上显示的信息相符。

在这里也有必要提醒广大读者和易友，不要轻信现在一些人，利用所谓的各派奇门六壬那一套，号称消灾解厄，很多都是骗人的。真正化解之道有没有？有！譬如石云道人著的《千镇百镇桃花镇》和《千镇厌法经》，这两本书的内容是很有道理的，就跟我们要解析的《封神演义》子牙为武吉解灾的办法一样，完全符合易理。石云道人这两本书里，也是弄点石头弄点土什么的，摆一摆，放一放，但是有易理在其中。举一个书中破解家里总遇盗贼的简单例子，其大致方法是用监狱之土一升，然后用一个死老鼠，挖坑深一尺，埋在年命的方向，这样日后家里就不再招盗贼了。老鼠和监狱的土有什么关系，这能起作用吗，小偷不会该偷还偷吧？感觉像天方夜谭，很荒唐，是笑话。但从易理的角度来看：老鼠是玄武，可以代表盗贼，而盗贼怕监狱，所以用监狱里这种带官方性质的土去克玄武，然后放到某个方向或者方位上，盗贼就不来了，从象意上绝对能说得过去，是完全符合易理的。

姜子牙的这种解灾方法，虽然是神话小说里的，但也绝对不是空穴来风，也不是明朝许仲琳（据传是《封神演义》的作者）闭门造车，瞎编乱造出来的，也是一些民间资料的再加工提炼，而那些资料也是源于类似石云道长这类书籍，也是源于生活，高于生活。凡是好的作家和经典著作都是如此，所以我们研究它是有一定意义的，对于启发思路，灵活运用卦象每一个爻和六亲变化是有帮助的，甚至能够极大地拓宽思维，避免我们被书本或者某些“大师”们画地为牢，千篇一律，墨守成规，果如此与刻舟求剑何异？就像目前命理中流行的所谓旺衰的那些规定动作，也就是所谓的“规矩”，都是束缚我们易学思维的绳索，我们一定要突破它。

子牙禳灾象意破解

下面我们就解析姜子牙为武吉解灾，为什么要在床前挖个深四尺的坑，又涉及黄昏、涉及母亲、涉及灯。如果对卦象稍微熟练的话，易友们应该马上就会想到坤卦，这是第一步的卦宫定位。

床前深挖四尺坑

卯数是四，乙卯大溪水，有水就有坑；还有一个逻辑关系就是乙卯鬼爻正好在乙巳宅爻之上，为宅中之木，也可以代表床。卯酉虽然是门户，但如果我们把它们放一个卦中，那就是在床前。

武吉即是坤世应

我们知道武吉是一个犯了死罪的樵夫，坤卦乙卯为震卦为武人，与癸酉金相应，金与吉音似可相通，那么乙卯与癸酉相应，各自或者组合起来，都可以代表武吉。另外武吉是个平民，不是官员，所以落在坤宫也符合身份、符合易理的。如以癸酉世爻为武吉，与乙卯鬼爻相应，也是他打死人惹人命官司的象意。

黄昏人鬼二合一

黄昏就是酉时，世爻癸酉就是武吉，怎么能与鬼爻相应，代表他死了呢？就正好挖四尺深沟，跟鬼爻的数字相符，让世爻癸酉武吉躺在里面，人鬼合一，就像死了变鬼了。实际子牙的破解之道，就在于世爻和应爻上。

双灯阳宅化水鬼

灯正是宅爻乙巳，巳主双为两盏灯，放在武吉头脚各一盏，这样之后，乙巳阳宅就变阴宅了：母亲放灯，那么这个灯也是动的，两盏灯实际上也代表灯火旺动，就化成坎宫戊辰鬼爻，从阳宅变到阴宅，又变到坎水的鬼爻里去了。

米饭乱草助形象

再撒一些米饭和乱草，这就很形象了。癸酉是子孙，在八字叫食伤，应爻是乙卯，为杂草也为水稻和米饭，其实还是强调癸酉武吉已经死了变鬼的象意，作用与床前挖四尺深沟是一样的。

乙卯丙申应文王

如果文王的卦特别灵，就会算到武吉已经死了。那么怎么死的？按照刚才解析的，挖四尺深坑，又撒上米饭和杂草，等于是乙卯旺动化丙申了，而我们在探研《熊博》易案时，解析丙申可以为堤岸为山为高处；然后乙巳为灯火，就放两盏灯，化成戊辰坎宫鬼爻，成了水鬼在低处，综合来看，那不是就从万丈悬崖跳深壑自杀吗？所以，文王一测，就说此人已经畏罪自杀，是跳崖坠渊而亡。

本易案启示

从《封神演义》这段故事的探研中，我们可以得到这几点启示：

1. 乙卯化丙申，有投河自尽之象；

前面讲到丙申化乙卯有挪坟之象，这个还跟死亡有关，但不同之处是乙卯见丙申，有投河自尽之象。

2. 乙巳见戊辰，有水上死亡之征或有墓地被水淹之象；

3. 癸酉冲乙卯，之前说有杀猪之象，现在又有了投井自杀之征；

4. 如果身上沾上或撒上米饭，虽然不能说一定会跳河、跳井死亡，但是：

①可以说有水患，比如家中自来水、下水堵了或者是漏水了；

②也有出行和车出问题；

③也可以是腿疼脚伤之类的事情。乙卯为震为足也可以为车。

我们不要满足于已有的启示和类象，要根据故事和启示去再思索，再拓展，再延伸，再丰富，研究多了，你会一眼就能看出别人看不到的信息。

17 易案 割瓶杀猪老房子，梦境克应四件事

2018年7月，海南省某厅一位朋友打电话说自己梦见一个瓶子从中间用刀给割开了，又梦见了杀猪，还梦见了自己的老房子，问此梦吉凶。我判断了四点：

第一，要出差出行。反馈确实要休假出行回老家；

第二，家里有长辈住院。反馈是父亲最近两天住院；

第三，单位有变化。反馈是单位要重组；

第四，有人送礼物。反馈是广东朋友送他茶叶。

本易案解析

1.出差出行

用刀割瓶子，刀就是庚申白虎，在己未月，未申相见为坤卦，则刀化剑锋金癸酉为坤世爻子孙，所以主出行。

2.长辈住院

瓶子为兑卦，中间割开了。中间为二五爻，但兑卦为金的只有五爻丁酉符合，丁酉动化为庚申白虎为刀，庚申五爻为父，为长辈住院之征。

3.单位有变

猪为亥为坤，世爻癸酉，杀猪就是丁酉和癸酉相见，为酉酉自刑，也为酉旺，冲动了乙卯为单位，所以单位有变化，重组之象。

4.人送礼物

那天是甲子日，梦见老房子即为宅爻甲寅，甲子子孙水来生甲寅宅爻又是财爻，为有人送物之象，又是水生木，故可进一步

判断有人送茶叶。

本易案启示

1. 刀剑就是剑锋金，庚申在五爻为道路主出行，癸酉子孙也主出行，所以动刀剑有出行之征，也主因为长辈破财。

2. 丁酉见庚申，主长辈住院。

18 易案　正南种花八九枝，神断妙应被犬欺

前两年一位易友问，家里正南方种了八九盆带刺的花，这个主什么事。我判断其八九岁时，被邻居家的狗给咬伤或者惊吓。反馈是被邻居狗咬伤了，现在还有疤痕。

易案解析

正南为朱雀为离卦，花为木，刺为金，取己卯与己酉相应。养了八九盆花，就是己卯特别旺。己卯旺动，冲己酉也动，分别化成丙辰和丙戌，离化艮，但是取到这个象意之后，也不能说就是狗咬人了。

我们再换一下思维，以辰为十二辟卦泽天夬，为大兑卦为口，而戌十二辟卦为山地剥，为大艮卦，为手为狗，辰戌相冲，为动完口动手。六壬金口诀中“辰戌相冲，打架之象”，就是这个原理，再把狗的象意加进去，就是被狗咬伤了或被狗惊吓。己卯为离卦初爻，二爻为宅，初爻可为邻居，所以判断她被邻居家狗咬伤或者惊吓。

与这个易案相关联的，还有个挺有趣的事儿。我爱人八字有

两柱是乙卯和己卯。闲聊天时说小时候的某一天穿了一件大红衣服，结果被邻居家的大公鸡看到后，撵着往身上扑，爱人吓得蹲在那里，大公鸡就踩着后背往脑袋上叨，把爱人给叨伤了。开始我感觉从八字上也没体现出这个象意，过后受这个故事的启发，觉得也挺有道理：乙卯见己卯，也可以看成己卯旺。

本易案启示

己卯旺，可以看作被动物咬伤或是受惊吓。

第七章 《稽神录·卢嵩》等易案解析与启示

19 古易案 《卢嵩》祀灶五色鼠，克应升迁宅安宁

本章古易案还是选材《稽神录》卷二里的故事，题目为《卢嵩》。

《卢嵩》原文

太庙斋郎卢嵩，所居釜鸣，灶下有鼠，如人哭声。因祀灶，灶下有五大鼠，各如方色，尽食所祀之物，复入灶中。其年嵩选补兴化尉，竟无怪。

释 意

卢嵩是太庙斋郎（太庙斋郎是古代掌管皇家祭祀之类事物的小官员）。有一天他听到做饭的锅有响声，还听到了锅底有老鼠发出人一样的哭声。他因为是主管祭祀的官员，所以对此非常

关注，觉得听到哭声，肯定是有怨气和委屈，于是就打算摆上东西，祭祀一下灶神。然后出现了五只五种颜色的老鼠，把祀食吃光后，回到灶中。同年卢嵩升职兴化尉，也不再有怪事发生。

古代非常重视祭祖、皇家祭天等事情。祭祀的时候，要先摆上各种各样的物品，然后再行祭祀礼仪，这些在《礼记》之类的书上也有记载。

本易案解析

所谓方色，就是东西南北中五方，也就是金木水火土五行的颜色。文中说五个老鼠是五种颜色，它们看到卢嵩摆的祭祀之物，就全部吃掉，然后又回到灶台里面（这个锅肯定不是我们现在城市做饭那种小锅，而是像农村那种大锅）。之后不久，卢嵩就升职了，其宅再也没有怪事发生。

探研故事的关键，就是怎样合理定位卦象，这个故事中的老鼠和升官，在易象上有什么逻辑关联，给我们哪些启示。这始终是我们探研笔记小说故事的主要目的和意义。

太庙定卦宫

太庙是祭祀的场所，在六爻中居上九或上六爻，自然就会想到艮卦，上九爻持世，为丙寅炉中火为太庙，可以代表太庙斋郎卢嵩的居所，也可以代表炉灶，这个毫无疑问。

丙子为老鼠

艮卦五爻丙子，居上九爻之下，可以为老鼠，非常符合灶下有鼠的象意；声响及有人哭，就是财爻丙子发动，应丙午宅爻，午为头为面，为眼睛，见丙子涧下水，为眼睛流水，为流泪为哭；丙子居五爻，可以象征五只老鼠。

鼠五色之迷

丙子为水为黑色；应丙午为火为红色；丙子居艮卦为土为黄色；丙子在艮上互卦震中，为木为青色；子孙为动物，自然也可以为老鼠，艮中丙寅与丙申子孙相应，申金为白色，故有五种颜色的鼠。子水十二辟卦为地雷复，为微小的声音，在上互卦震中也为动，加上子午相冲为哭，所以有釜鸣和如人哭声。

升职宅安宁

丙子动，化为巽宫辛巳为子孙，财爻化子孙为吃的，巳与祀通，为祭祀之食物。丙子财爻水动，生世爻丙寅为鬼爻，鬼爻也主官职，相生为晋升之象，所以卢嵩祭祀之后，当年就升官了。丙午哭也为动，化为辛亥，而丙子化辛巳子孙后，与辛亥父母爻相应，辛亥巽二爻为宅爻，亥为坤主静，也意味着家宅安宁了。

本易案启示

1.辛巳也有烧香祭祀的象意。但与以往壬戌有烧纸祭祀的象意不同，这个未必是拜佛，也可能是拜仙拜怪或者拜祖先，而且是携带祭祀物品。另外辛巳还有吃东西的象意；

2.综合运用互卦、应爻、本卦等信息，丙子可为五色。

20 易案 夫妻均有丑一柱，辟卦演象却不同

此易案先是用雷宝博士四柱中辛丑一柱，准确预测两件事：一是，庚申月因为文章进财430~480元。反馈是几天前得稿费430元；二是，这个月可能还有人给送茶，但不是易友当地的云南红茶，而是绿茶。反馈是导师前几天给带的绿茶。

本易案解析

这个易案的起因，是我们聊十二辟卦如何应用，又说起丑戌相刑等问题时，我拿他亲属八字一柱丁丑举例，准确测他亲属在庚申月进了一笔钱。他亲属专职在家看孩子，没有经济来源，按常理判断这个根本就不可能。实际从年初到现在，他亲属只在预测的前两天因为买手机返现进了500块钱。雷宝博士认为这就是干支易象与众不同的地方、视角奇特的地方，比如明知无经济来源，却断庚申月进财。

这些判断还是运用十二辟卦，所以易友一定要重视十二辟卦及其应用。丁丑十二辟卦为地泽临，丁卯鬼爻持世，丁丑、丁卯都为兑，所以直接以兑卦断。庚申月令，十二辟卦为天地否，财爻乙卯持世，又见兑卦妻财丁卯，为财爻旺，所以这月他亲属应该进财，但庚申又是震卦鬼爻，与庚寅兄弟爻相应，不会是大财。雷宝博士的日柱是辛丑，也是地泽临丁卯持世，不过与丁丑的判断不同。这里取丁卯与癸亥财爻相应，再把辛丑为巽的象意相加，则亥又是辛亥为巽父母爻来生世爻丁卯，就是财爻化父母来生世，所以判断是他因为文章而得财。

为什么说是文章，这里还有个理论联系实际的考虑，雷宝博士是大学老师，其他手段得财的概率小，而文章论文一年中可能发表，也可能不发表，但直接断这个月得财，就是实实在在的易理，而且稿费一般也就是几百块钱。卯为四，木为三八之数，取小数为430元。巽中有辛卯得水生，又生丁卯炉中火，有茶叶的象意，但是辛卯为木，所以按照易理判断为绿茶。

本易案启示

1.要理论联系实际。可能有人会疑惑，卯主双，为什么不断他亲属得两笔财？这个还是我刚刚强调的，易理要符合实际情况。亲属没有工作，没有经济来源，断两笔财显然不符合实际情况。这也是此易案给我们的第一个启示；

2.辛丑和丁丑的运用，是有区别的。见到丁丑，可以化为兑卦，用兑卦的象意；同样，辛丑也可以用巽卦的象意；

3.不论辛丑或丁丑，其天干可以跟卦上的地支，任意组合。金口诀里有这样的技法，比如《六十甲子钤》中，就有人元癸直接组合月将卯，形成癸卯，用纳音金箔金取象。我们在干支易象上也可以拿来用，断绿茶就用这个技法，而且成功了。

心在神在，创新笃行

我们提倡大胆借鉴，大胆实践，这样才能有理论上的突破和创新。教多少用多少，不动脑，不思考，按部就班，不会变通，不会理论联系实际，肯定不行。易友要是想研究干支易象学，心思就要放在这里，就像我说的心在神在，才能变通，才能心有灵犀。我们的学习，同样也要用心也要专注，不能说每时每刻，但每天至少也要拿出一个小时，哪怕半个小时，来琢磨研究。再就是要坚持，时间长了就有功夫了，初学乍练和熟练是不一样的。

21 易案 鸡鸣寺火灾易理推演

千年古刹亦应劫，两次火灾各不同

此易案是讲完《干支易象学梅花易数注解》之后的案例。晚上接孩子时，我想到上九、上六爻都为太庙主祭祀之类，很自然地就与几天前看影像资料介绍的鸡鸣寺联想到了一起，在路上一直想鸡鸣寺怎么取象：酉为鸡，癸酉为太庙，正好与乙卯相应，卯为震为响声，这不就是鸡鸣寺吗？后来又想到乙卯为鬼爻，乙卯下面乙巳是灯火，再仔细一想，1951年或者2011年这两个年份是卯最旺的时候，鬼爻旺，寺庙会不会有火灾？

结果回来网上一搜，2011年5月9日，寺庙里药师佛塔还真着火烧了！再往下看资料介绍，鸡鸣寺是西晋的古寺，距今1500多年，在古诗描述的“南朝四百八十寺，多少楼台烟雨中”的首寺就是鸡鸣寺，非常有名。后来又在网上查到，这个古寺1973年也着火了，是由于工人下班没拔电烙铁，导致失火。

火灾象意解析

那么2011年辛卯是雷火，在上九爻天上，坤鬼爻见辛卯为雷火，就是因为雷火把药师佛的塔烧了。癸酉为子孙爻，为药，在坤为母为师，在上六爻为庙，综合象意为药师佛，与辛卯上九爻卯为雷，与癸酉相冲为雷火烧佛塔之象。但1973年癸丑，鬼爻也没动，什么都没有，怎么能着火呢？如果我们按照十二辟卦，结合刚才讲的原理，丑就是丁卯鬼爻持世，癸丑本身又是桑拓木，临丑也可以为寺庙，再加上鸡鸣寺的名字本身就是寺庙临鬼，所以癸丑年也出现了火灾。但是与2011年火灾原因不同，是电引起的，因为丁卯是兑二爻，纳音炉中火，是凡间之火，而另一次是雷火，是天上之火。

本易案启示

这个易案也挺有趣的，主要启示有以下两点：

1. 癸丑里的丁卯，可以是电烙铁，丑可以为插排；
2. 辛卯或者癸丑见乙卯，都有火灾之征。

第八章 《酉阳杂俎·喜兆》等易案解析与启示

22 古易案 《喜兆》虾蟆井水涨，李揆不日拜宰相

此易案是笔记小说《酉阳杂俎》上卷《喜兆》中的一个故事，通过解读看看对我们有什么启示。

《喜兆》原文

集贤张希复学士尝言：李揆相公将拜相前一月，日将夕，有虾蟆大如床，见于寝堂中，俄失所在。又言：初授新州，将拜相，井忽涨，才深余尺。

释　意

集贤学士张希复曾经说，有个叫李揆的相公，在将要当宰相的前一个月某一天的傍晚时分，有只像床那么大的蛤蟆，出现在卧室，一会儿又不见了。又说也是李揆拜相之前，刚到新州任职

时，家里一口井忽然涨水，水位升高了有一尺多深。

本易案解析

按照以往的经验，农村这种井水一般也就下雨的时候会涨，但是这个故事中，井水无缘无故涨了一尺多深，这个就可以看作是李揆当宰相之前的一个征兆，而《酉阳杂俎》把它归为喜兆，也就是吉兆。加上前面说的，突然出现一个像床那么大的蛤蟆，这些都意味着官职不会小。

虾蟆之征定卦宫

虾蟆，也就是蛤蟆，是两栖动物，最明显的特征就是腿特别有弹跳力，跳得挺远，是“跳远健将”。我们研究象意的时候，肯定要考虑它最明显的特征，取象就要从这里入手，同时也要考虑床和宅，这两点综合起来，象意也就基本定准了。蛤蟆这个特征，会让我们想到乙卯，为震卦为足为跳跃，和坤二爻乙巳宅爻卧室紧靠，巳和亥相应，亥时也正好是休息之时。蛤蟆还有个特征就是体型宽而扁，乙卯中的“乙”字型，也类似这个特征。

因酉而官鬼爻动

鬼爻也指虚幻的东西，傍晚就是酉时，冲动了乙卯鬼爻，所以宅中出现了这种虚幻的现象，一闪而过，正应乙卯鬼爻的象意。乙卯又来生宅爻也是父母爻，官动来生印，如果为官就有升迁的征兆，蛤蟆像床一样大，应该不是一个小官，所以李揆升为宰相。乙卯为木，乙巳为目，合为“相”字，蛤蟆一蹦一跳像极磕头，为拜相之征。

干支同而象万千

很多人已经感觉到我们解析的古易案，多次用到了乙卯和癸酉，但每个都不同，都有变化。在实测的那么多易案中，也同样都有变化。因为卦虽有八，却可以类万物，把世间所有事物涵盖其中，所以癸酉可以是屠夫，也可以是宝剑；乙卯可以是疾病，也可以是官职。每一个故事虽然用了同一组干支，但变化不同，启发不同，意义不同，这其中的关键是切入点要找对。

井水涨象指官升

我们再说一说井水涨一尺这个易象。二十八星宿未为井宿，按照六爻爻位，一般卦中初爻为井，在坤则乙未可以代表井。这个象意和前面如床前之蛤蟆等象意，都发生在李揆一个人身上，是一脉相承的，所以均在坤中取用。这也提醒我们在取用的时候，不只要考虑爻位，更要多方考虑，尽可能合情合理。井上涨了一尺，说明乙未动，化为庚子为震卦。庚子动生宅爻庚寅，同时庚子应爻为庚午，这就构成了庚子父母爻来生宅爻庚寅，庚寅又生子孙爻，子孙爻是财爻的原神为喜神，为吉兆。

这里再分享一个纳音解析思路。《三命通会》里讲，松柏木见壁上土，再见路旁土助之，为栋梁之材。而本案庚寅松柏木，庚子壁上土，庚午路旁土，正好构成这个格局，成为栋梁之材；庚寅是木，庚午是火，木火也为相资，从这个角度也可以推出当宰相之征。未为井宿，在天则为己未，井水动，己未也动了，化为壬申五爻为君位，又是得以重用提升当大官的象意。

本易案启示

这个易案的启示有两点:

1.乙卯见乙巳，乙未见庚子，己未见壬申，平常人得财，为官主晋升。我们得到的那些启示，有些从八字上不可能一眼就看出来，这里面包含了太多变化，但是我们通过探研古易案，得出的一些结论，可以直接拿来用，一下子就能解决问题;

2.蛤蟆放置合适会旺财。现在有很多开店做生意的人，都弄一个金蟾放在店里。类似这些吉祥物的摆放，不是没有道理，但大家又说不清道理在哪，我们借由解析这个易案，找一找放金蟾吉祥物的原理。如果我们用金蟾调整风水的话，放在哪儿好?要放在离床近一些，才能起到风水旺财!比如金蟾放在西南方向是鬼爻，放在东南方向是兄弟爻，放在西边是财爻，放在离床近一点的地方，西南屋最好，坤卦鬼爻生宅爻，旺宅运。吉祥物绝对不是随便放在哪里都旺财，放的位置不对，不但不会旺财，搞不好还要犯口舌。人的命运不一样，屋宅格局不一样，位置也不一样，放在不同的地方，就会有不同的象意。

23 古易案　柳叶入池忽化鱼，至冬其家有官事

《酉阳杂俎·物革》中记载的故事一则是非常有生活气息，二则也引出跟我们的生活息息相关的一句俗语。先看故事原文:

开成末，河阳黄鱼池冰作花如缬。河阳城南百姓王氏，庄有小池，池边巨柳数株。开成末，叶落池中，旋化为鱼，大小如

叶，食之无味。至冬，其家有官事。

释　意

河阳城南百姓王氏庄园里有一个小池塘，池塘边有几株高大的柳树。开成末年，柳叶儿落入池中，随即变成了鱼，如同叶子一般大小，吃起来也没有味道，到冬天这家人遇上了官司。

这个故事看起来好像有点匪夷所思，如果按照以前易友所接触到的方法，比如《梅花易数》的方法，柳树只能取巽卦或者震卦，鱼只能取坎卦，然后再用体、用、互、变那套理论的话，什么也研究不出来。所以我认为《梅花易数》如果一直按照这种固定的体用互变的模式走下去，甚至会变成对人智商的一种抹杀，但现在很多人就信这套。

纳音定卦象，杨柳叶化鱼

既然用我们现在掌握的知识无法探究，用爻象也很难定位柳树，那么如果从纳音的角度考虑呢？壬午为乾宫鬼爻，纳音杨柳木，可以为柳叶，与甲子相应，正好是柳树叶化成鱼的象意。因为冬天水旺，吃鱼即是甲子动，冲壬午鬼爻发动，而几株高大的柳树，又说明鬼爻很旺，所以这个鱼被吃之后，到了冬天，这家人就摊上了官司，就是这么一个象意，引入纳音的方法之后，解析也就非常简单明了。

本易案启示

此易案带给我们易友的一个启示就是：甲子旺时，会有官司之征。

“前不栽杨，后不栽柳”易理释义

我们老百姓有一句俗语叫“前不栽杨，后不栽柳”，易理在哪里呢？前朱雀后玄武，左青龙右白虎。前面就与朱雀离宫有关，杨树的杨字繁体“楊”，木字旁加太阳的“阳”繁体“陽”字右边，因此可以取离宫世爻己巳为杨树。那么前面栽杨树，就是父母来生离宫兄弟，兄弟爻主夺财，主家贫穷，可能也会破财，也主夫妻感情不好，对家里的长辈和妻子都不利，所以“前不栽杨”。同理后面就是坎，玄武子水之位，要是栽柳树太多，就是壬午特别旺冲子水，对家中老二不好，也可以代表对孩子、对子女不利。这就是“前不栽杨，后不栽柳”的合理解释。

24 易案　六十甲子克应预测

易友总问六十甲子表到底有没有预测功能，我明确回答有预测功能，我们以太岁戊戌举例，判断四点：

第一，家里有人生小孩；

第二，东北方向洗手间有异味；

第三，家中因房产花钱；

第四，为父亲买衣服之类。

针对这四点，易友反馈说，家中倒没有人生小孩，但是家里有个乌龟下了蛋；东北方向洗手间往年没有，但今年确实有异味；刚刚交了物业费；给父亲买了一条腰带。仅仅一个戊戌就可以判断出这么多事情。

本易案解析

将戊化十二辟卦为山地剥，丙子子孙持世与乙巳父母爻临鬼相应。子孙动与坤母应，是有人生小孩之征，但实际上是家里的乌龟下蛋，这个象意当时没测出来。

戊戌可以化丙子。戌土既然为大艮卦，则可纳丙。我们只把戊戌整体视为坎，不考虑具体什么爻，并取其五行为水的特征，那么丙与水组合，可以化为丙子，为艮财爻。

戊戌可以为父亲。以戊戌为坎卦，在五爻可以为父亲。

戊戌可以是壬戌。再把戊看成水，因为戊本身就是纳在坎宫为水，那么戊就可以是壬，戊戌也可以化为壬戌，也是父母爻动了，结合戊戌可化为丙子，就可以看作是父母爻临财，父母爻主房产。所以既是为房产花钱，缴物业费，也是为父亲花钱。

丙子可为洗手间。东北方向卫生间就今年出现异味。卫生间就是洗手间，其实洗手间就是戊戌或者说是丙子，戊戌化丙子，艮为手，丙子涧下水，为子孙还是流动的，这不就是洗手吗？它又可以换成壬戌父母爻为房子，所以可为洗手间。山地剥丙子也与坤父母爻乙巳化鬼爻相应，为父母临鬼，但是不能说卫生间有鬼，可以转换成有臭味，鬼爻也主不好的味道、食物腐烂，等等，临子又为地雷复，所以反反复复。

本易案启示

1.每一组干支都可以按十二辟卦变化，可以以纳音论之，也可以用天干变化，均可以用纳甲之术来变化；

2.在取象上要顺势而为。艮为手，手见水又是父母爻为房间，所以丙子可以为洗手间，临鬼爻就是洗手间出问题了，出现异味也是鬼爻的一个特征。

第九章 《酉阳杂俎·天咫》等易案解析与启示

25 古易案 《天咫》月宫千古事，都在干支易象中

本易案，选材于《酉阳杂俎》卷一，题目是《天咫》，相关原文如下：

《天咫》原文

旧言月中有桂，有蟾蜍，故异书言月桂高五百丈，下有一人常斫之，树创随合。人姓吴名刚，西河人，学仙有过，谪令伐树。

释 意

传说月中有桂树，有蟾蜍，传奇书上记载，月中的桂树丈高五百，树下有一人不停地砍伐，但是桂树创口，随砍随愈合。砍树的人姓吴名刚，是西河人，他学仙时犯了错，被罚去砍树。

在探研这个故事之前，先来重温一首与这个故事相关的毛主

席诗词：

《蝶恋花·答李淑一》

毛泽东

我失骄杨君失柳，
杨柳轻飏直上重霄九。
问讯吴刚何所有，
吴刚捧出桂花酒。
寂寞嫦娥舒广袖，
万里长空且为忠魂舞。
忽报人间曾伏虎，
泪飞顿作倾盆雨。

这首诗词里的吴刚，就是《天愢》这个古易案中的主人公之一。我们先对这则故事的象意进行破解，并思考对现实生活的指导意义，接着第二个易案我们就讲如何将这个故事的启发与现实生活对接，并应用到预测中去。

故事首先提到月宫有桂树，有蟾蜍，那么我们就从月宫的象意入手。实践已经多次验证，干支易象研究易案故事非常可行可信，但第一步尤为重要，一定要找对，我之所以多次强调，是因为它牵一发而动全身，错则南辕北辙，对则行云流水。我们这种方式方法，在任何一本书上也找不到，我们现在探研的这些古易案，如果不去解析，那也只能是故事。而我们这种方法最主要的，就是要找到思维的切入点。找到了，找准了，一切就会迎刃而解。有易友反馈他直接用我们这种探研方法总结出的启示，判断出许多难以置信的事情，他结合一位女士的年命乙卯，直接判断出她2016丙申年挪坟，很是震撼。随后在新西兰参加易经交流大会时，又用这些启示与技法奇准地判断，引起了参会外国人的震惊和赞叹。

本易案解析

月亮纳音定卦宫

我们还是从纳音入手。戊午和己未一阴一阳，纳音为天上火。戊午代表太阳之火，代表太阳，己未就代表月亮之光，也代表月亮。那么我们首先把月宫定为己未，其他的一切都围绕己未展开探研分析。

己亥乙卯巧转化

蟾蜍这个象意比较特殊。蟾蜍是学名，实质上就是我们俗称的蛤蟆。那么月亮己未为离宫五爻，与己丑二爻相应，都是子孙爻。离宫上互为兑，下互为巽，己未居于离宫上互卦兑中。易友把离宫卦爻和六亲画出来，这样就可以看得清楚。上一章我们探研出乙卯为蛤蟆的象意，那么己亥十二辟卦为坤，坤中见平地木为乙卯鬼爻，所以己亥也有蟾蜍的象意。

木见双土为桂树

既然己未在上互卦兑中，兑本身主刀斧，砍树是鬼爻为上互兑中己亥，其纳音五行平地木，己未为土，与己丑相应也为土，木见两土，合起来是“桂”，月宫桂树的象意就出来了。另一方面，己亥也在下互卦巽木之中，按照这个组合原则，也可以得出桂树的象意。

这里给易友普及一下，五行分纳音五行、正五行、纳甲五行、数字五行（一六水，二七火，三八木，四九金，五十土）、合化五行,《黄帝内经》还有中医五行等。

桂树奇高五百丈

己亥、己未、己丑，均为与己土组合，土为五十，己亥又居上互兑，为少女为少数，故取五，为高五百丈。

砍而又愈神怪事

现实生活中，砍树会留下疤痕，也会把一棵大树砍倒，而神话故事中吴刚砍树，却出现了一种树砍不倒的奇特现象，砍完就长好了，就像我们看《西游记》孙悟空被妖怪砍完脑袋再长出来一样，这个树也是砍完伤口就愈合。

那么离宫上互卦兑中有己酉为刀斧，己亥是桂树又是鬼爻，故有砍树之象。但这里还有一层象意：木虽然临鬼爻，不过亥水又生木，己亥又与己未半合，所以树被砍完就愈合的神奇现象就出现了；再者砍树为己亥动了，变为震卦庚辰，辰酉又合，还是砍完又愈合的象意。实际就是神仙让吴刚出力费劲砍完树，树就愈合，以此来惩罚吴刚。

子临鬼应天修仙

己亥与己未子孙都在上互卦兑中，合为桂树。己亥与己巳相应，巳为天，又是离宫天爻，子孙临鬼与天爻相应，为修仙之象。兑为口，巳为天，合为吴，下互巽为风，为风带刀为刚，为吴刚之名。但己亥临鬼冲天爻己巳，也为修仙犯错之征，而到月宫砍树也为临己未子孙，子孙是克官治鬼，就可以为改正错误。

本易案启示

这个故事我们就解析完毕了，启示有六点：

1. 己亥见己未，有伐树之征。也可以说在家西南、西北或正南方有树；

2. 己亥见己未为桂树；

3. 己酉见己亥，为桂花酒的象意，也可以延伸为酒厂；

4. 己巳见己未为嫦娥。己未属羊的婚姻一般不太好，因为己未是子孙，又跟子孙相应，为子孙旺又克官治鬼，所以容易离婚，女命克夫。毛主席诗词里不是有“寂寞嫦娥舒广袖”吗？形容单身一人，这就是实际意义；

5. 己亥可以为蛤蟆，可以为传说中的玉兔，也可以为兔子；

6. 己亥，可以把亥作为十二辟卦，直接与纳音组合，取出一组象意，如己亥就是乙卯，可以是大溪水。地支与纳音直接组合象意，打破常规，这个很重要，也很有实战意义。

干支易象与神话思维

神话故事非常有想象力，据资料记载，不论是战争年代还是和平年代，毛泽东主席非常爱看神话故事，因为神话故事比如《封神演义》《西游记》等打破了思维常规，很能激发人的想象力和创造力。毛主席也非常善于将神话思维结合到实际工作中去，这就叫革命浪漫主义思维。这种思维跟那些所谓的正常思维是不一样的，它没有障碍，极大地丰富了人们的想象力。毛主席曾经批评有的人写文章像懒婆娘的裹脚布又臭又长，表达出他反对形式主义，反对条条框框和思维僵化与禁锢的思想。我们研究易学也要像毛主席的诗词一样，大胆运用神话思维，打破常规，解放思想，让思维灵活起来，充满灵气，学得轻松，用得轻灵。不要像现在那种命理生克制化取用神、梅花易数体互用变、三合三会等一样，固守着日辰月建旺衰不放，跟八股文一样，还门派林立，搞出各种规定、模板，让人不敢越雷池一步，这也不能用，那也不能用，限制了思维抹杀了想象，一点创造力都没有了。所以有的易友学易多年，也买了不少书，时间也没少花，但到最后始终也提高不了，实践中判断一个错误一个，归根到底还是思维模式的问题。

很多人喜欢看武侠，像霍元甲的迷宗拳、段誉的六脉神剑、令狐冲的独孤九剑这些绝世武功，哪一个不是打破常规练成的？所以武侠里真正的大师是金庸，他是透过武侠的这种境界，把思维问题解决了。进入象意世界的关键就是将束缚思维的东西，全部忘掉，全部扔掉，像武侠小说中学独孤九剑一样去学干支易象，进入一种自由境界，这也是我所追求的干支易象学的境界。我不断给易友强调的找准切入点的问题，也要像六脉神剑一样，一步直接定位，立刻准确判断。在实践中也深有体会，很多易友在学完《干支易象学梅花易数注解》之后，已经有了不少出彩的案例，这也证明了我们这些技法行之有效！

26　易案　一只白猫水冲去，两三学生入园来

2018年4月1日，一位易友给我打电话说梦见一只灰白猫在

地上，然后听有人说一会儿来水，就会把猫冲到河里去，猫就会死，再转头一看猫没了，刚才的空地却满地是水。

梦境象意解析与启示

解梦其实也能把人的思维带到缥缈如神话般的境界。那么把这些梦易象对接到实际生活中，用干支易象学的思维，能类比出什么事情呢？我知道这位学员开了一个比较大的幼儿园，就判断她做完梦之后，幼儿园要进两到三个学生。后来反馈，她做完梦后是来了三个学生。那么这个判断依据在哪里呢？

我们按照梦境象意，把猫取为甲寅，空地为坤。空地变水则可以看作为甲寅直接变成乙卯，因为都是大溪水，这不就是猫变水也就是被水冲走的象意吗？猫被冲走会死掉就是变鬼爻，也就是乙卯发动，生乙巳宅爻，乙卯与子孙癸酉相应，所以判断是幼儿园进学生，寅为三个。从另外一个角度，猫和水都可以为甲寅，为二爻宅爻也是财爻，动物都可为子孙，所以猫为子孙动来生财爻甲寅，也是学生入园之象。

这个梦跟我们前面解析的古易案《郑就》也有联系：郑就挖到一把宝剑回家后发财了，这个易案通过猫又转到乙卯癸酉，为学生入园。所以我们解析不同的易案，看似用一样的干支，但象意均有不同。我们还可以在实战中继续拓展延伸，这也是我们研究这些易案的意义所在。

27　易案　杯碎机场道路口，南京盐水桂花鸭

2018年农历三月己丑日，一位老领导要去南京一位朋友的画

展上讲话。晚上老领导给我打电话说到南京飞机场路口的时候，把儿子送的一个玻璃杯打碎了，尽管不值多少钱，但是出门在外，总感觉有些不得劲儿。

我回复说要是从当天的日子来看，不会有什么不好的事，但我同时认为有人要送他土特产。过了几天我在看书，他电话中让我过去，告诉我说那次南京出差有朋友送了几只南京特产盐水桂花鸭，确实是有人送土特产，但具体到盐水桂花鸭，当时没有判断出来。如果用刚才探研的吴刚和桂树这些象意和启示分析，南京盐水桂花鸭也全在这些象意中。

本易案解析

己丑日杯子打了，己丑是离宫，兑为杯子，在离宫上互卦中，跟喝水有关而且打了，就是临鬼爻，为己亥。己未也在上互卦兑中也可以为杯子，为道路口，再者己未与己丑相应，两者都为土，都为子孙爻，所以是土特产。这是当时判断有人送土特产的易理。

南京盐水桂花鸭这个象意也能研究出来：己丑日，己未是杯子在五爻，为离宫在天上，是飞机也为道路。我们再把吴刚桂树那个拓展一下，那么己未杯子打了，为临鬼爻，为见己亥，可以为桂树；己亥与己巳相应，为兄弟为火，而桂树上面有火为花，为桂花；离宫为南，己未和己丑为子孙为小口，兑也为小口，小口为京，故为南京；巳为乾，纳甲干，离宫为火为朱雀为鸟，甲+鸟为鸭，亥为水主咸，综合起来就是南京盐水桂花鸭。

第十章 《酉阳杂俎·物革·鲙化蝴蝶》等易案解析与启示

28 古易案《鲙化蝴蝶》神奇事，妙用纳音释玄机

这个古易案的内容是《酉阳杂俎·物革》中的故事，名叫《鲙化蝴蝶》。

《鲙化蝴蝶》原文

进士段硕常识南孝廉者，善斫鲙。縠薄丝缕，轻可吹起，操刀向捷，若合节奏。因会客衒技，先起鱼架之，忽暴风雨，雷震一声，鲙悉化为蝴蝶飞去。南惊惧，遂折刀，誓不复作。

释　意

有个进士叫段硕，他曾经认识一位姓南的孝廉，特别擅长切鲙鱼片，能切得像纱一样，薄如丝缕，轻盈得可以吹起来，用刀的声音响如音乐一般。有一次宴请宾客，他炫耀自己的绝技，先把鱼放在架子上，准备开始切割，忽然，狂风大作，暴雨倾盆，

一声震雷后，那些鱼片全都化成蝴蝶飞走了。南孝廉又惊又怕，于是封刀发誓，不再切鲙鱼。真是天下之大，无奇不有，刀工好到能把鱼切片成像纱一样轻薄！

重纳音纳甲，如刀剑合璧

在解析故事之前，有必要先交代一下关于纳音的问题。因为纳音与纳甲是干支易象学的重要组成部分，应用中如刀剑合璧。易友通过学习也看到了，只用纳甲不用纳音，有很多时候，也有很多象意是取不出来的，只有纳音纳甲结合应用，信息象才能准确生动。现存的介绍纳音的书，比较好的是《三命通会》和《兰台妙选》,《三命通会》对每一个纳音都有相对比较全面的论述，而《兰台妙选》比较生动，但思维太飘逸，不好把握。现在无论命理、六爻，还是奇门、六壬，几乎把纳音全部排斥在外，认为纳音不可用或折中一点就说慎用。在这里我可以负责任地说，即使不用纳甲，只用纳音，很多判断也能八九不离十，也可以出神入化，这是没有问题的！当然《三命通会》中的纳音部分，没有人讲解和指导也是应用不了的，这也是纳音流传不了，而且被大家排斥的原因。希望可以通过我的著作，能够引起易友们对纳音的高度重视，最低标准要知道纳音是什么和它们的简单象意，如果能把纳音纳甲结合在一起，就能够演绎出神妙的象意来。

这个易案还是纳音的妙用，如果用《梅花易数》的方法，只能取兑卦，但太笼统，不好定义具体哪个爻，一些诸如切鱼等细节的易象也无法解析。要研究解析问题，第一是要先把大的类象研究清楚，第二要细化到具体爻位，《梅花易数》的体用互变以及命理生克制化那一套，有历史局限性，不像《三国志》记载的管辂，还有郭璞以及他们的那些易案，那才是真正高水平，但可惜自唐宋以后，易象的应用日渐式微了。

本易案解析

癸酉刀切鱼

故事里说到了刀和鱼片，刀就是剑锋金壬申、癸酉，而切鲙鱼片是为了食用，那就要舍壬申而用癸酉，因为壬申是兄弟爻，癸酉是坤宫子孙爻主吃的。那么切鱼可以是癸酉。

乙卯可为鱼

乙卯本身也可以为鱼：一是，实战中我用乙卯测对过别人送海鲜和吃鱼；二是，在《干支易象学梅花易数注解》的八卦类象中有乾宫甲子为鱼，震卦可以为鱼的解析，道理很简单，也是由爻象变化而来——乾卦初爻是甲子，为潜龙勿用，为深渊，为鱼，而震卦是坤取乾之初爻而来，其初爻庚子就是乾卦甲子，也可以代表鱼，故震也可以为鱼。乙卯为震为大溪水，震中之水即庚子，故乙卯可为庚子为鱼。

爻动雷雨风

既然乙卯可以为庚子为鱼，而刀来切鱼，则为鱼动，为震卦庚子水父母爻动，生二爻庚寅木得旺，冲五爻庚申鬼爻也动。父母爻主雨，鬼爻主雷电，所以一场雷电交加的倾盆大雨就来了。庚寅兄弟爻主风，庚寅与庚申五爻天爻相冲，为冲天；庚寅辛卯纳音均为松柏木，故庚寅见卯可转化为辛卯也为雷，为巽世爻为风，故狂风大作。一个切鱼的小动作，就把天上的雨，天上的风，天上的雷，全部衔接起来了，所以中国古人讲天人感应，万物全息，是非常有道理的。

鱼片忽化蝶

一声雷后，鱼片化蝶飞走了。雷为火，而巽中之火为五爻辛巳，为子孙为虫为蝴蝶，五爻为天，巳为腾蛇为怪异之象，所以鱼片化蝴蝶飞走了。

本易案启示

1.乙卯在天可以为风，可以为雷，可以为辛卯，还可以为庚子、庚申、庚寅，其类象非常丰富；

2.推而演之，辛巳与辛亥相应或乙巳化辛巳，均为父母化子孙，为卖房之象。因为子孙是交易之神，父母主房产，所以为房产交易。

29 易案　同是摔杯象各异，父母冲子是卖房

某一天辛丑日，我在工作室看书，南京盐水桂花鸭易案的老领导，约我一起去见一个朋友，是我国很有名的油画肖像画家，给多国总统画过肖像，现在已经定居新加坡。老领导在介绍我的时候，又把南京桂花鸭的故事重复了一遍，画家的老伴儿觉得很神奇，就说她上午的时候，不小心把别人送她很贵的化妆品给摔了，问我："老领导是别人送土特产，那有没有人送我东西？"

本易案解析与启示

辛丑日说化妆品，就地取材，按辛丑的卦宫去取象为巽卦。以此为切入点。化妆品就是钗钏金，因为古人打扮也就是这些金银首饰，都叫钗钏金。随着时代的变迁，钗钏金也不能非说就是首饰，和装饰有关的都可以是钗钏金，化妆品也可以变通为钗钏金，这个我们也已经验证过多次。

摔碎了，就是辛亥动与辛巳相应，为父母冲子孙，所以我推断她家应该是最近卖房子。这两口子定居国外很多年了，还真在国内留有一处房产，说也就是这几天在买卖交易，而且这个事情她两口子谁也没告诉，当时在场的人都很震惊。

都是摔杯子，在南京是有人送土特产，这个易案中就主卖房子，象意完全不一样。当然辛巳也可以是化妆品，因为它与辛亥相应，实际上就相当于阴阳鱼，是一个事物的两个方面，可以互通。易友要古为今用，也要学会怎样去灵活变通。

钗钏金可以为化妆品类象，就是启示。

30 古易案 钗钏金辛亥妙义，《豫章人》精妙绝伦

这个易案也和辛亥辛巳有关，是《稽神录》卷五中的一个故事《豫章人》，原文如下：

《豫章人》原文

天复中，豫章有人治舍掘地，得一木匮，发之，得金人十二躯，各长数寸，皆古衣冠，首戴十二辰属，镌刻精妙，殆非人

功，其家宝祠之，因以致口福。时兵革未定，遂为戍将劫之，后不知所终。

释　意

天复中，豫章有人装修房子，掘地时挖出一个木匮，发现里面有十二个金子做的人，各长数寸，都穿着古代人的衣服，雕工精美，巧夺天工，这家人就把这些雕工精美的金人，当宝贝在祠堂中供起来，并且因为这个得到不少口福，生活也富裕起来了。但当时兵荒马乱，这十二个金人后来被戍边的将领给抢走了，再也不知去向。

本易案解析

金人十二躯，象意钗钏金

这个故事提到十二个小金人，我们会想到辛亥，因为地支亥序数为12，纳音是钗钏金。亥为坤，为古为旧为衣，所以这十二个金人，都是古代人的衣服穿着。坤为地，掘地可以为辛亥动，与子孙辛巳相应，辛巳可以为金为刀，为子孙主技艺，所以刀功精美，子孙又主吃的，就是主口福。

辛亥动化丙午为离火，为盔甲，为战火，为兵戈之象，与丙子相应，再以子水论坎，可以为戊子，为坎世爻，居上六，坎五爻为戊戌为鬼爻，为戍边之将领，鬼爻也为抢劫，为不见，故被戍边将领劫走了，不知去向。

本易案启示

这个故事的启示就是：丙午动了，也有辛亥钗钏金的象意，也主财。当然，辛亥变丙午也可以是家中着火，丙午变辛亥，也可以主搬家。不要一见丙午，就是水火相冲，主口舌官司。看清其中的变化，吉凶在一定条件下也可以相互逆转，不是绝对的。

易友特别要多体会和理解干支之间的变化，比如乙卯可以为庚子、庚申、庚寅；庚寅可以为辛卯；辛亥可以变丙午，等等，包括父母化子孙为交易，为卖房这些象意。

第十一章 《稽神录·拾遗·龙昌裔》等易案解析与启示

31 古易案 雷劈恶商《龙昌裔》，同爻异象天难欺

本章所选易案的内容是《稽神录·拾遗》里的小故事，题目是《龙昌裔》，原文如下：

《龙昌裔》原文

戊子岁，旱，庐陵人龙昌裔，有米数千斛粜。既而米价稍贱，昌裔乃为文祷神冈庙，祈更一月不雨，祠讫。还至路，憩亭中，俄有黑云一朵自庙后出，顷之雷雨大至，昌裔震死于亭外。官司检视之，脱巾，于髻中得书一纸，则祷庙之文也。昌裔有孙婿，应童子举，乡人以其事诉之，不获送考。

释 意

戊子年天气大旱，庐陵（现江西吉安地区）人龙昌裔，有米数千斛要拿出来卖，但是因为米价稍便宜了一点，就到附近的神

冈庙上表文，祈求上天一个月内不下雨。回来的路上，正当他在路边亭子休息时，庙后面出现了一片黑云，顷刻之间，暴雨雷电交加，把龙昌裔给劈死了。官方去验尸的时候，在头巾里发现了他祈求上天不要下雨的表文文书。后来龙昌裔的孙婿参加童子举人考试时，乡里人以他爷爷的事情举报投诉，结果孙婿没有被举送。

即使没有信仰，也要懂得敬畏

龙昌裔不但囤积米粮，还在价格稍微下来时，为抬高米价，不顾天已大旱，到庙里上表文祈求上天不要下雨，结果祸及子孙，所以人做事不要太过分。龙昌裔就是典型的道德沦丧遭报应，不但自己被雷劈死了，还报应到子孙后辈，孙婿考试考好了，也不让去上学，很有教育意义。都说“举头三尺有神明”，古代的一些劝善书中，也告诫人们得有道德底线。其实无论古代现代，还是国内国外，都有被雷劈死的情况发生，烧香磕头拜神祈福的也大有人在。笔记小说记载的事情，有一定的生活基础和真实性。现在很多人信奉金钱至上，即使去拜神，实际也是在和神仙做买卖，他们没有真正的信仰和底线，甚至连最基本的敬畏都没有了。

本易案解析

米为坤宫癸酉象

故事首先说到米，毫无疑问是坤卦，可以是坤宫世爻子孙癸酉。

戊子癸酉喻天旱

戊子为坎宫兄弟爻主风，癸酉子孙爻主晴（《黄金策》里有测天时六亲象意的具体说明），癸酉和戊子组合，就构成了天气干旱的象意。2008年戊子岁时，我国发生了汶川大地震，西南的云南、新疆等地也发生了干旱，这两组干支就带给我们一个启示：戊子见癸酉，有干旱之征。

癸酉乙卯新易象

这对组合我们已经用过很多次了，这次又有变化，主买卖交易，出售水稻五谷。乙卯为六合，与子孙爻相应主交易，因为乙卯可以代表水稻，代表植物，与子孙相应又可以代表禾苗，癸酉是剑锋金可以为刀，"禾＋刂"，就是"利"字，所以为出售水稻和五谷之类谋利。

癸酉与乙卯相应，还主向天或神仙言说拜祭之象。我们在解析鸡鸣寺时得出癸酉可以主寺庙，临子孙又可为寺庙里的神，乙卯为震为足与癸酉相应也有跪拜之征，所以是拜祭之象。癸酉冲克乙卯，也有米降价之象，克应就是到庙里求神，向上天上表文言说，因子孙主晴，所以为要求天不要下雨。癸酉与乙卯应为鸡鸣，卯为拂晓早晨，鸡谐音吉，所以民间以报晓公鸡为吉兆，又是坤世应爻，可代坤为安为静，合为吉安；乙卯大溪水为江河，酉为西，又可合为江西，故为江西吉安人之征。乙卯下有二爻乙巳，巳为乾为龙（乙卯本身也可以为青龙），巳又为火为午为日，主双为双日为昌，坤卦子孙癸酉持世为裔，故此人名龙昌裔。实际上，龙昌裔这个人名和江西吉安这个地名，均体现在坤卦之中。

寺庙求神月不雨

拜祭则坤卦子孙爻动，上卦变为艮，相应的鬼爻乙卯也动，下卦也变艮，坤为地变成艮为山，癸酉与乙卯，变成了丙寅与丙申相应，也是到寺庙中去求神之象。艮中丙子，子为水为一，所以要求上天或神仙一个月内不下雨。

亭中休息黑云起

亭中休息睡觉的象意体现在哪里呢？在《干支易象学梅花易数注解》书中有邵康节午睡遇鼠易案，有丙子与丙午相应为午休。但五爻又为道路，故也为在路途休息，丙午宅爻为父母爻与道路相应，就是路边的亭子。艮为云，丙子水为黑色，丙子即为黑云，故在路上亭中休息之时，庙后起了一片黑云。

爻象生变缘谋为

丙子与父母爻相应，那么丙子也有父母爻的信息，父母爻主雨，居上互卦为震，震中子也为父母爻，也有下雨之征。我们不要忘记戊子岁这个关键，丙子与戊子可以相通，丙子为财爻，但是休息就变成父母爻了。所以行为和象意，彼此会相互影响并随之变化的，绝对不是某个爻象，不管有什么不一样的行为，它都不变。丙子是财爻还是父母爻，也与故事情节息息相关：丙子下雨就是父母爻，不下雨就是财爻；休息就是父母爻，不休息就是财爻。这一点非常重要，爻象不是一成不变的，会随着不同的事件和行为，发生相应变化！

头巾显恶遭雷劈

丙子也为父母爻，又与太岁戊子相通，为兄弟爻，所以这个时候风云突变了，顷刻之间下起大雨。因为去庙里求神，龙昌裔由坤卦化为艮卦，我们在本书的六十甲子克应预测的易案中，解析戊戌可以化为丙子，那么同理，丙子或者艮卦在戊子岁中，也可化为戊戌为鬼爻，戊子纳音为霹雳火，所以龙昌裔被雷劈死了。因为谋为不端，最终龙昌裔人没了，财也没了，落了个人财两空的下场。丙子与丙午父母爻应，午为头，父母爻为头巾为文书印信，所以官方验尸的时候，发现头巾里有表文，并通过表文知道他干了坏事。子水旺冲丙午父母爻动克子孙，所以影响到了子孙上学。

本易案启示

1. 丙子既是财爻，又是父母爻。正常做买卖就是财爻，有了无妄之求，又变成父母爻了。这个其实和我们求测一样，爻象与吉凶是随着人的想法和行为变化的，不是摇了吉卦，就可以为所欲为，非常值得我们警醒；

2. 戊子见丙子，有被雷电击伤击死的象意。也可以说容易被家用电器或者触电电伤，还可以主家里电器漏电。易友们可在实践中体会拓展。

32　易案　己亥一柱化辟卦，纳音纳甲开新篇

这个易案是接着六十甲子克应预测的易案来的。这个易友测完戊戌后，又请我用己亥再测一测最近发生什么事。那天是壬子日，我判断当天往前数四天，有人给他家送水果。他说确实四天前有人送两样水果，是哈密瓜和葡萄。一个己亥，怎么就可以精确到四天前有人送水果呢?

本易案解析

纳音纳甲新思路

还是从十二辟卦说起。第一，亥为坤，按纳甲法己为离为火，坤中之火为乙巳，己亥就可以化为乙巳；第二，再从己亥纳音木，与坤再组合，坤中之木为乙卯，己亥又可以为乙卯。问己亥，就是己亥动，己亥动则乙卯动，乙卯动则乙巳得生，我们分析过乙卯也可为水果，卯为4，为门户，与巳均主双，所以四天前有人送水果。又因为乙卯为坤，坤为旧主过去，所以为前不为后。

本易案启示

1.可以用纳甲法，从天干上取五行，与地支十二辟卦进行组合取象，辟如己亥可以化为乙巳；

2.也可以从纳音五行，与地支辟卦进行象意组合，比如己亥又可化乙卯。

把这两种象意组合，进行综合预测，会出现神奇效果，可以很精确地进行判断。

33　易案　观香亦能出妙断，干支易象显神通

清明节前有易友去祭祖时，给我打电话，问他烧的香左边下方大约1/10以下断了掉落了，问能有什么事发生。

香断了，不是香头，而是左下大约1/10处断了。据此我判

断他四天之后，因房子有进财之象，数目2到5万元。他告诉我，确实有个房子，就在烧完香四天内租出去了，房租5万元。我接着判断房子在西南方向，是一个名字中带单人旁“亻”的女人租的。他说这个房子在正西方，没租之前，曾借给一个女性朋友住，她名字里有“亻”。我又立即判断他这个房子必然是租给了一个年轻人。他说是租给一个20来岁的青年人。

香火断事之奥秘

以前我在博客和微信朋友圈，发了几例用香火断事的案例，有易友奇怪怎么看香火就能测事？有点不可思议。这里给易友揭秘一下，实质上还是离不开干支易象。

如果把香从上到下，分成12等份，那么就可以和十二地支对应了，开头就是子水，末端就是亥水。左边1/10以下断，为亥水动了，左为青龙，右为白虎，左边又是木，亥水和木组合为乙卯，要是右边就是癸酉了，就是有人生小孩，左右不一样。

那么左边香断，乙卯动了生乙巳父母爻，拜祭祖先也是父母爻，所以这个事情跟父母爻有关，乙巳又是宅爻，应该也跟房宅有关，生宅爻为进财，坤为二五数，为进财2到5万元。乙卯为木，为名字中有“亻”。乙卯动冲癸酉子孙动了，也可以说是子孙旺了来冲乙卯，癸酉子孙为小孩，所以是租给年轻人。作为判断的克应，我说这几天也有人送他水果，他说确实有这样的事情。

本易案启示

这个案例启示，就是把香分成12等份与十二地支对应，初段为子，次段为丑……12段为亥，哪段动了，就找对应的地支，就可以预测了，也可以结合当日干支预测，这个就是香火断事的奥秘。

干支本是写意画，心物合一窥真机

易友可能要问，没带尺子怎么量等份啊？其实这个主要是靠当时的感觉。中国的哲学思维，不是那么严格的数字分数，它像写意国画，在似与不似之间传递着一种神韵。易学原理也和国画一样，都是一种东方特有的思维，当这种感觉和易理相通的时候就灵验了。这其实就是假象喻理，借物修真，心外无法，心物合一，我们心里认定了哪个就是哪个，就能测准了，这个易友可以放心大胆应用。其实也和书法一样，横平竖直，用尺子打格子，没有灵气，没有生命，那不叫书法，不叫艺术，只有用心灵去感悟的东西，才是有生命力的，所以书法和印刷体不同，才可以称得上是艺术。像有些给八字旺衰赋值打分的做法、《梅花易数》体互用变的断法，就是学死了，一点灵气都没有，水平永远提高不了。

第十二章 《浙江通志·倪光》等易案解析与启示

34 古易案 《倪光》或似观梅占，象意层次大不同

这个古易案节选自《浙江通志·倪光》中的一段，原文如下：

按《浙江通志》：倪光，字应，金鄞人。少授《易》，时时沉玩，先天辄能先知，遨游两京。一日在杨文懿所，忽中贵使至，光见一雀自庭树集于地，已复还集树，即谓使曰："汝来得非失马乎？六日当复。"使大惊，因复问马色。光曰："黄而近于黑。"皆悉验。

释　意

倪光小时候就被授学易，似乎先天就有预测的潜能。某一日，倪光在杨文懿居所，突然有官吏贵使到。此时倪光恰好看到院子里有只麻雀，从树上飞到地面，又回到树上，便随即跟贵使说："您来的时候，丢了一匹马，您不用找，六日内，马就会自

己回来。”贵使大吃一惊，又问马的颜色，倪光回答：“黄而近乎黑。”倪光的判断，后来都得到了验证。

本易案解析

观梅占之法，难解《倪光》之象

这个易案和《梅花易数》中的“观梅占”案例有一些相似的地方。观梅占是看到两个鸟雀争执，坠地又到树上这么一个过程，然后用时间起卦，判断明日傍晚，有个少女来折梅并与园丁发生误会，以为她是贼，被园丁追赶，跑的时候腿部被树枝刮伤了，并以此形成了《梅花易数》这部著作。没有接触过易学的，以为这个案例非常神奇，匪夷所思，怎么看到两只鸟争执，就能推断这些事？实际在古代像这样的易案很多。

《倪光》这个易案，又和观梅占有明显不同之处，这也正是我们要探讨的问题。这个易案如果按照《梅花易数》那套思路，也没法去研究。因为如果按时间起卦，我们不知道具体时间；按卦象起卦，那鸟只能是离卦，地只能取坤卦，为火地晋，但鸟再飞到树上的象意又无法定义；如果以树为木，与鸟雀组合，那问题是火和木，谁为上卦，谁为下卦，树是取震还是取巽？所有这些都不好确定，定位难度非常大。定位不准，就没法研究，那就只能当故事看了，学不到东西。但是换一个角度，从干支易象学的观点入手，以爻象定位，就比较细致，能够很容易找到切入点。

爻象事实应相符，单雀与树定震宫

《周易·系辞》在解释爻象时说：什么是动爻？就是效仿天

下动的事物。树，一般要取震卦，但观梅占如果按照爻象取鸟和树的组合，可以为巽卦，因为梅花是在寒冷的冬季，雪还没有化的时候开，这样鸟雀和树的组合，就可以为辛巳与辛亥相应，亥对应的季节也是冬季，代表雪，也可以代表树，辛巳可以代表梅花，而且巽主双，正好代表两只鸟雀，所以取巽中的爻象，就比较形象，可以把易案说得很清楚。但《倪光》这个易案，是一只麻雀与树的组合，就不可能用巽卦，只能取震卦。朱雀为午，在震卦为庚午子孙爻，与庚子相应，为震初爻为地。庚午子孙动冲庚子，子十二辟卦又为地雷复，恰好是从树上到地下，又从地下到树上的反复之象。

子孙官鬼同时动，或有失物之征候

这个易案与观梅占不同之处，就是判断贵使的马丢了。庚午为子孙爻，来了一个官吏是官鬼爻，官鬼爻也主丢失，和子孙爻同动，就可以是丢东西，午为马，所以是马丢了。

土水马色黄近黑，复卦归期一六日

这个官员问丢的马是什么颜色，倪光回答黄而近于黑，这个描述也与纳音有关：庚午和庚子，纳音一个路旁土，一个壁上土，都是土，是黄颜色，但子水是黑色的，与土搅在一起，就是黄而近黑。马的归期判断原理：一则这个事情发生在院子里，此为不丢之象；二则子为地雷复，复有归还之意，子水为一六，最多六天就可以回来。后来果然皆应验。

本易案启示

这个案例还给我们两点很重要的启示：

1.要把周围的事物与爻象结合起来，才能保证爻象的准确定位，否则事情很多，没法取舍；

2.取爻象要跟卦象的象意相符。一只麻雀和两只麻雀，那就是震卦和巽卦，两者之间是有很大区别的。

爻象应景而变，不可僵而不化

我们通过这个易案看到，在爻象取完之后，是来一个官员、还是来一个做买卖的或是来一个老师，变化都不会是一样的，要是来了一个做买卖的，子孙爻主交易，就变得旺了；而要是来了一个老太太，那可能是儿子离家出走了，因为父母爻旺了，父母爻克子孙；要是来一个老父，那可能家庭矛盾。未必都是丢马，要根据现实情况的变化而变化，不能僵硬地套卦，食古不化，唯古人马首是瞻。古人也不是都对，也有水平高低，名人也说错话，办错事，关键是易理要通，要清楚明白。这也是本易案给我们的一个重要启示。

干支易象之学，务要求新求变

故事中的倪光就达到了“来人不用问”的境界。易友只要把卦爻符号、把基础理论弄清楚了，学会干支易象学的体系与方法，再善于观察，把万物融汇于心，勤于创新和变通变化，也完全可以达到“学会奇门遁，来人不用问，学会金口诀，敢把万事说”的高水平境界，我们学习干支易象学，一定要求新求变，不能像《梅花易数》原文那样，千篇一律如八股，就是一个格式，一点儿变化没有，一点儿灵气没有，思维都死掉了。

贵在深究易理，岂可浮光掠影

现在有些搞六爻的人，就知道摇一卦，搞奇门遁甲、六壬金口诀的，也是起一个局，再搞一堆三传四课，感觉挺神，天文地理，知识渊博，通晓阴阳八卦，却不管跟问的事情能不能对应上，不知道也找不到关键点在哪里，实际都是唬人的。课也好盘也好，都只不过是一种形式，而且现在都有软件，如果易理不通，随便拽出一干一支来实际运用能行吗？肯定不行！随便提出一个问题都答不上来，比如奇门“己＋辛，游魂入墓”，主其人得阴邪之类怪病，古人为什么这么讲，又如何用，能拿出个案例来证明是理解对了、用对了吗？

释亢龙有悔，论学以致

我再给易友举一个例子。《周易》原文乾卦上九爻爻辞为亢龙有悔。壬戌为乾卦上九爻为世爻，与甲辰龙相应，那不是一条龙，而是代表着六条龙，一条狗能敌得过六条龙吗？这是通俗的理解。那亢龙有悔怎么用？我在实际预测案例中有过应用：壬戌甲辰相应相冲，两个父母爻动，克子孙，所以判断长辈中有一个岁数不大就去世了，得到验证；然后父母爻冲子孙都动了，又判断最近要买房子，也应验了。这就是亢龙有悔的实践应用。并非亢龙有悔，就是事物发展到了最高阶段，再往前走就是极端了，我们不讲这些理论到理论的内容，而是研究如何跟现实对接，用判断出的非常具体的事情，来说明爻辞和卦象，否则那也只是照本宣科，说说而已。

已知之事，须寻克应以证真

我面授班的学员余某，在别的群里探讨一个肺癌的八字，群里没有一个看出来是肺癌，当然也没有给出合理的解释。像这种已知结果的易理分析，就需要找一个克应，才能说明解析的正确性。我分析完得肺癌的原理后就告诉余某，作为克应，这人得肺癌的同时，他家里卖房子，结果确实是卖房了，那就说明思路是正确的。就是说要言之有据，证之有理，不能因为名气大，头衔多，所说的话就一定有道理。现在不少人这样做，觉得自己是权威，就容不得别人提不同看法和意见，权威也得需要证明确实是权威，才会让人心服口服。

35　易案　冬枣取庚午，精准断两事

有人在微信群里问，别人主动请吃了两次冬枣，主有何事？我面授班的学员，非常精准地判断出两件事：一是有人送钱，二是为小孩上学求人。那么吃冬枣和这两件事有什么关联？

本易案解析

其实这个与倪光断丢马是一个道理：枣，可以为火，也可以取兑卦，兑卦两个父母爻持世，也跟学习有关，兑为口为子孙，为小孩学习。

如果把它换成巽卦和震卦，那么枣就可以视为辛巳或庚午，都是子孙与父母爻相应，子孙与父母爻相应，加上说是请吃枣，

这就更跟子孙爻小孩有关了。但是按照易理，枣还是取庚午最合适。其一，庚午路旁土应庚子壁上土，为有进益之喜，所以是有人给钱；其二，子孙临父母，就是主小孩上学。是别人给他拿钱，托其为小孩上学的事情帮忙。

36 易案 烧罐应水灾，互卦象意妙

广东某寺住持，在微信群里发了他爸爸从小讲的一个真事：从前有个人在出行之前做饭的时候，把煮饭的罐从中间烧裂了，觉得不吉利，结果出门遇沉船，这人被淹死了。这个易案当时在群里有易友解析得不错，有的还用了本书展示的新技法，从己亥直接变到乙卯。

本易案解析

一个用来煮饭吃的陶罐，本身是火，中间烧断了，怎么能跟沉船有关系？这个好像是一眼看不到的，当然要是一眼直接能看到己亥变乙卯，那水平就相当高了。这里做一下解析：跟做饭有关的是离卦，离卦里和吃有关的是己未，离上互卦为兑，他发的图片，瓦罐上部还有两个小耳朵，恰好像兑卦，底下是离火，上边是陶罐，正是烧火做饭之象。那么瓦罐从中间烧断了，上互卦为兑，中间就是四爻己酉。己酉动，上互卦变为震，己酉变庚申为震卦鬼爻，为陶罐烧裂之象，五爻为道路，就是道路上出问题了，一般庚申白虎主血光之灾。我们再换一种思维，庚申在震卦上互卦为坎为水，是水上之灾，己酉与己卯相应，为离宫父母爻被冲克主车船，己酉化庚申为在道路上，为

水道上临鬼，所以是坐船时，船板出问题或者船翻了，人被淹死了，象意都在里面。

本易案启示

可以用互卦和互卦中变出来的爻象，然后再取这爻象所在卦里互卦的象意，比如本易案中己酉化庚申，庚申为震卦，庚申在震上互卦坎水之中，为水灾。这个象意转化非常巧妙，需要易友静下心来慢慢品味，否则是体会不了这个象意之妙的。这种爻象的变化，也是以前没有公开过的一个非常重要的技法。

37 古易案 《梦入蚁穴》“审雨堂”，子孙见父为买房

这个易案是《搜神记》里的故事，题目是《梦入蚁穴》，原文如下：

夏阳卢汾，字士济，梦入蚁穴，见堂宇三间，势甚危豁，题其额，曰：“审雨堂。”

释　意

夏阳县有一个人叫卢汾，字士济，梦见自己进入蚂蚁洞中，看见厅堂三间，形状十分高大开阔，他就在厅堂的匾额上题写了“审雨堂”三个字。

本易案解析

虽是父母应子孙，或买或卖细端详

看到蚂蚁，我们会想到子孙。蚂蚁是虫子的一种，思维直接可以到辛巳，跟父母爻辛亥相应。父母爻主房堂，在天主雨；子孙爻克官治鬼，为审判，所以叫“审雨堂”。所有梦里的景象，其象意都是非常连贯的。

本易案启示

这个易案给我们一个启示:我们经常难以判断的一件事——买房还是卖房。那么子孙要是动了（这个故事是从蚂蚁洞进去，越走越大，见到一个大房子）如果把这种象意化为辛巳见（应）辛亥，是小见大，主买房；我们前面有化妆品摔了断卖房的易案，是辛亥动见（应）辛巳，是大见小，为卖房。买和卖，父母临子孙是卖，子孙临父母是买，子孙是交易之神，大家要记住这一点。子孙临父母还主小孩上学，还主与户口本、房产证有关的事情，大家可以在实践中验证。

第十三章　风水吉祥物摆放与选择点窍

本章主要讲一讲风水中吉祥物的摆放与选择。如第八章《酉阳杂俎·喜兆》中的故事，一天傍晚，李揆床前忽然出现一个和床一样大小的虾蟆，不久李揆当上了宰相。重点是联系生活实际探索应用类似这样笔记小说中的趋吉象数易理。

38　易案　金猴巧坐戏金鸡，清冷店铺始开张

这是我帮易友睿文处理家具店风水物摆放的易案。前两个月她打电话问我，店里一直效益不好，也没有顾客上门。我判断应该是在农历四月份开始到农历八月，一直效益不好，不开张。她反馈是这样的，真是没有办法了，雇员要走，不挣钱也留不住人，问我怎么办。

针对这种情况，我琢磨了一下，然后告诉她：买一个金属的猴，在甲寅日壬申时，放在店里正西方向，之后就能开张，就能旺财。我还说："你摆上之后，克应你家里应该吃鱼。"她说："在前一天，我母亲给我拿了点小鱼儿。"我又立即判断她进的是小

财，走的是小件。结果摆完之后，确实是卖了一些小椅子和沙发等小单件，进了点儿小财。

接着我又判断了两点：一是摆放的当时店里(店员一个属虎，一个属龙）那个属虎的店员应该不在店里。反馈结果：她摆这个物品件的时候，属虎的店员回老家了，确实不在。二是属虎的肯定已经离婚。反馈结果：确实是离婚了。我说如果有这事儿，肯定开张。

几天后，我们这里正下雨的时候，她在电话里又跟我说这事，我就更肯定地说应该进财。结果电话刚放下，那边就来消息说店里走货进财了。然后我问她是不是吃鱼了，而且吃小鱼就进小财，吃大鱼就进大财？反馈结果：她没吃，属龙的员工吃鱼了。但我判断卖家具的人应该是属虎的员工。反馈结果：她说还真是这样，还说这几天有人给送了水果，我告诉她这都是旺财的特征。

调理思路解析

易理的学习与实践的良性循环，其实这就如同瓶子里面的水一样，只有旧水倒出去，才有新水装进来。“苟日新，日日新，又日新”，这样反而会促进我不断学习，不断做“版本升级”，不断有新感悟、新易案、新技法，对易理的理解自然也会实现逐步升级。

我记得易友睿文的八字中有壬子和甲戌，现在走丁未大运，然后就研究她为什么生意不进财，问题出在哪里？生意是子孙爻为交易之神，子孙如果受制被克，肯定不走货，不开张，我认为问题就出在此处。沿着这个思路，八字有壬子和甲戌，太岁是戊戌，戌十二辟卦山地剥，为丙子子孙爻持世，应乙巳鬼爻，太岁戊戌天干地支和正五行都是土，纳音是木，这年农历四月到八月，子孙爻丙子都受制不旺，怎么能走货呢？

易友睿文给我打电话咨询的时候，已经进入辛酉月了，那怎么调整才能让子水旺起来？辛酉月的十二辟卦是风地观，世应爻是辛未应乙未，都是父母爻土，父母爻又克子孙子水，土这么旺，只能让土化成金去生水，才能让子水旺起来！这样我就想既然酉中有两个未，如果有个猴放在酉位就是正西的话，就是两个未见一个申，未见申为坤，酉就是坤世爻癸酉金，那这个酉金就能生戌中丙子，就应该能走货，就是这样一个思路。有人可能疑惑：西南也有未，为什么不放在西南呢？大家别忘了是辛酉月，如果放在西南，那酉中两个未，不还是起作用继续克子水吗？而且也没有必然的联系，所以还得从月令上想办法，这也是把金猴放在正西的原因。

选择在甲寅日，一则甲寅日元是大溪水，是青龙，是财爻；二则甲寅应爻壬申也有申金，正好和两个未相配，而且也能使癸酉更旺，再加上壬申时，这就是金最旺的时候。就是两个父母爻都化成子孙爻旺了，动生财爻，而且那天她那个属龙的员工，加她是壬子，再加申时，又构成了申子辰水局。

于是我判断如果这个办法灵了，那么放金猴的当天，属虎的员工应该不在店里，反馈是那天回老家了，我一听马上又判断属虎的员工已经离婚了，反馈确实是离了。原理就在于：金猴放在正西位，第一，酉金旺化生子孙旺子孙克官治鬼；第二，申子辰合成水局为水旺，属虎的官鬼爻是壬午火（员工是甲寅年命），调整灵验必然克应水旺冲壬午，那么她的婚姻也必然是分开的，得到了验证。这样我就更有把握和信心，相信她这个店会好转。实际也是不断进财，不断出单，一改以前没有人买东西的状态，这就说明调整起到了作用。下雨和送水果也是进财的征候，丙子可以为雨，水果可以是甲寅。

“对症下药”方可用，盲从跟风成迷信

放什么吉祥物品才能起作用，是有选择、有区别的。我认为风水调整的前提，就是首先要理解易理，找准问题的症结所在，就像医学上讲的“对症下药”。这个关键点能找准，风水调整就能有用，反之就没有用，很多风水调整没有效果，就是这个点没有找准，定位很重要。如果问题找不准，人家供关公他也供；别人放一个金蟾，他也照葫芦画瓢；别人摆招财猫、养一缸鱼发财了，他也跟着；别人写一幅“厚德载物”比较好，他也挂一幅……这就是迷信、盲从！属相、月份不同，出生地不同，方方面面都不同，怎么可能都用一个吉祥物？做的事不同，爻象变了，五行也都不同了，又怎么可能都用一个吉祥物？所以说盲从跟风会产生迷信。

风水问题要理性，符合易理才是真

我们研究问题一定要理智，要经过大脑思考，要有自己的思维。周易是应用性非常强的学问，易理也是非常可行、经得起验证的理论。那些所谓的风水调整大师，又是三合派又是玄空派又是理气派峦头派，讲起理论头头是道，但很难拿出自己的实证，一些所谓的“易经大师”说能帮助治病，能帮助逢凶化吉，这都是扯淡。在此主要提醒易友注意，不要把这个易案金蟾、金猴助

财运之类的事，说得过于夸张，否则也就成迷信了。还有一点也很重要，就是不能把实物和易象混为一谈，两者不是一回事，不是说易象上金蟾旺财，于是就去养只活蛤蟆，这就是绝对化、格式化了，缺少了灵气和生命。

易理与灵性，须感而遂通

有的时候理论也对，但为什么却用不灵呢？其实就是基本功和感觉两个都对不上，只有理论和自己的感觉能合一的时候，才能至灵至妙。如果多少天都不去学习实践，多长时间也不去看书，也不在这方面思考，怎么能一用就灵呢？就像日本九段棋手武宫正树说的，即使不下围棋，每天摸一摸棋子，也会有很好的棋感，要与棋子培养感情。过去的棋手，对棋盘也是非常爱护，在下棋之前都要拿一块方巾，把棋盘擦上一遍，没事儿就要打开古谱学习，这样棋才能下好。我们研究易经也一样，要业精于勤，要抽出时间，每天在这方面去思考和实践，才能提高水平。任何一门知识和艺术都需要时间和情感的投入，否则就没有灵气，它不是机械，也不是电脑，而是有很强的个人因素，正如下棋有棋风，书法有书风，绘画有画风，易经也应该苦练勤学、慎思笃行，才能有自己的风格。

39 易案 一柱丙子重重象，探研戊戌四件事

戊戌太岁，在坎宫五爻为鬼爻。如果仅从五爻和鬼爻角度，一般是看不出来什么的，但如果我们以戌之辟卦山地剥世爻丙子子孙爻入手，丙子应乙巳鬼爻，为子孙临鬼，整体又在坎宫鬼爻

之中，这个子孙爻是被克或者说被限制的，从这个角度可以判断出如下事件。

1. 儿童狂犬疫苗

在农历六月己未土旺的时候，正好克子孙爻，子孙主药物。什么人用的药？是儿童。又跟鬼爻相应，子孙本身克官治鬼，但又是在鬼爻之中，所以药物出问题了。戌为艮为狗，又是鬼爻，为跟狂犬有关，所以乙巳鬼爻，可以为狂犬或狂犬病，这是一个启示。艮为东北，丙子在艮上互卦震中为春，木主修长，所以长春最严重。丙子于地名可为长春，这又是一个启示；震为武人，丙子为水，为武汉，丙子还可以代表武汉；再就是河北，丙子为水为河，子为北，为河北，所以河北也出问题了。一个丙子可以代表很多地方，也可以以此为切入点，探研为什么是疫苗出问题了。

2. 非洲猪瘟

丙子是子孙为动物，子为水，亥也为水，子亥可以相通，被克所以猪也出问题了，当然有些地方是牛出问题了，但大部分是猪。非洲人的肤色也符合水的象意。

3. 中美贸易战

子孙是交易之神，被父母爻克，父母主文书印鉴，属于在交易竞争过程中出问题了，发生了中美贸易战。那什么时候会有缓和？目前好像从媒体上来看，什么时候结束还没有任何征兆。但从我们探研易经的角度看，只有子水旺起来的时候，贸易战才能有希望叫停，子孙爻旺了，才能有一些回旋好转的迹象，也就是说子月会有好转的可能，到丑月还有反复。到明年己亥年，子孙爻在离宫，如果还受制的话，经济也会出现不顺畅，而子孙爻旺的时候，这种现象就会出现缓和甚至消失。但现在毕竟在戊戌年里，太岁还是会克子孙。

4.高僧问题

丙子为戍辟卦山地剥的世爻，戌又为艮，世爻丙寅为寺庙，丙子为子孙爻，又居五爻尊位，可以代表佛界高僧，被克也代表高僧出问题，辞职。

40　古易案　壬午岁市果甚亟，《杨副使》无故沉船

此易案也是选自《稽神录》卷三中记载的故事，名字叫《杨副使》，原文如下：

壬午岁，广陵瓜州市中有人市果实甚亟，或问所用，云："吾长官明日上事。"又问长官为谁，云："杨副使也。"又问官署何在，云金山之东。遂去不可复问。时浙西有杨副使，被召之扬都，船至金山，无故而没。

释　意

壬午年，瓜州市有人在市场上购买大量的水果，别人问为什么要买这么多水果，答明天有长官要上任。然后又问长官姓名，说是杨副使，再问官署在哪里，答曰在金山之东。之后就走了，没法再问了。后来不长时间，浙西有一个叫杨副使的，被招到扬都，行船到金山时，船无缘无故就没了。

本易案解析与启示

这则小故事开始说到集市上买水果，我们的切入点就要从

水果开始研究，壬午岁这个因素要重点考虑进去，壬午是乾宫鬼爻，下属为子孙。既然是下属人员急购水果，就可以为子孙动，化为天风姤。

第一，子孙主交易之神，二爻甲寅为树为财爻，纳音大溪水，可以是水果，子孙来生甲寅，为有人购买水果。第二，子孙生财，财生官，为有人要升职之象。子孙动冲壬午，也为壬午有升职之象，壬午为杨柳木，所以升职这个人姓杨，按照传统八字，壬午为偏官，为副使。

至此我们得到的第一个启示就是：甲子见甲寅，为有人买水果；第二个启示就是杨柳木，可以为杨姓。

再看看变卦天风姤，初爻父母辛丑持世，应壬午鬼爻。子孙化父母主船只，父母与鬼爻相应，为沉船；辛丑中，辛为金、丑为山、木为东，为金山之东。

这给了我们第三个启示即：壬午见辛丑，父母临鬼，为沉船水灾。

第十四章 《稽神录·鸡井》等易案象意解析与启示

41 古易案 林主薄好色虐赌，入《鸡井》尸骨两具

本章易案是《稽神录》卷一中的故事，题目为《鸡井》，原文如下：

江夏有林主簿，虐而好赌。甚爱一女，好食鸡，里胥日供双鸡。一日，将杀鸡，鸡走，其女自逐之，鸡入舍北枯井中，女亦入井，遂不见。林自往，亦入井不出。俄，井中黑气腾上如炊。其家但临井而哭，无敢入者。有屠儿请入视之，但见大釜，汤涌火炽，有人拒其足曰："事不干汝！"不得入而出。久之，气稍稍而熄。井中惟鸡骨一具，人骨二具。此事数闻故老言之，不知其何年也。

释 意

原文中，"里胥"是管理乡里的公差办事员，"主簿"是古代

的官职名称，相当于现代的政府秘书或者文书之类的小官员。这个林主簿不仅性格暴虐好赌，还很好色，内容中的“甚爱一女”，就是喜欢上一个爱吃鸡的女人，不是指自己的女儿。里胥为了讨好林主簿，就每天给这个女人送两只鸡。

原文的其余内容，阅读理解的难度不是很大，我们在具体情节的解析中慢慢了解。

本易案解析

下面我们就从干支易象学的角度，对这个故事主要情节的象意进行探研，看看从中能得到哪些启示。

综合情理精研象

故事中有林和鸡，就应该立即联想到巽卦，联想到辛卯与辛酉相应，《干支易象学梅花易数注解》的万物类象中陈述过，古人八卦类象有很多是来自于纳甲法，因为巽卦的世爻辛卯与辛酉相应，酉为鸡，所以巽为鸡。辛酉为兑为女也为鸡，也符合故事里有个女的爱吃鸡的情节。

有人说，兑卦也有丁酉，也可以为鸡。如果仅考虑鸡这一个点，可以是兑，但是林主簿的象意就不明显了，取丁酉显然不合理。又说丁卯炉中火与丁酉山下火相应，也可以是喜欢吃鸡的象意，但是故事里井的象意、宅北的象意等，还是取不出来。

所以，我们考虑象意一定要全面，不能只抓住一个点的象意符合了，就不再管其他情节，那其他象意怎么取用和体现呢？比如故事里提到“里胥日供双鸡”，只有巽宫才主双，兑宫不主双，这是其一；其二，丁酉为五爻君位，那岂不是成了皇帝给送鸡吗？而实际上送鸡的，只不过是里胥这么一个小办事员，爻位和象意明显不符合故事情节，所以取兑卦是不能成立的。

坤卦为众，为乡村，癸酉与乙卯相应，乙卯鬼爻为木也可以为林主簿，乙卯大溪水也可以为北，但是癸酉鸡在太庙上六爻之位，又成了天上的鸡了，还是不能完全符合故事情节。

综合考虑抓住重点

所以如果想用干支易象学把故事演绎得非常确切，那就要花一点功夫和时间，把这些象意全部考虑到，再判断哪个是最合理的，好中择优，才能找到正确答案，才能精准地定位事物，否则尽管看着合理，用来用去也可能准一两次，但经不起时间的考验。

巽有江夏林主簿

回到故事中来，既然兑坤都不是很贴切，那还是要回到巽卦。巽中辛未纳音路旁土，未为夏月，居巽上互卦离亦为夏，辛未也居巽下互卦兑中，兑可为江，合为江夏，辛未土又受制于辛卯，于辛未而言，辛卯就是鬼爻，为节制管辖之意，可以为林主簿，这样江夏林主簿的象意就得以体现。这里辛未用了两层象意，一个是未月和居上互卦离为夏，另一个是居下互卦兑为江。

顺便解释一下兑为什么可以为泽为江，因为兑卦的世应爻丁未、丁丑，纳音一个是天河水，一个是涧下水，有泽和水的象意。

里胥每日供双鸡

辛未生辛酉，未又在坤中为乡里的公差生爱吃鸡的女人，巽主双，所以是“里胥日供双鸡”。

虐而好赌在间爻

这个易案的解析与以往不同的是要用到间爻。辛卯应辛酉，为兄弟临鬼，这两个爻之间的爻，谓之间爻，有两个：一个子孙爻辛巳，另一个是财爻辛未。把兄弟临鬼与子孙临财的象意结合起来，子孙主技术技巧，也可以为游戏，兄弟主争夺，鬼爻主谋略，又跟财有关，赌博的象意就呼之欲出了！所以辛卯、辛酉相见，就有赌博的象意，这就是给我们的启示之一：辛卯世爻兄弟主风，手段像风一样快猛，临鬼还有谋略，也体现了林主簿的残暴特征，与赌博的象意合起来，就是“虐而好赌”，还好色喜欢上一个女人。林主薄的性格特点，就在辛卯辛酉及间爻上鲜明地体现出来。

辛酉杀鸡入北井

女人和鸡均为辛酉，是鬼爻又为杀鸡之象。鸡走女逐之，我们按照动则变的原理，把辛酉阳爻变为阴爻，为坎中戊午，巽为风卦就变成了风水涣卦，也就是巽卦的下卦变为坎卦，坎为北方的象意就出来了。

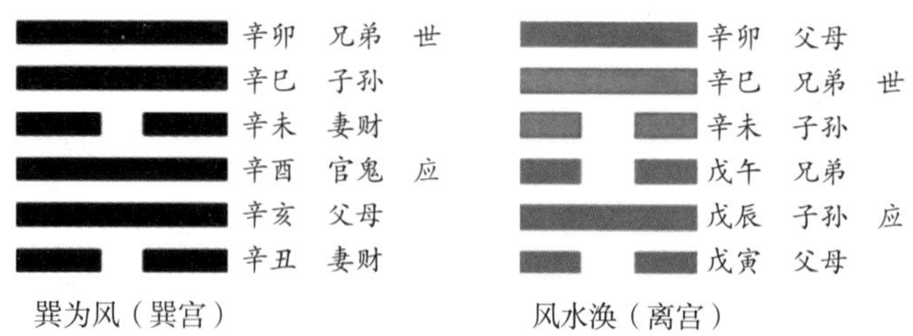

巽为风（巽宫）　　风水涣（离宫）

尽管从象意上来讲，坎为水可以为井，戊午可以为枯井，但仅仅如此解析，还是没有把井的象意解释得非常充分，有鱼目混珠之嫌，在象意逻辑关系上是不严谨的。那么真正井的象意在哪里？我们还得要用十二辟卦，酉金十二辟卦为风地观为乾宫卦，辛未持世应乙未，乙未为井（未为二十八宿井宿，乙未又是坤卦初爻井位，所以为井）。所以酉本身就藏着井的易象，而且是名副其实的井。辛酉化为戊午天上火，就是水变没有了，所以是枯井。未在酉中，又与午合，所以鸡入于井中。因为辛酉也代表那个女的，也入井了，林主薄为辛卯与辛酉相应，所以也落井了。也是因为午未合住了，所以就都没出来，化成戊午火了。

井中黑气腾如炊

风水涣卦中，戊午与辛卯相应，从这个角度看，林主簿也是必入井之象。辛卯木与戊午火，为木火相生，为起火之象，有火必有烟，戊午在坎中为黑色的烟，辛卯在上九爻为腾上，这个象意就非常清晰。研究易学，一定要静下心来，这样才有趣儿。

家人泣屠儿拒足

变卦风水涣，戊辰为宅爻为子孙（风水涣为离宫卦），同时也为坎宫的鬼爻，按巽卦论又是财爻，与戊午火相邻，戊午也是由巽鬼爻辛酉化来，又为坎水可以为哭，所以家人围井而哭；风水涣卦为辛巳持世应戊辰，辛巳和戊辰都可以为子孙爻，戊辰也是鬼爻，子孙为克官治鬼之神，故为屠儿；戊辰由辛亥化来，戊辰里有亥的象意，与巳相冲，故有人拒其足，曰：事不干汝。单从风水涣卦看，世爻辛巳居于上互卦艮为止，下互卦为震为足，也为拒其足。子孙辛巳与戊辰相应，所以屠儿看到了井里的现象。

论六亲须审变化

按传统六爻方法，都是以主卦的五行来论六亲，但我们的研究中恰恰相反。如果只以巽卦来定义六亲的话，风水涣世爻为子孙爻，戊辰是财爻；如果以离宫卦论风水涣，辛巳就是兄弟爻，戊辰又是子孙爻了。传统六爻以主卦六亲变化为主，远远不能适应现实生活瞬息万变的类象需要，所以说一定要随着变化而变化，都按照主卦定六亲是不对的，也跟现实生活不相符。变化了之后，就要按照变卦宫的那个五行属性来论六亲，这才与我们的时代和现实生活相吻合，传统的定六亲方法有点太狭隘了。当然原来卦宫的信息象也是存在的，可以加进来，如风水涣是离宫卦，自然也可以把离宫卦伏爻的信息加进来，就是把不变的和变化的都加进来，这样整个信息就非常丰富和完整。在取象上一爻就可以体现出多层的信息象，符合大道至简的易学原理。

离坤象大釜炖鸡

风水涣世辛巳与坎鬼爻戊辰相应，可以说明人和鸡变成鬼了。戊午在离宫中伏着己亥为离宫鬼爻，可以为尸体，辛卯伏着己巳与鬼爻相应，也为火化变鬼。巳主双为两具尸体。亥为坤，有癸酉金为鸡，所以还有一具鸡骨。己亥为坤，坤为大釜，前面案例分析过，离卦上互卦为兑，下卦为火，像一个大釜下面烧着火，有做饭的象意，这里再加上酉金，就有炖鸡之象。

本易案启示

通过这个故事的象意解析，有以下几点启示：

1. 辛未为地方或乡上、村上的干部之象；

2. 辛酉见戊午，可为枯井；

3. 辛卯见辛酉，为好赌之征，再见戊午，主好赌贪财色，有因好赌贪财色而亡之征；

4. 辛酉见戊午见己亥，为尸骨之象，也主被火烧死之征。

42 易案　梦到烧发壬午动，伤腿伤车或搬家

一位医大主任说她梦见卷发器把头发烧了一半，问主什么事情。我让她注意家里人可能有手足之伤，摔伤或者脚出现问题，也要注意车辆刮伤，不应老人，就应自己。当时没有立即反馈。后来反馈说这个事情太神奇了，她到沈阳棋盘山去滑雪，把腿摔伤还挺重，车也被撞了，得花几万块钱去修，问我老人会不会有事，我回复她说，应在自己身上，老人就没事了。

本易案解析

乾为头，头上见火为鬼爻壬午，火着为壬午动，冲甲子，子为地雷复，为大震卦为足，为腿脚之伤。那么车辆的象意在哪里？这个易案简单但也不简单，主要涉及一个转换：午火为离宫为马，乾也为马，从这个角度来说，乾卦与离卦是相通的，也就是说午火可以是丙午，丙午也可以是乾宫的鬼爻，又是艮宫父母爻主车，车辆动与子孙爻相应临鬼爻，也主有车辆事故，所以一

个壬午，变化就很大。

本易案启示

1.壬午动，有伤腿脚之征；

2.壬午可以化为丙午，主车辆或者换房搬家之征。

她后来也说了要搬家，还请我帮助选的日子。传统的神煞中马星动，主工作动，主搬家，午不就是马吗？所以传统神煞在应用时，应联系实际进行取舍。

43 易案 偶梦天神摸肚子，喜得订单两万套

一次饭局上某家具厂老板说："梦见有个天神摸我肚子，主何事？"我当即判断他马上要进财。结果吃饭时，他出去接了一个电话，回来之后就给我挑大拇指说：准！我问怎么回事，他说刚才的电话是学校给他2万套书桌床的订单。

易案解析与启示

为什么要选择解析这样看着好像很简单的易案呢？就是提醒易友不要老盯着高、精、难的易案，我们更多是要在平常的小事情上多下功夫，思维多拓展，实践中才能信手拈来。

这个梦，肚子是腹为坤，那么神就是鬼爻乙卯木，正好他是做家具生意的。神来摸他肚子，就是鬼爻发动生宅爻乙巳，为进财之征。而乙卯能动，肯定是因为癸酉旺，癸酉为子孙为交易之神。用一个乙卯就知道他要进财，坤主二，所以是2万套。因为我知道他是做家具生意的，只有有了这个前提，才能判断要进

财，所以理论再好，也要紧密结合实际。

多奇思妙想，才有妙断神验

梦是很玄虚的事情，都能灵验。我们这样探研《稽神录》《搜神记》《酉阳杂俎》等书籍中记载的比较神奇的故事，跟梦不是一个道理吗？说明不论是神话志怪故事、现实生活中的事情，还是虚幻的梦境，它们之间的理是通的，万象纷杂，一理贯穿！研究笔记小说和志怪故事，与研究我们现实生活中的事情是一样的，没有什么奇怪的，已经很多人验证了，而通过这些实证，也证明我们这种学习方法，确实能学到很多书本上学不到的东西。

第十五章 《搜神记·木生人状》等易案解析与启示

本章的两个古易案，选自《搜神记》之《木生人状》两段小故事。原文如下：

故事一：成帝永始元年二月，河南街邮樗树生枝，如人头，眉目须皆具，亡发耳。

故事二：至哀帝建平三年十月，汝南西平遂阳乡有材仆地生枝，如人形，身青黄色，面白，头有髭发，稍长大，凡长六寸一分。

京房《易传》曰："王德衰，下人将起，则有木生为人状。"其后有王莽之篡。

释 意

故事一：汉成帝永始元年二月，河南郡所辖大道旁的驿站内，有椿树的树枝，长得像人头，眉毛、眼睛、胡须都具备，只是没有头发。(樗树，即是椿树，是一种寓意长寿的树，成语"椿萱并茂"，就是喻指父母长寿)

故事二：等到了汉哀帝建平三年十月，汝南郡西平县绥阳乡，又发现有树木倒在地上，长出的树枝，也像人的形状，身体是青黄色，面孔雪白，头上有胡须、头发，后来渐渐长长至六寸一分。

对于这两件事情，京房《易转》的解释，是因为君王道德败坏，下面的人将兴起，就有树木长成人的样子。其后就有了王莽篡权之乱。

这里需要注意的是，两段故事讲的都是树长成人的形状，但细节又有不同之处：汉成帝永始元年二月期间，是河南郡大道旁驿站的树长成人形，但没有头发。等到了汉哀帝，是一个乡县的树木倒在地上长出人形，却须发全有，长得还挺长。

志怪与史书相资，可参“往事越千年”

这两件事情上，我与京房《易传》有不同的出发点和观察点。这么多年的研究和积累，让我看完这个故事的第一感觉，就有祭祀以及坟墓和死亡的信息，而且与女性与皇帝后宫有关。

因为《木生人状》两段故事，都标注了年代和时间：前则是汉成帝永始元年二月，后则是汉哀帝建平三年十月。像这样时间标注非常清晰的故事，如果在同一时期，能有相应的历史事件或事实对应，就能够验证这个故事的研究思路对错，于是我想到了《资治通鉴》，结果翻开《资治通鉴》相应年份，就发现我感觉关于后宫的信息准了，确实是发生了！上面记载永始元年七八月份，太皇太后王氏去世，也记载有修陵墓的事情。再往下看又发现第二段树仆地长出人形的故事，在汉哀帝建平三年也有相应的事件应验！《资治通鉴》记载：十一月份以后，首先是皇帝病了，然后还记载了一个怪事：两个大臣在一个地方拜山石时，对面的一块山石突然立了起来，但此事被另外一个地方官员获悉，并向皇帝告发，结果这两个拜石的地方官员被抓起来一一审问，其中一个官员招认在拜石过程中诅咒了汉哀帝，最终一个官员被关，另外一个自杀，家人也受株连被杀。

易友如果对探研《搜神记》感兴趣，也可以买一套《资治通鉴》，看不懂古文的，可以买文白对照的，这样就可以尝试推测七八百年甚至是一千年、两千年以前的事情，并通过《资治通鉴》进行验证。几年以前我就这样去研究《搜神记》，而且做了好几本笔记，还曾通过探研《搜神记》里边的故事，推测某年戌亥月有李姓官员被杀，结果翻开《资治通鉴》，果真记载有个李主簿被皇帝杀了！这个官员是因为当时民乱想逃跑，下面有个参军把他拽住说："作为一个地方官，你既然拿朝廷俸禄，就应该振臂一呼，平定民乱，而不应该自己逃跑！"但李主簿却将参军一刀砍死，继续逃跑。后来皇帝知道了这件事情，就把李主簿招进京城，到戌亥月杀了。这个预测得特别精准，姓氏带木字旁和被杀的月份也准确无误，当时高兴了一天！

44 古易案　虽都木生人形状，细节不同象不同

寡发巽中取大象，辛卯戊申说细节

先解析第一段故事。故事提到树长得像人形，但是"亡发耳"，没有头发。通过这一句，我们再结合巽为寡发，为和尚尼

姑，为修道之人（原理就是巽卦五爻辛巳，巳十二辟卦为乾为头，巳又为火为光，为光头）的八卦类象知识，就可以准确地定位到巽卦，然后再进一步研究其他情节。

要破解这个小故事，需要考虑细节带来的象意变化，这点要注意。如果直接取震卦或者巽卦，就会出问题，因为易象不准，就会使解析南辕北辙。

那么第一段中，还提到了一个地方——街邮，就是古代邮差休息的驿站，这也是两段故事不同的地方之一，也是象意解析非常关键的一点。我们取巽卦辛卯松柏木为没头发的树，当然也要把辛巳光头的信息带入，然后非常重要的是把驿站的信息加进来：纳音中戊申己酉为大驿土，戊申为阳己酉为阴，戊申是我们正常走的官道，而己酉可以是坟地之路，这个在任何书上都没有，是我自己的总结。

这样两个信息的组合，就是辛卯见戊申。戊申是坎宫四爻，居坎上互卦艮中。《黄金策》云：动静阴阳，反复迁变。辛卯木见申金就可以为见鬼爻，所以戊申可以是辛卯的鬼爻；但如以戊申为上互艮中之爻论，为辛卯木见艮土，又成了戊申的鬼爻，辛卯为巽主风主女人，见戊申变鬼爻为临风变鬼，是女人变鬼之象，此时的戊申又是辛卯之鬼，就是坟墓了，巽为风为动，所以这两个组合在一起，就有修坟的象意。

因为这个卦象研究的是汉成帝期间的国家大事，考虑到汉成帝元年，所以应该是皇宫里女性重要人物去世，实际上《资治通鉴》记载，那一年八月，王太后去世。

启示之一

1.辛卯见辛巳，主人头发稀少，或者是光头之象；
2.辛卯见戊申，有修建坟墓之象；
3.辛卯戊申互见，主家里有女性长辈去世之象。

45 古易案 虽都木生人形状，细节不同象不同

第二段是汉哀帝期间发生的事情，虽然也是木生人形，但细节不同，象意不同，启示也不同。与第一段相比，除了发生时间不同外，树的状貌特征也不同。树虽然也如人形，但身青黄色，面白，须发都有，头发还长得比较长，六寸一分；也不是在官道驿站，而是在一个乡县里，并且是仆地而生。易友们要注意的就是倒地这个细节，把这个细节抓住了才能正确解析。

未言无发震中木，倒地又成坤乙卯

这段章节里的树材，没说“亡发耳”，没有提及与巽卦有关的象意，那么我们就应考虑震卦，震卦中为树的爻象，是兄弟爻庚寅松柏木，但它倒地了，并且身青黄色。坤为地，倒地即是坤见木，为见乙卯，坤为土为黄，乙卯为木为青，故身青黄色；庚寅木旺应鬼爻庚申为五爻君位，为木旺君衰，为皇帝得病；庚寅虽是松柏木，但它也居震下互卦艮中，为艮鬼爻，因此庚寅也有丙寅炉中火的象意，为祭祀之象。这年十一月，皇帝的病情未见好转，于是太皇太后下诏，让大臣替皇帝祭祀。据《资治通鉴》记载：

上以寝疾未定，冬，十一月，壬子，令太皇太后下诏复甘泉泰畤、汾阴后土祠，罢南、北郊。上亦不能亲至甘泉、河东，遣有司行事而礼祠焉。

哀帝因病情仍未见好，冬季，十一月，壬子（初五），让太皇太后下诏恢复甘泉泰祠、汾阴后土祠的祭祀。撤销长安南郊祭天、北郊祭地的典礼。哀帝也不能亲自到甘泉、河东祭祀，就派遣有关主管官员作为代表去祭祀。

那一年还发生了一些大事，在《资治通鉴》中也有记载：

原文：

无盐危山土自起覆草，如驰道状；又，瓠山石转立。东平王云及后谒自之石所祭，治石象瓠山立石，束倍草，并祠之。河内息夫躬、长安孙宠相与谋共告之，曰："此取封侯之计也。"乃与中郎谷师谭共因中常侍宋弘上变事，告焉。是时上被疾，多所恶，事下有司，逮王后谒下狱验治；服"祠祭诅祝上，为云求为天子，以为石立，宣帝起之表也"。有司请诛王，有诏，废徙房陵。云自杀，谒并舅伍宏及成帝舅安成共侯夫人放，皆弃市。事连御史大夫王崇，左迁大司农。擢宠为南阳太守，谭颍川都尉，弘、躬皆光禄大夫、左曹、给事中。

译文：

无盐境内的危山，山土忽然自己翻起压盖住青草，形状就像一条驰道。此外，境内瓠山上有块大石突然转侧立起。东平王刘云和王后谒亲自前往大石跟前祭拜。并在王宫树立一块与瓠山立石相似的石头，又捆扎了一些黄倍草，一并祭祀。河内人息夫躬、长安人孙宠共同谋划要一起去揭发此事，说："这是取得封侯的妙计啊！"于是与中郎右师谭一起通过中常侍宋弘，上书告发事变。奏书呈上，这时哀帝正患病，对很多事都很厌恶，就把此事交付主管机构查办，主管官员逮捕了东平王后谒，关进监狱进行审讯惩处。王后承认："祭祀山石，诅咒皇上，为刘云谋求当天子。因为山石立起曾是宣帝应天命为天子的预兆。"主管官员请求诛杀东平王，哀帝下诏，废黜刘云王位，放逐到房陵。刘云自杀。王后谒与刘云舅父伍宏，以及成帝的舅母安成共侯夫人放，一起被绑赴闹市处死，将尸体暴露街头。事情牵连到御史大夫王崇，他被贬谪为大司农。擢升孙宠为南阳太守，右师谭为颍川都尉，宋弘、息夫躬都升为光禄大夫、左曹、给事中。

由于树倒地下变成人形后，就应验了这样的事情。在易象上怎么反映呢？庚寅松柏木居于互卦艮中，可以为山为石，化成乙卯为坤为平地为大溪水，为泥石流覆盖草地之象，像一条驰道；庚寅为艮之鬼爻，见乙卯又是坤宫鬼爻，这个就主年内有大臣犯事、谋反之象；庚寅鬼爻又有祭祀的特征，所以也有祭祀出问题的象意；乙卯鬼爻与癸酉剑锋金相应，为自杀之象；庚寅、乙卯为震为东，乙卯为坤为平，均为官鬼爻，故为东平王；乙卯与癸酉金相应，癸酉为剑锋金为刀，卯加刀为繁体字刘，又庚寅为艮在天为云，为刘云；庚寅为山为石为祭祀，为震为起，故祭祀时对面又起了一块山石。这个具体情节当时是不太可能直接预测出来，但是作为探研，我们可以分析出象意，其中的易理是相通的。另外，乙卯也是动态的，化艮宫子孙丙申，丙申子孙也有宠物的象意特征，故举报者为孙姓，名叫孙宠，并因此而升迁为南阳太守。

启示之二

1. 庚寅见乙卯，可以为泥石流；
2. 庚寅见乙卯，有祭祀之征；
3. 庚寅见乙卯，有牢狱之灾或自杀的信息；
4. 丙申可以是孙姓；乙卯和癸酉相应，可以是刘姓。

易学探研需要异想天开

如果说百家姓都能测出来，这个很难，但可以当成一种娱乐试一试。很多古人没留下的东西，需要我们去探索和完善，留下的东西也需要在实践中检验，也不用完全迷信。我们得到的这些启示，通过正常的八字和命理研究，是得不出这些结论的，所以易学探研也要积极倡导异想天开的思维。不要受束缚，不要画地为牢，不敢越雷池一步是不行的，只有打破条条框框，才能有妙断神应！

46 易案 情节相符方能应，梦捡珠宝实得财

易友做梦捡到项链，问应何事。我判断10日内进财和物。那天是9月23日，到10月2日反馈说进了46000元，完全是意外之财，然后有人给送茶叶、酒、米和榴莲，另外到岳母家之后还有人给送的土鸡。茶叶当时我判断是正山小种或者金骏眉，他反馈是六安瓜片，实际上六安瓜片也在象意里边，我是真想到了六安

瓜片但觉得金骏眉的可能性大一些。

本易案解析与启示

项链一般都是圆的，一个珠子串一个珠子，在脖子上带的东西；项链又是珠宝首饰，我们会想到钗钏金。但这个易案我没有完全按照钗钏金的象意去取。因为要是取庚戌，它在上六爻太庙之位；而取辛亥又是宅爻，捡东西一般是在路上，不可能在家里，项链又跟脖子有关，这样会想到辛巳与辛亥钗钏金相应，又为五爻道路，这个定位思维很重要。

定位10日内得财和物，是运用了纳音的技法，就是金水相见相应的时候，主进财物。辛巳是巽宫的五爻为道路，在路上捡辛巳项链，辛巳便是动的，捡东西也是动的，辛巳白蜡金动则化艮五爻丙子涧下水为财爻，为进财物。艮为5、10之数，故断10日内，其实也可以把10和5加起来，判断15日内也完全符合易理。9月22日到10月2日，正好10天。金为四九，水为一六，故进财46000元。

丙子为水为六，在艮宫为止为安；由辛巳子孙化来，为巽为草木，为茶；巳为乾为圆，子孙主吃的又是草木上长出来的，可以为瓜；辛巳纳音白蜡金为薄为片，为六安瓜片。

当时为什么首先取象为金骏眉？因为辛巳纳音为金，丙子与丙午相应，为桃花为俊，巳为头为火为目，丙子为水为黑，有眉毛的象意，合为金骏眉。子午为正，艮为山，与子孙爻相应为小，为种子，也可以为正山小种。同理丙子亦可是金骏眉，可以是正山小种，也可以是六安瓜片。这样列举解析出来，主要是提供给易友一个思路，有的东西是能够精准预测到位的。余下的物品，丙子水与巳亥之间及酉金的组合，可以为酒；丙子财爻与丙午父母爻相应，艮为山为岳，丙午就有岳母家的象意；山泽通气，丙子与丁酉相通为鸡，辛巳与辛亥相应可以为水果，丁酉与丁卯相应，辛亥中亥为坤为田，见丁卯木可以为榴，辛亥又可以为莲，所以辛亥见丁卯，可以为榴莲。

易友可以慢慢在纸上画一画，这样才能思路清晰。另外也要体会一下易案细节的不同之处，特别同样是树，都长成人形，一个没头发，一个有头发；一个是正着长，一个是仆地而生，两段故事的细节不同，所应之所不同，启示也不同。

第十六章 《酉阳杂俎·祸兆·姜楚公皎》等易案解析与启示

47 古易案 《姜楚公皎》游禅定，及祸流放丧途中

本章古易案选材自《酉阳杂俎·祸兆》中的三个故事之一，是关于姜楚公皎的一段记载。在这之前，我们曾经提取了《酉阳杂俎·吉兆》中的一个故事，说的是李揆在当宰相之前发生的一些神奇现象，并做了解析和探研。

《祸兆·姜楚公皎》原文

姜楚公皎①，常游禅定寺②，京兆③办局甚盛。及饮酒，座上一妓绝色，献杯整鬟，未尝见手，众怪之。有客被酒戏曰："勿六指乎？"乃强牵视。妓随牵而倒，乃枯骸也。姜竟及祸焉。

释 意

①姜楚公皎：即为姜皎（673—722），秦州上邽（今甘肃天水）人。李隆基除太平公主，皎参预其事，迁殿中监，封楚国

公。开元十年，因为泄露禁中语，杖流钦州，卒于道。两《唐书》有传。

②禅定寺：即大庄严寺。元骆天骧《类编长安志》卷五："（大庄严寺）在永阳坊。隋初，置宇文氏别馆于坊。仁寿三年，文帝为献后立为禅定寺。……武德元年，改为庄严寺。天下伽蓝之盛，莫与为比。"

③京兆：长安。这里指京兆尹。

姜楚公皎曾去禅定寺闲游，京兆尹为他设下饭局，十分丰盛。饮酒的时候，座位上有一位妙妓，姿色绝代，但无论敬酒还是整理发髻的时候，总看不到她的手，大家很奇怪。有位客人酒醉了，开玩笑说："别是六指吧？"于是强拉她的手要看看。结果一牵手，妙妓就倒在地下，竟然是一具枯骨。姜楚公竟因此而遭遇大祸(因泄露禁中语，被杖刑后流放钦州，今广东一带，并死于流放途中)。

下面我们开始解析这个小故事，看看从哪里入手找到象意，能够跟这个故事吻合，从中挖掘出干支易象之间的关系及启示。我们说在预测某一件事情或者解一个梦的时候，一定要把前提先研究清楚，把象意切入点定准确，然后解析判断才能够与情节完全相对应。

本易案解析

美女为姜取兑卦，楚界落在巳分野

既然这个故事的主人公是姜楚公皎，那么首先就从这个名字入手。《干支易象学梅花易数注解》八卦类象内容中讲过“美女为姜”的缘由：因为“羊”字和“大”字组合在一起，羊大了就可以吃了，所以古人说“羊大为美”。姜，就是美字上面的“羊”字，再加下面的“女”字，美女为姜，因为兑卦世爻丁未为羊，又代表少女，合为“姜”字，所以“美女姜”应该是兑卦宫；楚，按照十二地支分野为巳，巳为乾，也可以代表国公，故“姜楚公”可取兑宫丁巳；再从“皎”字入手，为“白”字加“交”字的组合，兑金为白，丁巳与丁亥相应，我们讲过丁亥与丁巳可以组成地天泰卦，天地交泰可为交，合为“皎”字。“姜楚公皎”，跃然眼前！

泰卦寅木坤为牛，合艮姜皎游禅定

地天泰为寅木的十二辟卦，亥又可为坤为牛为丑，这两个可以组合为艮卦，见寅则为丙寅，为鬼爻也为寺庙，兑中丁巳为姜皎，冲丁亥为子孙主游玩，所以姜皎去寺庙游玩。佛家讲：禅为明心而见性。心之五行为火。巳为火、丙寅为炉中火，为禅为寺庙，艮为山为止为定，为禅定寺。

姜皎游禅定寺，为丁亥子孙动，动则兑为泽卦化为坎宫水泽节卦，兑卦中的丁亥子孙，就化成了水泽节中的戊申父母爻。父母爻戊申生丁亥子孙为旺，而戊申居于节卦上互卦为艮卦中，又可为子孙爻之象，子孙又主饮食，旺则有饮食丰盛之象，丁亥为兑宫子孙，又有吃喝玩乐之象，说明招待的规格比较高，用现在的话说就是五星级接待。姜楚公皎也不是一般人，是围绕太子转的国公，接待规格自然也不可能低。

兑节卦综而观之，盛宴有绝色歌妓

再看兑宫中丁巳与丁亥间爻。二爻丁卯为宅爻为财为木，在坎宫节卦中又是子孙；三爻为丁丑为父母爻土，在坎宫节卦中又是鬼爻。将以上爻象的变化，综合一起去观察，就可以有绝色艺妓之征。

因为丁卯为兑卦财爻化坎节卦之子孙，子孙主技术，财化子孙为才华横溢；同理丁丑为父母化官鬼，父母为文书印件，临官鬼若非一事无成，便是非常之才；丁卯于兑卦主唱主酒主吃喝，又居节卦之下互卦震中，为足为子孙，为舞蹈之象，为能吃能喝、能唱能跳；卯又为桃花临财临子孙，综合起来就是姿色绝代的歌妓之象。

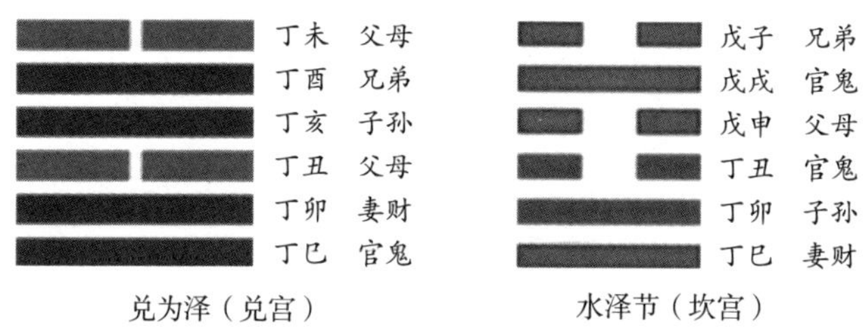

兑为泽（兑宫）　　水泽节（坎宫）

至此，我们就用干支易象勾勒出一幅画面：一些王公大臣们在喝酒取乐，中间有绝色美女时而莺歌燕舞，时而琼浆玉液……

己未为酒释玄机，间爻组象合情理

把间爻丁卯丁丑化子孙化鬼爻这样组合，我认为非常合理！道理我们在《干支易象学梅花易数注解》饮食篇“己未为酒”的象意中讲到己未为酒，就是取己未和己丑之间的己亥、己酉间爻，组成酒的象意！那么我们知道这种用法之后，把丁丑鬼爻和丁卯子孙爻组合在一起，那就是既具有非常的技艺，又长得非常漂亮的歌妓之象。但歌妓不能取离宫，因为不管现代和古代，按常理不可能请一个中年妇女去饮酒和唱歌跳舞，歌妓只能取少女的卦象。

兑节丁亥化戊申，妙解出游逢怪异

兑卦化节卦及丁亥化戊申，为子孙化父母，就知道出游有吃的、有歌妓之征。同时亥巳化寅、亥化坤为丑，合之为艮为丙寅鬼爻，丁亥应丁巳为腾蛇，主怪异，都是鬼爻，就预示着丁亥出游动见戊申，会有怪异的现象发生！丙寅为艮为手，临鬼又是鬼手，所以席间有歌妓没有手的怪异之象意。

有客醉酒扯歌妓，卦象再变地雷复

兑为泽（兑宫）　水泽节（坎宫）　地雷复（坤宫）

我们再看兑卦五爻丁酉与四爻丁亥，为世爻丁未与丁丑的间爻，组合为酒字，有喝酒之象。丁酉为兄弟爻为朋友为喝酒，化为坎中戊戌，为兄弟爻化为鬼爻，即为酒醉之象。戊戌酒醉为动合丁卯也动，为扯歌妓之象。而且因戊戌丁卯两爻齐动，卦象又产生了新的变化——水泽节卦又化为地雷复卦！

这样变化以后，丁卯又化为震卦庚寅松柏木，庚寅在震下互卦艮为手，同时，地雷复为坤宫卦，庚寅又可以为坤卦鬼爻，所以最后化成一具枯骨。我们观察地雷复，一阳伏于五阴之下，所以倒下了，一切都消失了。据此，我们可以得到一个启示就是：庚寅也有枯骨之征。

兑复丁巳化庚子，楚公奇祸遭杖责

姜皎丁巳最后化成了庚子，回头克丁巳。再从整体上来观察，地雷复又是十二辟卦的子，如果我们复原到变卦坎宫水泽节，子又是兄弟爻戊子，居上六爻发动也来克丁巳，庚子又生鬼爻庚寅木，就可以得出丁巳姜皎受到了杖责之刑的结论。古代犯了错误，不是有杖责四十军棍之说吗？所以，庚子生庚寅，就有被杖责之象。庚寅在震为下互艮之鬼爻艮为侧为背为后，二爻为屁股之位，临庚寅木鬼为杖责。

爻象之变动态画，姜皎发配亡途中

再回归到原卦，丁亥子孙为出行之神与丁巳姜皎相应。而通过一系列爻象的变化之后，丁巳化庚子初爻，也为水泽节戊子兄弟夺财又回头克丁巳，为被别人告发之象。而应爻丁亥子孙以水论，也可以为水泽节卦戊子居上六爻为最远处，又都克丁巳姜皎，就有发配远乡之象。以地雷复为大震卦观察，五爻道路正好为鬼爻，为姜楚公就死在路上之征。再从另一个角度看，水泽节戊戌五爻也是鬼爻，正好是丁巳的火库，巳见戌为火入库，又为随鬼入墓，戊戌五爻为道路，也是没到戊子的位置，就死在路中之征。

所以观察卦象不能固定不变，这个故事从兑变到水泽节，再变化到地雷复，爻象之间的变化和运用，都是活的，是一幅动态画面。

本易案启示

这个易案跟以往的又不一样，也非常有趣。这个故事的象意分析破解，给我们以下几点启示，希望易友们在实践中去运用，看看效果如何：

1. 丁亥见丁巳，有去寺庙旅游之征；

2. 丁亥见戊申，有饮食丰盛之象；

3. 戊申见丁巳或丁卯见丁丑，为有才貌和才华横溢之征；

4. 丁酉见戊戌，有醉酒之象，丁酉可为酒；

5. 戊戌见丁卯，主家里有死人之征。因为戊戌见丁卯是鬼爻来合财，丁卯是宅爻，就有随鬼入宅之象。故事里是枯骨倒了，在我们现实生活中这种现象好像不可能发生，那么可以为家中有女的、岁数不大的死亡之征；

6. 丁巳见戊戌、丁卯，又见庚子，主有奇灾。如果我们把它运用到八字中，命中有丁巳、戊戌和丁卯，大运流年再遇到庚子，那这一年应该有意想不到的灾祸。这个故事是因言之祸，而现实生活中判断因为消息、合同等致祸都是可以的。如果我们只是简单地按照原故事，原封不动地与现实对接是对接不了的，需要拓展和延伸才可以；

7. 丁丑见丁卯，主貌美如花，会舞蹈或者钢琴等才艺；

8. 丁巳见庚子，再见戊子，主有牢狱之灾，也主路上死。

48 易案 博士巧用数字“4”，雷天大壮出妙应

这个是雷宝博士分享的易案。那天他的学生说，看表总看到的时间是4:44，问这是什么征兆，雷博士判断学生是因为钱财跟长辈有口舌之争。结果是学生与母亲因卖房子发生了口舌。

本易案解析与启示

雷博士看到数字4：44，全是4反复，就将卯为4这个数字，化为十二辟卦雷天大壮，为坤宫卦，庚午父母爻持世，应甲子财爻又是子孙爻。我们要注意把原本的爻象信息也提取出来加入判断，比如甲子为乾卦子孙，也为大壮卦财爻，这就形成了子孙爻临财爻冲父母爻的象意特征，就说明学生与其父母之间，因为钱财而产生了不愉快。父母爻也可以为租房子。

子孙不高兴的判断，就要结合太岁戊戌。酉月虽然是金，但其辟卦风地观世应爻都是土，太岁也是土，土旺子孙爻受制，所以不高兴，而且父母爻又生土来克子孙。这个易案，一看表4：44，就产生了这样的结果，所以我们现实生活中碰到的现象，看似是偶然的，其实有必然规律在其中。

子卯相刑虽无礼，非因妇女犯桃花

这里涉及一个概念，就是子卯相刑，财来克父母。我以前也说过，子卯相刑为无礼之刑，并不像有些人理解的因为卯为桃花，所以是调戏妇女之象，而是子女因为钱财、房产证等与父母发生冲突，是以下犯上的象意。同理可证：当子水旺的时候，子

卯相刑，财来克父，会出现父母长辈死亡的特征，因为父母爻主房产，所以也有因为房产之事，升级到打官司的特征。那么甲子见庚午，就是子孙跟父母之间，因为钱财、房产发生矛盾，甚至可以升级为打官司，那就要看具体的流年了。

49 易案　妙用丙午水龙头，锁定飞机坏前轮

这个易案很小，但是有趣也有启发性，能够贯穿基础，贯穿纳音纳甲。有个老家是沈阳的易友在杭州工作，有一次在从沈阳飞往杭州时电话说，走之前他家水龙头坏了，看看这次出行回杭州，会有什么事情发生。

首先，通过水龙头坏了，我判断他这次飞机要晚点；

其次，我判断他回去之后，所在单位领导层或者下属，有调整或者有辞职走的。

结果他在机场就给我打电话反馈，说飞机晚点是对的，可现在飞机晚点很普遍，也不能完全说是预测对了，要是能说出为什么晚点，才能说明问题。我回答说，从水龙头坏了这个象意判断，应该是飞机出现了故障导致晚点。他说是因为飞机的故障晚点，但具体是哪个部位的故障？我回答他说飞机故障与前面的轮胎有关。他反馈说："就是前面那个小轱辘坏了，更换导致晚点，这个太精彩了！"后来反馈，他回去之后，下面的人也调整了，确实是走了两三个员工。

本易案解析与启示

他说水龙头，我首先就想到了丙午，因为午为马为乾为龙，

纳音天河水。丙午可以为离宫，为天上之物，纳音和纳甲进行有机结合，就与他坐飞机之间联系起来了。丙午也是父母爻主出行工具，水龙头坏了，对于他来说就是克应飞机出问题、出故障了，所以判断飞机晚点。他又问是哪里的故障，那么飞机是丙午，在离宫为南也可以是前面，又为火为父母爻为乾为圆，与水龙头坏了相克应，午为乾为龙为头，丙午又是艮宫为小，就是飞机前面小的轮胎坏了，维修导致晚点。

又因为丙午出现故障为临鬼爻，艮宫丙寅鬼爻必然发动，所以有工作方面的事情。鬼临父母冲克子孙为部属，所以下边的人也可以是小头目，相应的也要有职务的变化或离职。子孙爻被克，主有部属、员工离职之象，这就是启示。

第十七章 《鵩鸟赋》与贾谊早亡等易案解析与启示

贾谊是西汉文学家、政论家、长沙太傅，是毛泽东主席非常看重的历史人物，本章解析的《鵩鸟赋》也是贾谊的代表作之一。毛主席与好友罗章龙相识时，罗章龙曾赋诗：“策喜长沙赋，骚怀楚屈平。风流期共赏，同证此时情。”屈原，字平，所以也叫屈平。后来毛主席在送好友罗章龙（化名纵宇一郎）东去日本时，写下《七古·送纵宇一郎东行》，诗中的屈贾即为屈原、贾谊。

云开衡岳积阴止，
天马凤凰春树里。
年少峥嵘屈贾才，
山川奇气曾钟此。

50 古易案 《鵩鸟赋》鬼爻入宅，贾太傅英才早逝

《鵩鸟赋（并序）》及注释

谊为长沙王傅三年，有鵩飞入谊舍。鵩似鸮，不祥鸟也。谊

即以谪居长沙，长沙卑湿，谊自伤悼，以为寿不得长，乃为赋以自广也。其辞曰：

单阏之岁兮[①]，四月孟夏，庚子日斜兮，鵩集予舍。止于坐隅兮，貌甚闲暇。异物来萃兮，私怪其故。发书占之兮，谶言其度[②]，曰："野鸟入室兮，主人将去。"请问于鵩兮："予去何之？吉乎告我，凶言其灾。淹速之度兮[③]，语予其期。"鵩乃叹息，举首奋翼；口不能言，请对以臆：

"万物变化兮，固无休息。斡流而迁兮[④]，或推而还。形气转续兮，变化而嬗。沕穆无穷兮[⑤]，胡可胜言！祸兮福所依，福兮祸所伏；忧喜聚门兮，吉凶同域。彼吴强大兮，夫差以败；越栖会稽兮，勾践霸世。斯游遂成兮，卒被五刑；傅说胥靡兮，乃相武丁。夫祸之与福兮，何异纠纆[⑥]；命不可说兮，孰知其极！水激则旱兮，矢激则远；万物回薄兮，振荡相转。云蒸雨降兮，纠错相纷；大钧播物兮，坱圠无垠。天不可与虑兮，道不可与谋；迟速有命兮，焉识其时！

且夫天地为炉兮，造化为工；阴阳为炭兮，万物为铜。合散消息兮[⑦]，安有常则？千变万化兮，未始有极！忽然为人兮，何足控抟；化为异物[⑧]兮，又何足患！小智自私兮，贱彼贵我；达人大观兮，物无不可。贪夫殉财兮，烈士殉名。夸者死权兮[⑨]，品庶每生。怵迫之徒兮[⑩]，或趋西东；大人不曲兮，意变齐同。愚士系俗兮，僒若囚拘；至人遗物兮[⑪]，独与道俱。众人惑惑兮，好恶积亿；真人恬漠兮[⑫]，独与道息。释智遗形兮，超然自丧；寥廓忽荒兮，与道翱翔。乘流则逝兮，得坻则止；纵躯委命兮，不私与己。其生兮若浮，其死兮若休；澹乎若深渊之静，泛乎若不系之舟。不以生故自宝兮，养空而浮；德人无累兮，知命不忧。细故蒂芥，何足以疑！”

注释

①太岁在卯曰单阏，见《尔雅·释天》。后查此年为丁卯年。

②谶（chèn）：预示吉凶的话。

③淹速：指寿命的长短。

④斡（wò）流：运转。

⑤沕（wù）穆：精微深远貌。

⑥纠纆（mò）：二、三股捻成的绳子。这里比喻祸福纠缠在一起。

⑦合散：指生死。

⑧异物：指死亡。

⑨夸者：指贪求虚名的人。

⑩怵迫：怵指为利益所诱，迫指为贫贱所迫。

⑪至人：指至德之人。

⑫真人：指得道之人。

为了更完整地进行象意解析，有必要简单介绍一下贾谊其人。

贾谊生平简介

贾谊（前200—前168），西汉初年文学家。又称贾太傅、贾长沙、贾生。洛阳（今河南洛阳市东）人。汉文帝时，由洛阳郡守吴公推荐，召至朝廷，一年中被破格提为太中大夫。因遭群臣忌恨，出为长沙王太傅。后被召回长安，为梁怀王太傅。梁怀王坠马而死后，贾谊深自歉疚，忧伤而死，享年仅33岁。赋以《鹏鸟赋》《吊屈原赋》为最有名。其政论散文堪称文采斐然，最为人称道的政论作品是《过秦论》《陈政事疏》（一称《治安策》）和《论积贮疏》。后人辑其文为《贾长沙集》，另有《新书》十卷。

贾谊在文学史上很有影响力，在《资治通鉴》和《汉书》等史学著作中，都有记载。晚唐李商隐的诗词《贾生》，尽管是借古讽今，但也从侧面体现了贾谊的才华（诗词中的贾生，就是贾谊）：

《贾生》

李商隐

宣室求贤访逐臣，
贾生才调更无伦。
可怜夜半虚前席，
不问苍生问鬼神。

贾谊的一生颇富传奇，18岁时就博学能文，已经很出名了，被河南太守吴廷尉看中，收为幕僚，在贾谊的策划下，所管辖区域天下治平。文帝知道以后，吴廷尉就举荐了贾谊。据史料记载，贾谊22岁左右即被招为博士，不久又晋升为太宗大夫，参与国家大事，同一年里，又官升三级，封为太傅。实际上贾谊不仅是文学家，也是著名的政论家，力主改革弊政，提出了许多重要的政治主张，但正如文中记载，没有被采纳，反而遭谗被贬至长沙，抑郁不得志。虽然后又被任命为梁怀王的太子太傅，就是太子的老师，但却因为梁怀王骑马摔死，常想自己身为老师，有负重托，深感歉疚，郁郁而终，英年早逝，享年仅33岁。

本章我们要探索的象意关键点，实际上就是猫头鹰入宅这个前兆与贾谊早死以及梁怀王坠马而死之间的干支易象联系。

本易案解析

鬼爻重重发，贾谊怀王死

公元前174年，也就是丁卯岁四月庚子日，有一只猫头鹰在太阳快要落下的时候，也就是酉时(后查干支为丁卯年，乙巳月，庚子日，乙酉时）飞入贾谊宅中。

虽然我们也可以像研究八字一样，从四组时空干支上去研究，但可能会比较烦琐。如果用干支易象的方法研究猫头鹰入宅，那么猫肯定是寅，猫头鹰其实完全可以用丙寅代表。为什么我们中国人把猫头鹰视为不吉利的鸟呢？因为猫头是丙午朱雀，和寅组合，是艮宫的鬼爻，所以猫头鹰入宅，就相当于鬼爻入宅，肯定要有凶事发生。那么具体在贾谊和梁怀王身上会应什么事情呢？

丙寅是艮卦的上九爻，再结合丁卯年(公元前174年）兑卦，就组成山泽损卦，为艮宫卦，兄弟爻丁丑持世，应鬼爻丙寅，而且丁卯兑宫宅爻，也化成了鬼爻，为鬼见鬼；月令乙巳是坤宫宅爻，见寅还为鬼，日柱庚子是震卦父母爻也可以为宅，震有庚寅再见寅为兄弟，又为兄弟临鬼，也有梁怀王被摔死的象；时辰乙酉在坤可为癸酉，剑锋金见丙寅炉中火也为鬼爻，为回炉之凶象，从纳音的角度，乙酉又克丙寅鬼爻，也有死亡之征。贾谊非常有才学，应该是看到了多重不是很吉利的信息，感触很深，于是就阐发了他对生命、对宇宙的感慨，并形成了《鵩鸟赋》。

既然是丁卯年发生了猫头鹰入宅，那么我们用丁卯来研究其实就够了。我们将丙寅和丁卯组合成山泽损卦，为艮宫卦，应爻为丙寅鬼爻，与丁卯鬼爻同时出现，而且与宅爻相应，死人的征兆非常明显。三八为木，丙寅是木，丁卯也是木，放在一起正好是33，所以贾谊卒于33岁。

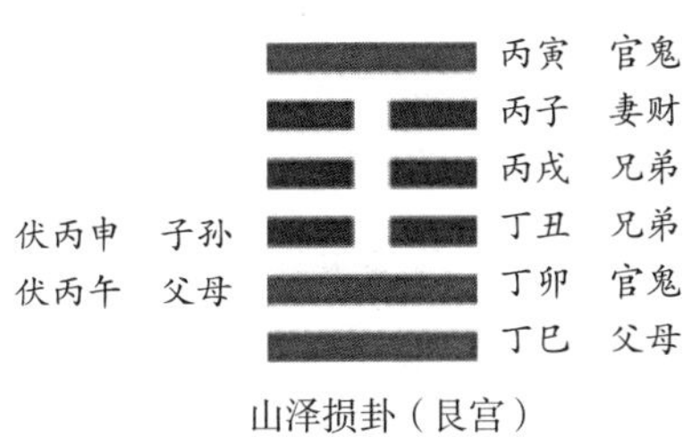

山泽损卦（艮宫）

世爻为自己，应爻为他人，丙寅应爻为鬼爻，与丁丑世爻又合成艮卦，又成为艮卦鬼爻，从艮的角度而言，丁卯的伏爻为丙午父母爻，为父母临鬼。父母临鬼或者鬼临父母，一个是主父母去世，另一个也主此人为鬼才，文章盖世，才华横溢，所以贾谊的文章写得那么好，而且在很小的年纪就有那么大的作为，二十多岁就被招进宫内，任命太傅，相当于现在的正部级，很了不起。同样，丁丑世爻下伏子孙丙申，为贾谊的学生梁怀王，与鬼爻丙寅相应，丙寅和丁卯都是鬼爻，丁卯又伏丙午，为木火相生克子孙，丙午为马，所以梁怀王骑马摔死了。

贾谊就认为这个事自己责任重大，感觉老师没照顾好学生，也愧对皇帝对自己的信任(尽管把贾谊贬为太守，但还是把太子交给贾谊教育培养），内心非常自责，最终忧郁而死。按照资料记载，梁怀王死于壬申年，贾谊死于次年癸酉年。

那么丙寅克丙申，梁怀王死，丙申也就已经变鬼了，而丙申本身应鬼爻丙寅，又正好伏在世爻为贾谊下面，也有贾谊死亡之征。癸酉年，又冲动丁卯化庚寅为木兄弟，鬼爻更旺，就是必死无疑了。

本易案启示

1.丙寅见丁卯，主家里有人死亡之征；

2.丙午见丁卯，父母爻临鬼，也主家里有人死亡之象；

3.丙寅见丙午或者丙寅见丁卯，古代为骑马而死，现代主车祸而死，应在申酉年月，子孙透出来的时候；

4.二仪连珠未必就是好事，如本案丙寅见丁卯均为炉中火，鬼爻太旺，死人之征。

注：《兰台妙选》将纳音同且干支阴阳相连两组干支，称为“二仪连珠”。

51 易案　克应不对要打住，转换思维应两事

这个易案是我在上海面授讲座时的一个小易案，很有启发性，也很有趣。对易友在运用上很有帮助。

面授讲座有一位学员是我弟弟的邻居，我跟他不是很熟悉，来之前他对干支易象将信将疑，但是看现场预测很准又合情合理，就问他嘴角上面长了一个小疙瘩，也不是很明显，会应何事情？尽管言辞有些唐突，但是也没什么恶意，我就先判断了两点：第一是有人还款，第二是要出行。

初断思路虽合理，结果无应学员惊

但是这两件事都没有应验。因为学员都知道我面授班均是

现场断事，而且一分钟之内出不来结果的话，即使后来断对也算错，即使这样，应验率也保持在95%以上，所以现场学员有的就比较吃惊。既然是现场断事，不管应与不应，都要把思路讲清楚：嘴为兑卦，长了小疙瘩就是临鬼，为丁巳发动，与丁亥子孙爻相应，子孙为出行之神；子孙生财，亥十二辟卦为坤为旧，基于此形成了以上两点判断，应该说是合情合理，但是却与结果一点边也没沾上。

克应不对要打住，转换思维应两事

既然这种方法合情合理但判断还是出了问题，那这时就要调整思维了。为什么古人要找克应，非常重视克应？就是因为验证了，那说明这条路能走通，否则则不通。丁巳是兑卦初爻动了，变成坎宫子孙爻戊寅，坎为水子孙也为水，丁巳是鬼爻，这就是鬼爻临水，巳为乾为龙为头，于是我说他家水龙头坏了！他反馈是坏了，到现在还在滴水，一直没修好；我说如果这点对了，那说明你最近淘汰了鞋子，要买新鞋，反馈说这个也对，是有双运动鞋坏了，要买一双新的。因为子孙爻主出行，出行得用脚，水龙头坏了，克应就是初爻子孙临鬼爻，所以是鞋坏了要换鞋。这么调整一下思路就对了。

套路都是唬人经，因地制变方通神

这个案例给易友很有意义的一个启示就是，错了要马上调整思维，不能一错再错。但有的人就被一些思维束缚住了，如同“三了”（命理取用中的旺了、衰了、从了）命理的生克制化取用神，错了也不知悔改，就是在那个圈里围绕日元旺衰转，别的什么都不想了，就奔那条路走，跳不出这个框，这就是问题所在。

52 易案 活用干支纳甲法，妙解奇门“庚加辛”

“庚加辛”本来是奇门遁甲里的概念，本章将此作为一个案例来讲解，就是提醒易友重视纳甲的运用，重视纳甲的活用！

庚辛一男加二女，争风吃醋闹纷纷

“庚加辛”这个案例，是前些年一位易友问我关于奇门遁甲的问题，说他给别人预测，起个盘让我也给看看。我说不用，你随便指哪个格子里的符号都行，他就给我指了一个格子，里面是“庚加辛”。

我说一是主有一男二女，争风吃醋，二是两个女的中小的得财，大的破财，也有口舌之争，而且这两个女人的名字中，都带木字旁或草字头。

反馈说太准了！实际是一个茶叶店老板，找了一个小三儿姓叶，老板娘姓杨。老板给小三儿买了辆车，后来老板娘知道了，就跟老板闹起来了，所以就出现了上面判断的情况。

那么“庚加辛”，庚是震宫可以代表一个男的，辛是巽宫为长女，是大一点的女的，这就是一男一女了。然后庚和辛放在整体来看又是兑宫的，为又有一个小的女的。震巽为夫妻，庚辛都为木，为兄弟为相争，木为风主酸，兑为口为吃，为争风吃醋；小的是兑金，克木为得财，而大的为巽木，被克就为失财。

追问反思学真易，理在通时方可用

只要懂得原理，再结合落宫的干支与爻象，即使没学过奇门遁甲，也一样可以有妙断神应。要善于用逆向思维去看待世界，思考问题。反思就是哲学，反思要追问，追问加反思，就会懂得哲学的道理。我们研究易学就更需要反思和追问，要弄个究竟，不然就会产生迷信。

53 易案　蜜蜂花生易案小，生动活泼学问大

一次饭局上老领导说："梦到我家靠窗户的棚顶上有个花生壳，然后有一群蜜蜂围着花生壳往里钻，后来花生壳和蜜蜂都掉了，蜜蜂都死了，但仔细再一看，发现不是蜜蜂而是苍蝇，看看有什么征兆？"

我说："这个梦应两件事情，一是家有近亲小孩流产；二是年内有两位女性去世，参加葬礼之征。

老领导反馈：做完梦一个月，岳母就去世了，后来亲家母又去世了；不久小舅子媳妇流产了。

梦有蜜蜂是虫类，又有花生壳为草木，取巽卦。窗户一般也是巽卦为辛巳，属于比较明亮的地方又跟宅爻相应，辛巳是子孙爻为孩子，落下来死了变苍蝇，说明有人流产了。反过来子孙辛巳与辛亥父母爻相应，为长辈为女性，巽主双，子孙爻也主寿命，子孙爻克官治鬼，它要是死了，鬼爻就旺了，为有两个女性去世。

第十八章 《搜神记·阴子方祀灶》等易案象意解析与启示

54 古易案 《阴子方祀灶》黄羊，及后世家道荣昌

本章的古易案是《搜神记》里的故事，题目是《阴子方祀灶》，原文如下：

汉宣帝时，南阳阴子方者，性至孝。积恩，好施。喜祀灶。腊日，晨炊，而灶神形见。子方再拜受庆，家有黄羊，因以祀之。自是已后，暴至巨富。田七百余顷，舆马仆隶，比于邦君。子方尝言："我子孙必将强大。"至识三世，而遂繁昌。家凡四侯，牧守数十。故后子孙尝以腊日祀灶，而荐黄羊焉。

释 意

汉宣帝的时候，南阳郡有个阴子方非常孝顺，常常施舍积德，喜欢祭灶。他腊日那天早上做饭，灶神显形。阴子方再三拜谢庆贺，并将他家里的一只黄羊拿来祭祀灶神。从此以后，他家

很快变得非常富有，有田土七百多顷，有车马奴仆，比得上地方长官。阴子方曾说："我的子孙必定会兴旺发达。"到三代孙阴识时，他家就昌盛了。一家有四个人封侯，有几十个州郡长官。后来他的子孙经常在腊日那天祭灶，供奉黄羊。

腊日祭祀的易学背景

腊日，在先秦可能是冬至后第三个戌日，后来汉民族就延续到腊月，现在一般春节的时候都要去祭祖，其实也是腊日祭祀的延续。古时候有五祀，祭祀包括灶神、门神、宅神还有户神、井神等，是重要的民俗文化组成部分。腊月祭祀的易理背景，就在腊月为丑中。丑月，十二辟卦地泽临为坤宫卦，丁卯鬼爻持世，应癸亥财爻。丁卯二爻又为宅爻，可以为宅神，也可以为井神；卯为门户，临鬼也为门神；丁卯炉中火为炉灶也可以为灶神。应爻癸亥为财爻为道路，财爻在路上来生丁卯，丁卯又为燃烧之物与道路相应，祭祀的象意就呼之欲出了。

本易案象意解析

坤卦释象阴子方，干宝赋易《搜神记》

我们从卦象上也能把"阴子方"这个名字演绎出来：阴，应该是坤卦，因为坤卦是阴气最重的时候；子，就是坤卦世爻子孙爻癸酉；方，为金也为癸酉，当然"天圆地方"，坤本身也可以为方。这个名字的易象中，坤土生子孙，子孙爻生财爻，连续相生，财爻又与宅爻相应。

干宝这个人懂易学，《周易集解》里面有干宝对易学的见解，他的方法就是用纳甲和爻象解易，部分还用纳音，与一些所谓的易学大家的观点是有所不同的。我个人比较喜欢干宝这种用干支解易的方法，跟干支易象学比较相近，看起来比较亲切。干宝注的《搜神记》里，收录了很多富含易理的故事，我认为他是将自己的易学思想化成故事来表达。我就是看完干宝的解易思维特点后，将干支易象学与《搜神记》相碰，觉得这本书中有些故事跟易学有关联，所以《搜神记》中的《阴子方祀灶》这个故事，也能从易象中找到答案。

腊八晨炊见灶神，皇天不负有心人

腊日到汉以后，就是腊八了。阴子方在腊八晨炊之后，见到了灶神，实质上就是隐隐约约的一种幻觉或者现象。有人可能有疑问，为什么只有他看见了，别人看不见？这就是一种心灵感应！为什么别人围棋下得好，书法写得好？这说明用心专注的事情，就会离我们近一些。比如：围棋常摆弄，那就下得好；书法常练习，字就写得好，干什么事情用心了，它就离你近。阴子方喜欢祀灶见到灶神，有易理方面的因素，也有他自己用心的原因。

那么，我们从丑月的十二辟卦中，能不能用干支易象把这些象意推理出来？从地支排序上，八正好是未土。未出现，羊也出现了，与地泽临卦世应爻卯亥，三合成丁卯鬼局。而从坤卦的角度看，卯与子孙爻癸酉相应相冲，就是见到了灶神原形，也是祭灶神而且把家里的黄羊祭祀给灶神的象意。

之后他的子孙就富了，那么我们看一看子孙是怎么富的。腊日见灶神，首先是癸丑动了；再把腊日祀羊的信息加入，羊为子孙也为坤也动了，也就是相当于坤宫子孙癸酉动了，上卦变为离卦，下卦不动，为火泽睽卦，为艮宫四世卦。这样以来就产生以下几组象意：黄羊己未在五爻天位，与宅爻鬼爻相应，阴子方子孙爻变成父母爻了，父母爻生兄弟爻，兄弟爻生子孙爻，父母爻主田产，未也为田产，而且是子孙爻得生。

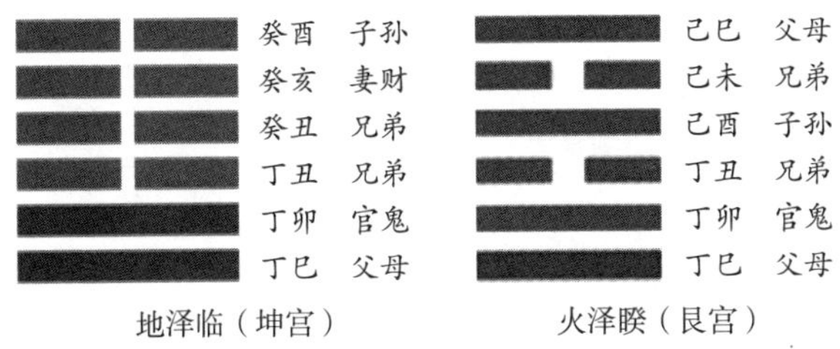

地泽临（坤宫） 火泽睽（艮宫）

这里虽然有个黄羊和灶相克的问题，但我们再看这个兄弟爻是由财爻化过来的，而化为艮宫卦又伏着丙子财爻，所以己未与丁卯相应，相当于财爻二水生宅爻丁卯，而且财爻又比较旺，因此子孙都发财了。丁卯为鬼爻也是宅爻，得五爻己未来生，也是家里出官贵了，丁卯地支为四，故家封四侯，未土又生着子孙爻，那就是当官的很多，有十几个州郡长官。

本易案启示

1.己未见丁卯，主家中子孙旺，有田产，喜敬鬼神；

2.癸酉见丁卯再见丁丑，主家中富；

3.这个案例给我们最大的启示是——发现动爻！

本案腊日祀羊，则将未加入，丑未相冲，癸丑动而冲未子孙动，以未为坤，坤世爻癸酉子孙也动，就构成了火泽睽卦，使黄羊与宅神有了相应关系。我们要发现动爻，最关键的就是从平常没有动的现象中，发现动的信息，这就是玄机！有很多东西是靠我们发现的，不是摇一卦就动了，而是需要我们在静中观动。

55 易案 亥为高楼与岭岗，动静阴阳复迁变

此易案是我面授班学员在群里实测的一个梦。别人梦到有高楼倒塌，学员预测了三点，全部应验：

1. 家里的水出现故障；
2. 卖房得财；
3. 母亲心脑疾病。

这个例子是运用了金口诀的方法，取癸亥为高楼。金口诀里有“亥为高楼和岭岗”的口诀，亥为高楼，与应爻乙巳有关：乙巳为宅爻为房子，房子上面的房子就是高楼。高楼倒塌为癸亥动，财动应宅爻，为卖房子得财的象意。癸亥动冲宅爻，宅爻也动，化为坎宫戊辰鬼爻，坎宫为水，那就是宅中的水出问题了。反馈是水箱出问题了，戊辰在下互震中，也有水箱的象意。“动静阴阳，反复迁变。”乙巳见戊辰是宅中水管坏了，反过来戊辰见乙巳，就是母亲病了，宅中为水管，而母亲就可以是心脑，因为巳为乾为头为脑，为火心脏。

56 易案 纳甲与八字

之前的章节还没有涉及八字，现在介绍一个易案，是纳甲法在八字中的运用。

坤造：癸丑、乙卯、甲子、癸酉。这个八字我判断三点全部

应验：

1.该女的父亲娶了三个老婆；

2.该女财运极好，2007年发财；

3.该女丈夫靠电子技术发财。

我判断完后，当时都很震惊。其实就是纳甲法的运用：把所有复杂的变化去掉，这个八字就是一个乾卦和三个坤卦，甲子为乾可以为父，一阳三阴，娶三个老婆，纳甲是可以这么运用的。女命，正好此八字乙卯坤宫鬼爻为月令，子孙爻就是癸酉，前面讲过癸酉冲乙卯为得财之征。从纳音的角度来看，甲子见癸酉为见金成器也比较好（详见《三命通会》纳音部分有甲子海中金见剑锋金吉之论）。乙卯为雷为电，应癸酉子孙为技术，鬼爻为丈夫，为搞电子技术发财。2007丁亥年发财也是纳音的运用，乙巳是灯火，见丁亥屋上土，为灯火入堂。

57 易案　茶宠弥陀忽头掉，克应外公辞世去

这是我学生的一个易案，据她自己介绍是到朋友那里喝茶，倒茶的时候，突然一个小弥陀茶宠的头掉了，她当时就想到了丙寅、丙申，感觉会不会家里有什么人去世，结果就在这个时候，她妈妈来电话告诉她外公去世了，要求她立即回家。

我们都知道丙申为和尚，头掉了就是动化乙卯。乙卯为坤宫鬼爻，说明和母亲那边有关，但是它也生乙巳坤宫父母爻，是母亲的父母，又是由艮宫代表男性的卦宫化来，所以可以代表外公。而且这里还用了一个克应就是：和尚头都掉了，就说明鬼爻特别旺，对于人就是死亡之征。易友看这个丙申乙卯，可以是洗

衣服，可以是挪坟，还可以是捐衣服，这次又可以代表外公病或者去世。虽然都是一组干支，但是每一次都有新意，都有变化，都有新的启示，让我们感觉到象意无穷无尽，我认为这才是“变易”的本质。

第十九章 《搜神记·张奂妻之梦》等易案探索与启示

58 古易案 妙解《张奂妻之梦》，更叹卜者世无伦

本章古易案的内容是《搜神记·张奂妻之梦》，原文及注释如下：

后汉张奂为武威太守，其妻梦帝与印绶，登楼而歌。觉，以告奂。奂令占之，曰："夫人方生男，后临此郡命终此楼。"后生子猛，建安中，果为武威太守杀刺史，邯郸商州兵围急，猛耻见擒，乃登楼自焚而死。

释 意

东汉时张奂任武威郡太守，他的妻子梦见自己带着张奂的官印，登上城楼去歌唱。醒来就把这个梦告诉了张奂，于是张奂叫人占卜。占卜人说："夫人将生一个儿子，今后他将管理这一郡，死在这座楼上。"后来张奂妻子真生了个儿子叫张猛。汉献帝建

安年间，张猛果然任武威太守并杀死邯郸商州刺史，邯郸商州军队激烈围攻武威，张猛羞耻于被俘，就登上城楼自焚而死。

本易案解析

城头土登楼吟歌，解梦者妙思绝伦

我们一般解梦只是预测十天半个月或者眼前发生的一些事情，这个梦的跨度比较大，小孩还没出生，就判断出将来生儿子，而且这个孩子将来能当郡行政最高长官，到最后也死在这个郡，后来全应验了。

解梦丝毫不比其他预测术差。这才是真正的高手！梦解得非常神妙，简直可以说叹为观止！解梦能解到这个程度，应该称得上是名副其实的“解梦大师”了，这也应该是被干宝纳入《搜神记》的原因之一。

这个梦境的已知条件，就是武威太守张奂的妻子，拿着他的官印到城楼上去唱歌。那么我们就要把这个已知条件从卦象上找出来，之后再分析和推测这个解梦者，如何推理出张奂妻要生小孩、小孩为什么当官、最后小孩为什么又死在城头等易象，它们之间的内在逻辑关系是什么，能带给我们什么启示，又有哪些能够与现实生活关联，哪些能够有实践意义，都是我们研究的重点。

这个易案我看完之后，也分析了半天，从哪儿入手呢？看着好像也不好找切入点。这时脑海中就闪现出了城墙土的概念，再加上妻财和官印的信息，就构成了已知条件，而符合这个已知条件的，只有离卦的初爻和四爻。

离卦四爻己酉为财爻为张奂之妻，初爻己卯为城墙土，四爻在初爻之上，为张奂妻子登上城楼。己卯是父母爻也为印星，与妻财相应，所以张奂妻子登楼时，还带着张奂的官印。己酉为妻子居于离上互卦为兑为言说，为妻子言说。己酉动则化丙戌，为山火贲卦（艮卦宫），离上互卦兑为喜悦，山火贲上互卦震卦主响声，这就构成了张奂妻登楼唱歌之象。

奂通换，为交易，己酉与己卯相应也为交易；己酉在离上互兑中，也为兑换；己酉动，上互卦兑化震，可以为张姓，合为张奂之名；卯为武人，离卦世爻己巳为兄弟主风，微风习习，故为武威太守；另一种思路，己酉化丙戌，又居上互兑为小女，戌加小女也可以为威。

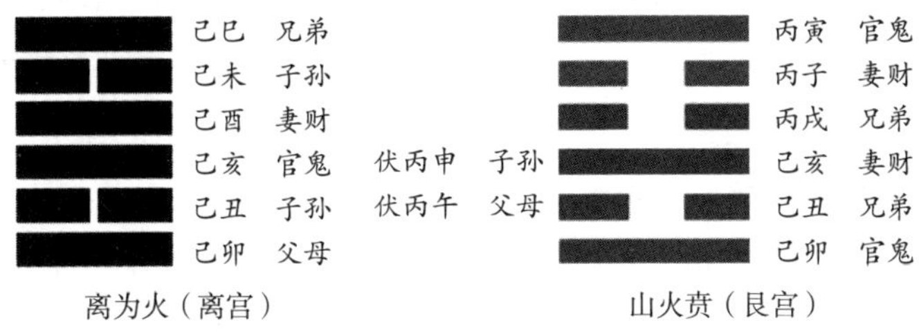

离为火（离宫）　　山火贲（艮宫）

这个故事的主要情节就是己酉妻财动，从整体来看，离为火卦，变成了山火贲，上卦就变成了艮卦，离火生艮土为少男，为张奂妻生儿子之征。

我们仍然从爻象的角度看，山火贲为艮宫卦，初爻己卯鬼爻持世，应四爻丙戌兄弟，妻财爻在离卦是己酉金，变卦山火贲中妻财变为三爻己亥，伏子孙丙申金，也是老婆生孩子的特征，丙申就是小孩。从这个梦的故事来看，占卜解卦的这个人水平确实很高，从卦象上看是老婆生小孩，从爻象的角度上看是妻财伏子孙，也是生小孩的象，很有意思。

我们再来研究他的小孩为何当上了武威郡太守，也就是地方的最高行政长官。刚才讲了从爻象上来看，小孩在妻财下面伏着为丙申，丙申生财爻，财又来生丙寅官鬼爻，就是小孩当官的象意，而且丙寅在最上面，所以是地方最高行政长官。财爻己酉变成了丙戌，从纳音的角度来看，己酉大驿土是路，在下面，见丙戌屋上土在上面，也是一种提升，丙戌也可以是他的小孩，到上面去了，也主当了地方行政长官。

但因为丙申伏在己亥下，所以虽然当官了，却也有一个问题，丙申毕竟冲克丙寅为鬼爻，寅按照十二地支分野为燕也是幽州，这个就有其儿子杀掉邯郸商刺史的象意。

我们再从世应爻的角度来看，应爻丙戌也可以代表其儿子，应爻与世爻己卯城墙土相应，丙戌兄弟主竞争，而己卯城墙土临鬼，就是攻城之象，所以有军队围攻武威之象，己卯又是武威太守的官印，化鬼爻就有城破人亡之征。本身丙申子孙就与丙寅鬼爻相应，现在又加上世爻临鬼与兄弟相应，就是兵临城下之象。所以本易案启示之一，就是丙戌与己卯相应有攻城之象。当然这种现象我们也只能在影片或某战乱地区的新闻中见到了。

如果再把丙申伏在己亥下面，与丙寅相冲这个象意进一步分析：己亥虽然是艮宫财爻，但也是离宫的鬼爻，丙申纳音山下火，丙寅是炉中火，是一片火海之象，这样就看到了张奂的儿子登楼自焚之征。

本易案启示

通过这个易案的分析与探索，有以下几点启示值得我们在实践中应用：

1.己酉见丙戌，主家里有人生小孩之征，这在八字中也可运用；

2.己酉见丙戌，也主子女将来要从政或者当官，成长比较快的象意；

3.丙戌见己卯主有火灾亡身之征；

4.己亥见丙寅主有火灾之征；

5.己酉有交易和做生意之象；

6.己酉应己卯，问姓氏可以姓张；

7.己酉还有有唱歌天赋的特征。我们在研究的时候，是取互卦兑卦的信息，又将互卦变卦震的信息加入。也可以说己酉见丙戌，有唱歌和艺术家的信息；

8.己酉见丙戌，也有名字里带反犬旁的特征。己酉化丙戌为狗，为反犬旁，丙戌又是离宫子孙，丙戌与己卯相应，卯为四或者为器皿，这就组合成了“猛”字，所以张奂的儿子叫张猛，也可以从象意中分析出来。

59 易案　占仙附体

2018年4月13日上午，一位朋友领着两位农村亲戚来到我工作室。

落座寒暄几句后，他说：“云飞，这两位是我农村的哥哥和嫂子，这次来是想让你看看嫂子的身体情况。”

我说：“从我的角度看，大嫂目前心脏和睡眠都有问题，但是问题不大，主要的问题是在今年的3月5日后清明节前，大嫂出现了幻觉，总是能看到死去的人，过了年正月的时候还没有，就是农历的二月才看到的。”

她反馈：“确实是这样！清明节前几天，我大白天就能看到不少以前死去的人，而且在村子里白天走路都能看到，这种现象是不是仙儿附体，对我身体有没有影响？”

我说：“要回答这个问题，您得先回答我几个问题，然后我才能判断是吉还是凶。”

我说：“您家门前是不是有树在去年伐掉了？”

她说：“是前年伐掉门口一棵老榆树。”

我说：“伐掉树后应有邻居死了。”

她说：“我家伐完树的树枝给了西北方向的邻居，那家的老头把树枝拿回家就得了精神病，不久就死了。”

我说：“那您家一定在去年的过年前买了新的菜刀，而且买了刀后家中的门和锁都坏了，换了门和锁。并且是好多年没买菜刀了。”

大嫂的爱人说：“过年前因剁排骨把刀剁坏了，她买了把新菜刀，我在大集上也买了一把。年前儿子把门撞坏了，锁也换了两把。”大嫂又补充说：“我家还真是好多年没买菜刀了。”

我说：“这几点都验证了，您家从农历二月到现在进了几笔小财对吧？”

农村大哥说：“我从3月份起为别人送煤挣了3000元，是进财了不错！”

我说：“那大嫂的这种幻觉就无大碍，应该是家运上升的趋势，吉！”

她说：“那我就放心了。”

临走前大嫂问：“兄弟，你说如果是仙儿，我这仙儿是正经仙吗？”我笑着对她讲：“是正经仙！”她说：“你跟我看的不是一个路子啊！你看的方圆太大了。”

其实，我都是依据易理的克应关系，层层逻辑递进推理得出的结论。以前看《搜神记》《子不语》《阅微草堂笔记》，还有历代笔记小说中记载的用易占测故事，我说实话真不敢相信，都当神话看，如今我的易案已经做到了类似书的故事一样，才相信古书中所载，是真实存在的。

本易案解析

这样的易案在网上一贴，如果不解释，只说正月前看到鬼了，别人一定以为是在胡说八道，装神弄鬼。现在给易友解析一下买刀、换锁、进财以及对她身体没有影响的理论依据。

这位农村嫂子是来问身体的，所以就根据穿的衣服判断。那天农村嫂子穿的是米黄色衣服，里边穿着红色毛衣，就取了一组干支乙巳。看身体状况，实际上就是问疾病，那就是乙卯鬼爻发动，来生腾蛇乙巳宅爻，鬼来生腾蛇，主虚惊怪异。

乙卯是鬼爻，戊戌太岁也是鬼爻，在坤宫主众多，主过去，鬼爻来生乙巳为入宅，乙巳又可以代表眼睛，所以判断她在农历的乙卯月清明节前后，看到了众多过去的人。又因为乙卯与太岁戊戌合，戊戌五爻为道路，所以是在路上见到的。

乙巳问疾病就是腾蛇临鬼，巳为头，腾蛇主虚惊，所以判断是睡眠不好，没有什么大碍。她以为是有仙附体，实际上不是仙附体，而是鬼入宅，所以眼前就出现了这种幻觉，看见了不少死去的人。我们既然研究这些现象，就不能认为是无缘无故，其中必然有易理支撑。

乙卯鬼爻为树木，卯为门户，动了为门前的树木变鬼了，肯定是在金旺的年头丙申，丙申主刀斧，所以在2016年就把树给砍掉，正应乙卯树木变鬼，她前面看到这种现象必然克应门前伐树。乙卯与乙巳宅爻相邻为邻居，就是邻居变鬼了。实际是邻居拿树枝回家烧火然后疯了，最后死掉了，树为鬼，木主风，也是疯掉的象意。伐树，剑锋金肯定要动，来冲乙卯生宅爻乙巳，剑锋金也是刀，就是刀入宅之象，卯主双，所以买了两把菜刀，多少年都没买刀了。为什么断丁酉年，因为丁酉年丑月与宅爻乙巳，正好构成巳酉丑金局为癸酉，这个就是买刀的特征。

为什么说她家的刀会出现问题？实际上是砍排骨把刀损坏，卷刃了。因为丁酉年纳音山下火，与癸酉剑锋金就位相克（地支相同，纳音相克，为就位相克），剑锋金最怕就位相克，《三命通会》纳音部分有论述，酉为金为骨，所以是砍排骨时把刀损坏了。刀被克坏了，肯定就有新的刀进来，当酉冲卯生宅爻的时候，就买了新刀。同样道理，卯为开门，酉为关门，酉又为锁，刀坏了必然克应门锁坏了，必然要换锁，所以就买了门锁，坤主双，买了两把锁。卯酉也为门，实际上她家门也坏了。

乙卯虽然为鬼爻，但是也生宅爻乙巳，为进财之征。实际是帮别人送煤进了3000元。

这种现象对她身体有没有影响？我认为没有影响。因为鬼爻临宅，腾蛇主虚惊，只是休息不好，其他的没有。这种情况如果算作病，那医院的仪器肯定检查不了，但我们用易经、用爻象就能分析出来。

我们前面也讲了乙卯生乙巳，还有金蟾有旺财之象，但这个跟以往不同，是鬼入宅，在路上看见故去的人，又主进财还有换刀、换锁。所以象意研究需要易友思考，需要把象意去拓展去延伸，不要把它都弄成了一个固定的套路和模式，这是最忌讳的。

60　易案　银镯占

今日上海李女士一行两人来访，闲聊间用右手指着左手腕上的银镯子说："贺老师从这只镯子能看出什么？我近期运势怎么样？"

我说："第一，主十天前你有长辈病。"反馈：十天前听父亲说姑姑病了（口腔之疾）。

"第二，三天前有朋友给你送净水器，而且送净水器的这位朋友，从去年到今年赔了不少钱，把房子和车都卖了。"反馈："三天前是有朋友送净水器，现在还在车的后备箱中，没安装呢！这点真神！"

"第三，你爱人被一个女的追着要债。"反馈："这一点太神了！是有个女的找我爱人要工程款，没找到电话打我这来了。"

"第四，你本月将因合同有100万现金到账。"反馈："按合同是应该有现金进来，但应该是200万元。"

"第五，你本月8日左右，应该被交警罚款或车违章。"反馈："8月9日我开车去机场送女儿，在机场把别人车刮了一下，实际也没刮坏刚刚碰上，那个女的纠缠报了警去了派出所，后来和解了也没被罚。"

"第六，预示你今年12月（壬子月）中旬进财。"这个后期也得到了验证。

本易案解析

这个易案也是在我朋友圈和网上发表过但没有解析，很多人对此也百思不得其解。从用右手指着左手的银镯子，为什么能分析出这六点事情，其道理何在，易理是什么，如何取象？下面我们逐一分析。

左臂为震卦，银镯子为金属，右手为兑，所以取兑临庚申。

第一点，兑为酉为十，庚申为鬼爻，五爻为长辈，临兑为口，为长辈口腔疾病。如果不用右手指一下，那可能是长辈病，但未必为口腔部位。所以，兑见庚申，主长辈口腔疾病。

第二点，三天左右有人送净水器，而且送净水器之人，自丙申至丁酉两年，房子和车都卖了，赔了不少钱，以前很好。这个原理就是庚申与庚寅相应，在震上互卦坎中发动，坎为水生庚寅木，李女士来我工作室的时间，我记得是丁酉年，戊申月，辛巳日，乙未时，戊申是月令为朋友，从纳音的角度来讲，因为庚申在上互坎中，戊申大驿土正克庚申所在的互卦之水，就有戊申克庚申之象，申又为金，为祛毒留清之象，与庚寅宅爻相应，为净水器入宅之象。庚申为鬼爻，五爻为道路，右手指了一下，又在戊申月，庚申之申又含有土的信息，庚申在上互坎之中，庚申动坎也动，庚见水为庚子，为父母爻，为房子为车子，被戊申大驿土所克，车和房子都跑路上去了，庚申为震，于坎水而言，又为子孙主交易，丙申岁又克庚申金，都为卖房卖车之象。丁酉年来看，为庚申之羊刃，纳音火克金为带鬼，综合起来也是卖房卖车破财之征。

这个易象请易友注意，就是戊申和庚申以及震卦的上互卦坎水，综合在一起观察：一个申金里，既有水，又有金和土的象意，易友要反复理解，仔细研究，慢慢体会和感悟，时间长了，思维就能提速。

第三点，庚申为鬼爻，可以代表这位女士的丈夫。右手动了一下为兑为酉金，又临丁酉太岁，为庚申羊刃带鬼，兑中丁酉为兄弟夺财，兑又主女的，兑金又克庚申木，所以有女的向其丈夫逼债，又因为庚申是从李女士身上取的象，所以她知道了这事，女的找不到她丈夫，电话就打给她了。

第四点，本月过几天进财，是因为有了送净水器这个克应，净水器毕竟是水，为金水相生，再生宅爻庚寅木，这就是进财之征。

第五点，8月8日左右被交警罚款并引起口舌。这一点当时参考了日支，但主要也是从庚申临父母爻动的角度来判断的，因为庚申临父母应庚寅，金木交战也主口舌。庚申为道路，应庚寅兄弟，所以庚申应庚寅，也主在道路上发生口舌之征。庚申鬼爻就是交警派出所，震为武人为警察，震又主响声，所以庚申应庚寅，也主因车辆剐蹭报警。

第六点，壬子月中旬进财的原理，就是庚申在上互卦坎中，子水当令，金水相生为进财。

本易案启示

这个案例给我们最大的启示是：庚申含有互卦坎水的信息，有庚子的象意，同时结合月令也有戊申的象意和壬申的象意，鬼爻中含有父母爻，庚申可以代表房产。

61 易案 验小六壬课格式，亦可化干支易象

学员海南薛永军是搞电子行业的，包括易先知八字、小六壬排盘等软件的开发。有一次跟我通电话，请教我能不能在小六壬(俗称诸葛亮马前课）排盘软件开发方面给一些建议。我说可以直接把大安、留连、速喜、赤口、小吉、空亡，每个装上两个地支，然后还按照它这个模式起课，就可以用干支易象去预测了。具体来说就是把大安配子丑，留连配寅卯……依次配下去。随后我就以他来电话的时间正月初三卯时为例，预测他马上要外出，往东南方向去吃饭，有两个女的一同去，而且拿红酒。

他说："是去海口东南方向琼海的一位领导家里吃饭，有两个女的一同去，我带红酒，贺老师真神奇呀！为什么随便说一个字就能预测准呢？"

那么正月初三，就是速喜配辰巳，为巽宫，再起卯时，就是戌亥。落在空亡的位置上，辛不能与戌配，只能配亥，就形成了一组干支辛亥。既然落在辛亥，就是动了，与辛巳相应，所以判断他要往东南方向外出，辛巳又为女的，主双，所以有两个女的同行。辛巳子孙主吃的，所以也有吃饭之象。

小六壬起课也可以拓展延伸，不见得古人留下来的东西，就一定是这个模式，为什么不可以变换一下，加个地支行不行？它是六个组合，那把12个地支，每个配上两个地支不就可以了，按照这个模式不也行吗？所以说不要画地为牢，墨守成规，一定要活学活用，举一反三，学会变化，我觉得这样学才有意义。

第二十章 《搜神记·丹砂井》等易案象意探研与启示

62 古易案 《丹砂井》子孙长寿，探妙义现于酉中

本章古易案是《搜神记·丹砂井》，原文如下：

临沅县有廖氏，世老寿。后移居，子孙辄残折。他人居其故宅，复累世寿。乃知是宅所为。不知何故。疑井水赤。乃掘井左右，得古人埋丹砂数十斛；丹汁入井，是以饮水而得寿。

释 意

临沅县有一户姓廖的人家，世世代代都长寿。后来，这家人移居别处，子孙的寿命缩短了。别的人家迁到廖家老宅居住，也是世代长寿。这才知道是这个宅院使人长寿，但不清楚具体原因。怀疑与井水是红色有关，于是挖掘井房左右两边，发现有古人埋藏的几十斛朱砂。朱砂经水浸湿的汁液渗入井里，所以饮用这口井水的人就能长寿。

这个易案如果简简单单地看到朱砂就取象丁巳是不对的。我也曾经考虑到丁巳为朱砂，也考虑水风井和水泽节卦，但其爻象和象意也是不对的。因为水风井初爻为井（初爻为井，二爻为宅，三四爻为门户，五爻为道路，六爻为太庙），但都和应爻之间的关系不和谐：水风井（震宫）五爻戊戌持世，初爻和四爻辛丑戊申，分别为壁上土和大驿土，是财爻和鬼爻相应，那这个井肯定是不好；水泽节卦（坎宫）也是丁巳沙中土持世，是财爻与父母爻戊申相应，财来克父，家里人怎么可能长寿呢？水泽节卦子孙爻丁卯生井爻丁巳泄气，又与鬼爻戊戌相应，这都不是长寿的特征，所以这个路走不通了，这个古易案故事就引发了我更多的思考。

63　易案　三柱预测皆应验，井象伏藏在酉中

既然这种探研思路不通，那么我们就要求变。我的易案记录了好多本，有的是很精彩的八字易案，有的是金口诀的，还有奇门遁甲的，翻来翻去就翻到了一个我前阶段为雷宝博士测生辰八字的易案，其中就涉及了井的问题。

这个易案是通过他的出生年、月、日转换成三柱：己酉、己巳、辛丑，测其家正南方向有口井，距离70米左右，有一个女的疯了，得了精神病。他说这个井已经存在很多年了，确实有一个年轻的女的疯了，大约距离井70多米。这个井就在路边，是生产队留下的，边上还有一大堆马牛的饮水槽，而且开粉房的也用这个井。后来我又判断出在西南方向有个小孩淹死了。他说是一个姓范的小孩，大约十六七岁淹死了。

我们以往的探研模式都是先解析古典小说，然后再根据解析古典小说得出的结论，去对接研究现实生活中的事情。这次我们是从实践到书本。

三柱预测象意解析

我们先解析一下雷宝博士这个八字易案。己酉、己巳、辛丑，这里面有一个巳酉丑三合金局，己酉就显得非常突出，也比较旺，当时就想到酉的十二辟卦风地观。风地观四爻辛未持世应初爻乙未，都是父母爻，我们前面讲过未在天为井宿，在地为井。

为什么判断他家正南方向有井？因为三合局合成的己酉，纳甲在离宫，酉中有双未，己酉又特别突出，特别旺，所以在正南方向必然有井。有井就有水，离宫水就是鬼爻己亥，己亥在离宫下互卦巽中，平地木见巽可以为兄弟，为兄弟临鬼，巽为风，又是鬼爻临风。巽为女，主神经，鬼爻为病，所以有女的得精神病。离卦为二七火，按照常理判断是离井70米左右。从另一个角度讲，己亥与己巳相应，巳为头为风，大林木主神经，也是女的得了精神病之征。

通过以上分析得出的结论之一，就是井在酉中，这就是十二辟卦与其他不同的地方。《黄金策》讲“动静阴阳，反复迁变”，但我们现在大部分人研究易经，就只看到阳，看不到阴，只围绕着看得见的干支，围绕着日元搞衰旺取用神，还有什么天干化与不化的很多条条框框，肯定是不行的，我们既要看到阳，更要看到阴。

西南方向有小孩被水淹死了，是从十二辟卦推断出来的结论。前面讲过己酉有未为井，井中有水为己亥鬼爻，亥为坤为子孙癸酉持世，癸酉见己酉为酉，酉相刑，剑锋金再见金，相当于两把剑碰到一起去了，锋芒就会有所损害。这就是子孙临鬼又见水，为水鬼，所以西南有小孩淹死了。这个小孩还姓范，带水字旁，姓中就带水鬼的特征。

触类旁通辟卦酉，火天大有《丹砂井》

基于上个易案探研的结论，再来看一看《丹砂井》。我们知道了己酉可以为井，而老宅子的象意，一个是坤卦，另一个是乾卦，井让子孙长寿，就可以定位乾卦，初爻甲子为子孙，这样己酉和甲子相应，就建立起了一种关系，在卦象上则为火天大有卦。

我们再看一看爻象之间的关系。己酉中有两个未，辛未与乙未，都在离宫为井，乙未为沙中金，在离宫为红色，这两个未都在一个爻中，辛未为左，乙未在右，所以在挖掘的时候，左右都有丹砂。己酉与甲子相应，为兄弟生子孙，井水也就变成了红色。子孙为兄弟所生，也主子孙长寿之征。

火天大有卦五爻己未为井宿，与宅爻甲寅相应，这个就是井宿照命！然后甲子子孙又生宅爻，整体来看就构成了一个因为井水而长寿的格局！

后来这家人搬走了，就不再长寿了。我们研究象意，一定要跟现实紧密相连才能应验。从象意上来说，搬走就是宅爻甲寅动，火天大有卦就变为纯离卦离为火，火天大有的井爻甲子，就化为父母爻己卯，来克离宫的子孙爻己未和己丑，也就是父母爻临井位，来克宅爻也克子孙爻，所以子孙就不长寿了。

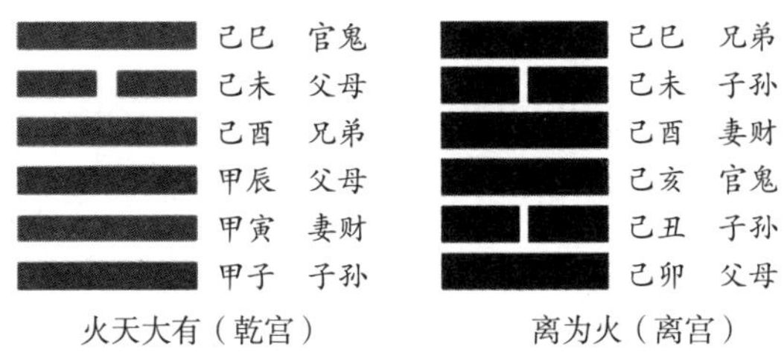

火天大有（乾宫）　　离为火（离宫）

这个易案解析到这里，实际连风水都涉及了：不论生活在天南地北，也不论是豪宅还是民居，井水要有问题的话，这个住宅就有问题。而火天大有卦为井临子孙生宅爻，所以这家的风水就比较好，不单老人长寿、子孙也长寿，而且还旺财。相反，离为火则父母爻克宅爻和子孙，就是短寿之征。

本易案启示

1. 火天大有卦主井水好，家中人长寿之征。具体来讲，就是己酉见甲子，主有长寿之人，这个结论也可以在八字中运用；

2. 己酉见己卯，为有晚辈早亡之人。离卦中己酉见己卯是财来克父母，所以有早亡之人；

3. 火天大有变离卦，甲寅见己丑，一是主有年轻女子流产，二是家里进盗贼或失物。丑寅相见，寅就是财变鬼爻来克子孙，也是风水不好，就会出现以上两种情况。反过来，子孙要是见甲寅，为子孙临鬼，甲寅财爻见子孙，也变成鬼爻，把甲寅大溪水的象意加进去，就是住宅里的水临鬼，说明财源出问题，水源也出问题了；

4. 甲辰见己亥，是父母化鬼，有长辈不长寿之征；

5. 己未见甲子，为井宿照命，主家中风水好，有长寿之征。

八字中要是出现己未见甲子，或者大运流年出现，也都主家中风水比较好，有长寿之征。

实际上酉为井的象意，在本书《鸡井》的易案中有过解析，但是我们不仅仅是为了解析一个易案，更主要的是研究问题的解决办法，所以在本易案中，还是还原了当初探研这个易案的真实过程，想必这样对易友更有价值和意义。

64 易案 “白菜汤”微信头像，喻其父寸步难行

这个易案我在朋友圈和新浪网上都发过，也有截图，易友有兴趣可以去看看。

一位网名叫“白菜汤”的易友，微信问我能不能为其父亲测一卦。我感觉这个“白菜汤”的网名挺亲切也挺有意思。就按照“白菜汤”为其预测了三点：

1. 目前其父疾病缠身或者走失。反馈说是疾病缠身；

2. 如果疾病缠身，那么现在腿脚已经不能动，走不了了。反馈是；

3. 如果不能走了，那是脑神经系统出现问题。反馈是脑神经出问题。

我又判断其父此月可能不太好。后来给我反馈，父亲现在已经不能正常吃饭，只能维持了。

本易案解析

这个判断的切入点就是白菜。白菜放在头像上，问的是父亲，所以就想到了壬戌乾宫父母爻。白菜是地里长出来的菜，白

菜汤是吃的，乙卯为坤为地，为草木纳音大溪水，与癸酉金相应为金为白，可以为白菜。而白菜汤就是乙卯化丙申，为艮宫子孙爻主吃的，所以乙卯见丙申也主吃的饭菜中有白菜汤。

而壬戌要是能见乙卯，那就意味着壬戌化为癸酉，也就是乾上卦变为兑卦，兑为缺，为父亲头脑有缺。2018年求测戊戌太岁又是坎宫鬼爻，壬戌见戊戌为父亲临鬼，就是父亲病了的象意。壬戌又化为癸酉，应乙卯为震为足，白菜成汤了，那就是腿脚不行，走不了路了。

我发朋友圈那天是9月9日，还在辛酉月，与辛卯相应。辛卯也是乙卯，乙卯之中也有辛卯的象意，辛卯为乙卯也是鬼爻，辛卯为风；同理癸酉也与辛酉相应，癸酉也有辛酉的特征，所以也就有父亲临月令为鬼爻之象。

综上来看，就是风临鬼临头，巽又主神经，所以是父亲神经系统出了问题。癸酉见辛酉，就是子孙化鬼了。癸酉由壬戌父亲化来，又是子孙主吃的，所以其父不能正常吃饭了。

判断父亲为神经系统出问题或者是昏迷，还可以从这个角度分析：坤卦有云："君子有攸往，先迷而后得主，"实际上就是指癸酉应乙卯，这个时候就可以主昏迷、不能吃东西、不能走路等特征。

这个易案最有意思也是最精彩的，就是"白菜汤"这三个字与其父亲不能走路两个易象之间的关联。乙卯为震为足，足变成汤了，或者是腿浮肿，或者是腿腐烂了，那还能走吗？这一点对了，全案立刻贯穿起来，再将月令为巽为风的象意加入，逢戊戌太岁又为玄武临鬼，就精准地判断出其父亲的病症和状态。

第二十一章 《三国志·魏延传》梦头上生角易案探研与启示

65 梦头上生角 主身死灭三族

本易案选自《三国志·魏延传》，原文如下：

十二年，亮出北谷口，延为前锋。出亮营十里，延梦头上生角，以问占梦赵直，直诈延曰："夫麒麟有角而不用，此不战而贼欲自破之象也。"退而告人曰："角之为字，刀下用也；头上用刀，其凶甚矣。

释 意

建兴十二年（234年），诸葛亮出兵北谷口（陕西省宝鸡市眉县西南，褒斜谷北出口），以魏延为先锋。他距诸葛亮营地十里扎寨，晚上梦见自己头上生角，于是他问善占梦的赵直，赵直骗他说："麟麒有角但它不用角，这是不战敌人自破的征兆。"退下后他去告诉别人说："'角'这个字，刀下加用；头上用刀，这是很可怕的凶象！

本易案解析

针对梦境找出类象

学习过《梅花易数》的易友，都知道乾为头的类象，而角的类象可以为兑卦，按五音解则为木可为震卦、巽卦，还有一种可取之象，就是从乾卦本身来取象，即按纳甲法乾卦的五爻壬申为头，头上生角即壬申与二爻甲寅相应，则甲寅动变为天火同人卦，总之，在取象的时候会出现很多可选的象意，看着好像都合乎情理，但究竟取哪一组象意才是探研的关键点？还需仔细研究一下才行。

依据史实　确定象意

据史料所载，魏延梦到头上生角后，在当年的秋后被杀且灭三族，细节是诸葛亮死后魏延与杨仪争权，被马岱所杀，此梦是在距大本营十里的地方做的。

按照上述这些已知内容来筛选象意：一是按角为兑卦，头为乾卦来论，则为泽天夬卦，五爻丁酉子孙持世应爻甲寅，公元234年太岁为甲寅，秋天为壬申、癸酉月，旺金来克太岁甲寅鬼爻，太岁临甲寅生二爻乙巳父母爻而克丁酉，而乙巳得甲寅生，甲寅木为杨与丁酉金相应酉金为仪之象，为杨仪派马岱斩杀魏延之象。巳为马，甲寅木应丁酉金为仁而带戈为代之象，又因在坤宫为牛为丑见寅为山为岱之象，而丁酉为子孙应鬼爻甲寅为兑宫为女，木主三八，丁酉很形象是女鬼八千为魏字之象，丁酉之五爻为道路为子孙为前锋之象，酉按地支顺序数为十，与二爻甲寅宅爻即军中大营相距十里之象，丁酉临甲寅岁壬申癸酉金旺之月，应宅爻甲寅鬼，甲寅为太岁为以下犯上谋反之象，寅为宅爻数为三，为身死灭三族之象；二是按五音角为木来类象，虽说可以为震和巽，但因巽木柔软之木故舍弃不用，当取震为角，头为乾这样就构成了雷天大壮卦，此卦为坤宫卦，四爻庚午父母爻持世，应爻甲子为财爻，五爻为庚申为子孙应二爻宅爻甲寅为鬼爻，此亦是子孙应鬼，时值秋季白虎应鬼来克宅亦为凶象，寅为太岁临鬼加之白虎入宅，寅申巳（二爻之伏神）三刑为身死之象，甲寅为宅数为三也为被灭三族之象；三是按乾宫卦直接取象壬申五爻为头应甲寅为宅为太岁，临壬申月宅爻被克也说得过去亦主凶灾之象。

综上所述，按角为兑卦，头为乾卦较为合理一些，所以在探研古易案时，应当多做象意的比较和分析，这样才能在六亲的象意中确定易理比较充分的象意，如此研究才具有现实应用意义。

本易案启示

1. 凡与动物角有关的象意可以用兑卦来类象；
2. 泽天夬卦，当丁酉临太岁时主家中有人去世；
3. 夬卦当二爻甲寅木旺之时逢流年火旺时主损财；
4. 夬卦当丁酉为流月时亦主伤手；
5. 用文字解梦虽然便捷，但不如用纳甲法理论充分。

66 易案 《风火家人》卦主罢官自杀

此易案选自《三国志·杨仪传》，原文如下：

杨仪字威公，襄阳人也。建安中，为荆州刺史傅群主薄，背群而诣襄阳太守关羽。羽命为功曹，遣奉使西诣先主。先主与语论军国计策，政治得失，大悦之，因辟为左将军兵曹掾。及先主为汉中王，拔仪为尚书。先主称尊号，东征吴，仪与尚书令刘巴不睦，左迁遥署弘农太守。建兴三年，丞相亮以为参军，署府事，将南行。五年，随亮汉中。八年，迁长史，加绥军将军。亮数出军，仪常规画分部，筹度粮谷，不稽思虑，斯须便了。军戎节度，取办于仪。亮深惜仪之才干，凭魏延之骁勇，常恨二人之不平，不忍有所偏废也。十二年，随亮出屯谷口。亮卒于敌场。仪既领军还，又诛讨延，自以为功勋至大，宜当代亮秉政，呼都尉赵正以《周易》筮之，卦得《家人》，默然不悦。而亮平生密指，以仪性狷狭，意在蒋琬，琬遂为尚书令、益州刺史。仪至，拜为中军师，无所统领，从容而已。

初，仪为先主尚书，琬为尚郎，后虽俱为丞相参军长史，仪每从行，当其劳剧，自为年宦先琬，才能逾之，于是怨愤形于声色，叹咤之音发于五内。时人畏其言语不节，莫敢从也，惟后军师费祎往慰省之。仪对祎恨望，前后云云，又语祎曰："往者丞相亡没之际，吾若举军以就魏氏，处世宁当落度如此邪！令人追悔不可复及。"祎密表其言。十三年，废仪为民，徙汉嘉郡。仪至徙所，复上书诽谤，辞指激切，遂下郡收仪。仪自杀，其妻子还蜀。

释 意

杨仪，字威公，襄阳人。建安年间，他为荆州刺史傅群的主簿，背离傅群前往投奔襄阳太守关羽。关羽任命他为功曹，派他为信使西行去见刘备。刘备与他谈起国家军事大计，议论政治得失，非常喜欢他，于是征召他为左将军兵曹掾。及至刘备为汉中王，又升任杨仪为尚书。刘备称帝后，东征东吴，杨仪与尚书令刘巴不和，便被改任遥领弘农太守。建兴三年(225)，丞相诸葛亮任用他为参军，代行相府事宜，准备南行。建兴五年(227)，杨仪跟随诸葛亮到汉中。建兴八年(230)，杨仪被升为长史，加绥军将军。诸葛亮多次出军，杨仪总是帮他制订规划，筹措粮草，做事不用过多地考虑，很快就利索地处理完毕。军中礼节制度，都由杨仪安排和检查。诸葛亮深为爱惜杨仪的才干，借助魏延的骁勇，常恨二人不能很好相处，但又不忍心偏废他们任何一方。建兴十二年(234)，杨仪跟随诸葛亮出军屯扎谷口。诸葛亮病逝于沙场。杨仪既率领部队退回，又讨伐诛杀魏延，自以为功劳特大，理当接替诸葛亮执掌朝政，于是招呼都尉赵正用《周易》卜筮，卦为“家人”，杨仪沉默不欢。而诸葛亮生前已有密奏，认为杨仪性情急躁狭隘，有意让蒋琬担当重任，蒋琬于是为尚书令、益州刺史。杨仪到京城后，被任命为中军师，没有部属，只是自己便宜行事而已。

起初，杨仪任先主手下的尚书，蒋琬为尚书郎，后来虽然都任丞相参军长史。杨仪每次随行，承担军中繁重的工作，自认为比蒋琬资历老，才能超过蒋琬，于是声色之间经常流露出怨愤表情，斥责他人叹息自己的言语发自内心。当时人家都畏惧他出言不逊，不敢与他交往，只有后军师费祎前往慰劳看望他。杨仪对费祎表示自己的怨恨愤怒，说了许多以前的事，还对费祎说：“以前丞相去世时，我如果举兵前就魏氏，今日处世怎会落魄到这种田地呢！真是令人追悔莫及。”费祎便秘密地将这些话向上奏报。建兴十三年(235)，杨仪被废为平民，流放到汉嘉郡。杨仪到了流放地，再次上书诽谤，语气措辞激烈，于是朝廷派人下到郡中捉拿他。杨仪自杀，他的妻儿老小回到蜀地。

本易案解析

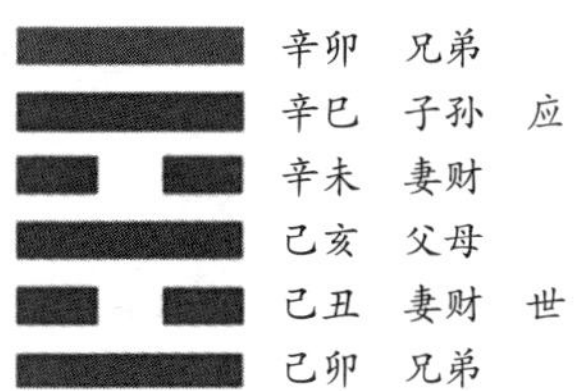

家人卦为巽宫卦，二爻妻财己丑持世得五爻子孙辛巳相应相生，为利女之象，故有家人利女贞之说，杨仪占测官运，官鬼爻伏在三爻之下，不上卦，不利于求官故杨仪黯然不悦。

因言贬官

杨仪由于恃才傲物，与同僚搞不好关系，善于用人的诸葛亮早就看明白了杨仪和魏延的能力和为人，同时也看好了蒋琬，因此在去世前就安排好了蒋琬接替自己的程序，这样在诸葛亮去世后，杨仪虽诛魏延有功，但没得到重用落了个闲职也是在情理之中，而找赵正得个《风火家人》卦，卦中的象意也完全符合杨仪的现状，即家人卦官鬼爻不上卦伏在三爻己亥父母爻下，为位卑言轻之象。由此，可以看出此卦杨仪的取象不应是世爻己丑，应该以官鬼爻辛酉为杨仪才是合理的选择：一是辛酉纳音石榴木应辛卯木为木字旁为杨；二是辛酉为金主义又有木的意义为仁，将仁与义合二为一则为仪字；三是辛酉为兑宫之藏干支为兑为口为言说，而三爻已亥之亥水为辛酉所生为杨仪的言论，而亥水又正好冲克五爻君位，而酉中的十二辟卦官鬼爻为辛巳和乙巳，正好被己亥所克伤，故杨仪被贬官，也是完全符合风火家人的卦理的。

因言亡身

巽卦主双，而辛酉在兑亦主双，加之辛酉又生二爻伏神辛亥来冲五爻辛巳，而辛亥被二爻己丑得辛巳生来克为杨仪的言论触怒了当时蜀国中央政权，故辛巳与己丑来合伏神辛酉，正好构成巳酉丑三合局，构成了杨仪身死的象意。这里面有个细节，就是告发杨仪妄议中央的人叫费祎，而费字是上下结构的字，下半部为贝字，而贝字正符合丑为艮为山和离卦主贝壳的象意，正好是已丑土克伏神辛亥完全符合易理，这样就构成由五爻辛巳生己丑来邀合伏神辛酉鬼爻，辛酉鬼爻一旺为杨仪身死之象，由于酉与亥为自刑故为自杀之象，又因在巽宫类象主绳索为上吊自杀之征。

本易案启示

1.由此段史实可知为官之道最忌恃才傲物搞不好同僚关系；

2.六爻中取用爻，可以依据实际情况并非固定的看世应爻，不上卦的伏神也可以做为研究的主要对象，如本例中风火家人卦的伏神官鬼爻辛酉；

3.酉亥相刑的原理就是按辟卦本为风地观二五爻皆为鬼，而亥水冲之，又因为酉金又生亥，所以问题是出在自己的言行之中，所以叫自刑。

67 邓艾灭蜀

据《三国志》载，邓艾小时候失去父亲，为农户放养过牲畜，12岁时随母去颍川，见到已故的太丘长陈寔碑文，阅读到“文为世范，行为世则”之句，甚为感慨，后发奋读书得到了一位本郡小吏父亲的同情，常常给他资助。每遇高山大泽时，邓艾总是观测度量，指点谋化如何依借各种地势屯兵、扎营，等等，他的举动引起了当时许多人的嘲笑。在邓艾作典农纲纪、上计吏时，因公事被派遣入朝，谒见太尉司马宣王司马懿时得到赏识，破格授之为掾，后又提升他为尚书郎。

公元249年邓艾随军西征，升任为南安太守，他与征西将军郭淮共同抗拒西蜀国偏将军姜维。双方相持久攻不下，邓艾上奏建议，走阴平小路，经数百里险要小道，到达江油关，蜀汉守将马邈开关投降。邓艾军长驱南下，攻克绵竹，直抵成都。蜀后主刘禅投降，灭了蜀国。

由于邓艾与钟会、师纂等人有仇隙，被举告叛逆不轨，朝廷降诏，命令邓艾下狱，后邓艾连同他的儿子邓忠一起被杀，邓艾其余在洛阳的儿子也全部被杀，其妻及孙子都被流放到西域。

本易案选自《三国志·邓艾传》原文如下：

初，艾当伐蜀，梦坐山上而有流水，以问珍虏护军爰邵。邵曰：“按《易》卦，山上有水曰《蹇》。《蹇》繇曰：‘《蹇》利西南，不利东北。’孔子曰：‘蹇利西南，往有功也，不利东北，其道穷也。’往必克蜀。殆不还乎！”艾怃然不乐。

释　意

当初，在邓艾将要征讨蜀国之时，他曾梦见自己坐在山上，而山上有流水，他便将此梦境询问殄虏护军爰邵，爰邵说：“按照《易经》卦象解释，山上有水曰：‘蹇’，蹇字卦辞曰：‘蹇利于西南，而不利东北。’孔子曰：‘蹇利于西南，前去则可以建功；不利于东北，则逢绝路。’今去伐蜀，必胜。然而却不能归还了。”邓艾听后，内心沮丧而闷闷不乐。

本易案解析

兄弟旺相主阻隔

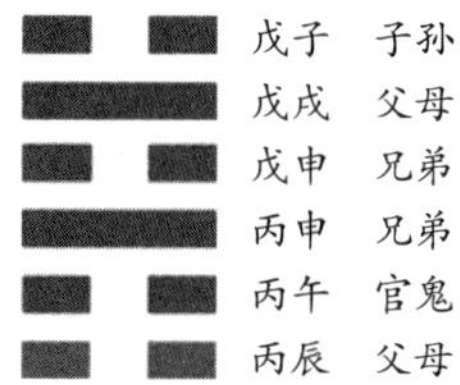

《蹇》卦《彖》曰：“蹇，难也，险在前也。”许多易学书上都把这句彖辞理解为上卦为坎，坎的类象为险，又因在上卦所以说险在前，如果按这个思路再解释其他爻辞时，又不能自圆其说，所以这样理解彖辞、爻辞、象辞是行不通的。

按纳甲法理解蹇卦的彖辞就比较容易理解，因蹇卦为兑宫卦，世爻在四爻戊申为兄弟，三爻丙申亦为兄弟爻，又得五爻戊戌和应爻丙辰父母爻相生为兄弟爻十分相旺，兄弟爻主争夺研究过六爻的都知道，既然兄弟爻旺，说明干什么事难度都很大，所以彖辞曰："蹇难也"，如果兄弟爻特别旺如蹇卦，说明竞争非常激烈，按照逻辑关系就会发生危险的事情。故言："险在前也。"

五爻生世平步青云

在周易的六个爻中，五爻象征着君位，如逢五爻生世爻则可以平步青云。蹇卦四爻戊申兄弟持世，得五爻戊戌父母爻相生为"往有功"之象。五爻戊戌为君位也是大人之位，生四爻戊申故彖辞曰："利见大人"，所以邓艾从阴平小道进入西蜀成都的策略按卦理也是能成功的，所以此卦意味着邓艾将得到封赏。

利西南，不利东北

在三国时期，曹魏的首都在洛阳，西蜀的都城在成都。邓艾与蜀军交战正好是由东北方向去西南，而依邓艾的梦境，所得的蹇卦的彖辞中有："利西南，往有功也，不利东北，其道穷也。"但是在卦中都没有坤卦西南的象意，如将世爻戊申的申做西南方位的判断显然也是不合理的，因丙申的申与戊申的申都是一个申，不能说去西南就吉，东北就道穷。因此，象意的着眼点不应放在爻象的地支上，也不应放在上下卦和互卦上，应当放弃惯性思维所产生的象意，从实际出发，确立蹇卦的取象着眼点，这样就能让一个毫无生气的卦象鲜活起来。

从蹇卦为兑宫卦，兄弟爻得生而旺的角度看，兄弟爻则可动变，即由丙申动化为水地比卦，为坤宫卦，为乙卯鬼爻持世得财爻戊子相生，五爻戊戌兄弟相合，故利见大人，利西南也，那么不利东北也就一目了然了。从蹇卦上看，二爻为宅在艮宫为东北为兄弟爻丙申被二爻丙午宅爻临鬼而克，故不利东北，其道穷也。二五爻为道路，从蹇卦看兄弟动则为去西南建功立业，回则被丙午鬼爻相克，所以不利东北。

由蹇卦的卦中旺衰产生的动爻变化，一下就能想到坤卦象辞中有："西南得朋，乃占类行。东北丧朋，乃终有庆。"其原理是坤卦为土，世爻癸酉子孙得旺土卦宫来生，则必然卦气会冲动应爻乙卯，故变为地山谦卦，再从谦卦观之，二爻丙午在兑宫为鬼，而这个鬼又在艮宫故言东北丧朋，而上六爻由坤之子孙癸酉到谦卦中则变为了兄弟，故言西南得朋，因为这个朋在坤宫，可知"西南得朋，东北丧朋"是由坤宫的静态卦，变为动态卦而产生的象意。如果单纯地从坤卦去看，则东北丧朋之象则无从谈起。

父子同爻，化鬼身亡

由上所述，可知观察卦象中的玄机，不但要静态地观，而且还要动态地看，如蹇卦由于卦中兄弟爻旺，而邓艾也是父子从东北的洛阳去的成都，依据实际情况，则是蹇卦的三爻丙申兄弟爻动化水地比，则丙申兄弟也是艮宫的子孙爻即代表邓艾也为邓艾的儿子邓忠，动化坤宫乙卯鬼爻，得戊子生为在西南方向建功立业之象，但同时化为鬼爻亦为最终同死之象。

本易案启示

1.卦象既要静态地观，又要动态地看；

2.要依据实际情况，找准动爻，大胆设想小心求证，才能使象意鲜活丰富起来。

68 管辂占风

在《三国志·管辂传》中，有一易案是管辂占风的，此易案也是该传记中唯一有解的案例。我正是从此易案中“辂曰：其日乙卯，则长子之候也”，感悟到了“干支易象”这四个字，同时也是我提出干支易象学的缘起。因为乙卯为震卦中所包含的干支即东方甲乙卯木，每个卦宫卦都有所包含的干支如西方庚辛酉金都在兑卦中，南方丙午丁火在离宫，北方壬子癸水在坎卦中，东南为巽卦包含辰巳二支，西南为坤卦含申未，东北为艮卦含寅丑，西北为乾卦含戌亥二支，研究过梅花易和命理的都知道这些基本内容，但用干支来取落宫的象意，在流传下来的象数易学著作中都极少见到，即便有也不是占主流，作为汉代易学大家的管辂，能够旗帜鲜明地运用干支而取易卦之象，难道不值得举一反三地研究吗？因此，此例极具研究价值。

《三国志·管辂传》占风易案原文：

辂至列人典农王弘直许，有飘风高三尺余，从申上来，在庭中幢幢回转，息以复起，良久乃止。直以问辂，辂曰：“东方当有马吏至，恐父哭子，如何！”明日胶东吏到，直子果亡。直问其故，辂曰：“其日乙卯，则长子之候也。木落于申，斗建申，申破寅，死丧之候也。日加午而风发，则马之候也。离为文章，则吏之候也。申未为虎，虎为大人，则父之候也。”

释 意

管辂到列人县（今河北肥乡县东北）典农（汉代官名，掌屯田事务）王弘直的住所，有三尺多高的飘风，竖着升上来，在厅堂中晃晃悠悠地回旋，平息下来又回旋起来，良久才停下来。王弘直拿这个情况请教管辂，管辂说："东方一定会有骑马的官吏到这里，恐怕是父亲要为儿子哭丧，如何！"第二天胶东吏到了这里，王弘直的儿子果然死了。王弘直问他原因，管辂说："那天是乙卯日，是关于长子的征候，木落于申处，斗建申，申破寅，这是死丧的征候。日到中午而起风，这是马的征候。离为文章，这是官吏的征候。申未为虎，虎为大人，这是父亲的征候。"

象物合一

管辂之所以能够占断应验如神，一个很大的原因就在于运用卦象上、爻象上能够做到象与物合一，即充分地挖掘已知条件，让所取的卦象、爻象与已知条件合二为一，只有在这个时候，卦象、爻象才能准确地如影附形般地反映事物发展的规律。

此例的已知条件是"有飘风高三尺余，从申上来，在庭中幢幢回转，息以复起，良久乃止"。这就需要研究风与申的关系，如再进一步研究就应考虑更为细节的问题，就是"三尺高的风，在庭中回转，息以复起"等要与所起的卦象、爻象的象意相吻合时，才能去研究下一步推理的问题。

此易案最显著的信息是申位上起风，因此当从申字上入手才符合事实。风在测天时的爻象中为兄弟爻，庭中即厅堂，按六爻的爻位划分一般在二爻，回转多取乾象为圆，"息以复起，良久乃止"，此为怪异之象，可以用螣蛇临鬼来表述此种现象，唯独还要确定的是三尺高的飘风象意，这些象意明确后，就需要在申字上找这些内容。

那么这个申字怎样才能体现这些内容呢？直观的想法是申为坤宫，即取坤卦纳甲法，再寻兄弟爻，发现坤卦的六爻纳甲后的六亲很难与上述已知的象意吻合；此外，还会想到申在艮为丙申与坤卦西南组合；申在震卦为庚申与坤卦西南方位组合；申在坎卦为戊申与坤卦组合；申在乾宫壬申与坤卦组合，还有直接取庚申震卦的鬼爻与庚寅相应为鬼临兄弟，二爻为宅为庭中有飘风之象，寅为三为三尺，但回转和息而复起的象意怎么也出不来，再经过多方比较，发现天地否卦与易案的已知信息较为吻合，而天地否卦又恰是申的辟卦。现将天地否卦的六爻纳甲信息与已知现象信息进行比对：一是天地否卦五爻为壬申为兄弟爻为风与二爻乙巳为宅爻相应，为从申位上有飘风在庭中回转，因乙巳之巳为乾的辟卦，乾为圆为回转之象，乙巳为鬼应爻壬申为风为回转飘风之象；二是乙巳为螣蛇又为鬼爻为怪异之象，应爻为壬申为乾为动，乙巳为坤为静为止，故庭中的飘风息以复起之象；三是天地否卦二爻乙巳下的伏神为甲寅，寅为三数来生乙巳应壬申为三尺高的飘风之象。最关键的一点是看管辂的解析时，管先生将当天日时的干支加入了其中参断，当天的干支为乙卯则时辰为壬午，而壬午为乾卦的四爻，乙卯为坤卦的三爻，将两者组合为卦象，亦是天地否卦，因此，把天地否卦作为研究此易案的依据，应该是较为合乎情理的。

动观玄机

管辂的易案，并非简单地将一些已知的象意全部附会上卦象、爻象就能识破此中玄机的，因为从管先生的解析中，又涉及了离卦，未申为虎，虎为大人，申破寅，死丧之候等知识点，如还按天地否卦去研究这些知识点，显然思维节奏又跟不上了。换句话说，从天地否卦中又很难解释“未申为虎，虎为大人”，仅这一句前面的所有构思一下全部崩塌，因为在天地否卦中无论如何也找不到未申为虎，即便是把壬申与甲寅相应，可以找到虎的信息，但未土怎么可能与申联系在一起称虎，后为大人，为父之候呢？

联系易案的解析和申位上来的三尺飘风，再仔细看天地否卦时，想到风是动的这个实际，就在本为静卦的天地否中，看出了动爻，即五爻壬申兄弟发动，否卦变为晋卦。

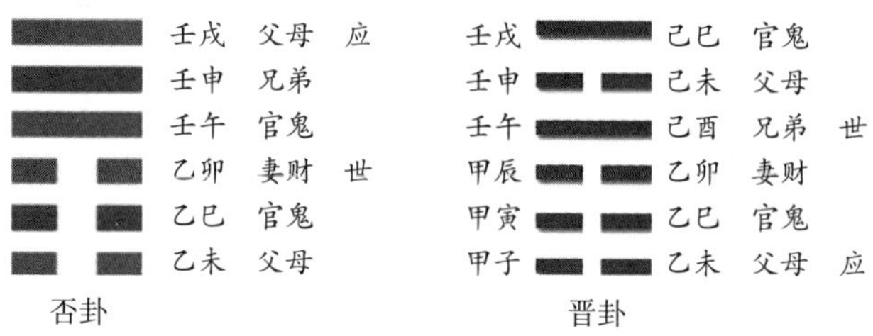

否卦　　晋卦

从晋卦的世应爻看，为酉金被壬午伏神克制，三爻乙卯又冲四爻己酉，故酉金生不到应爻乙未的伏神甲子，再从晋卦的整体来看官鬼爻比较旺，父母爻未土亦比较旺为甲子子孙爻被克为损子孙之征。卯酉为门户，世爻己酉冲卯木，且己酉下伏壬午，午为马，在离宫为文章，为鬼爻为官吏之候，又因乙卯日壬午时发风，故东方当有马吏至，马、吏均为官鬼，从东方来为木火两旺生助父母爻乙未而克子孙爻甲子之象，故当有此克应出现时，则家有丧子之征，又因当时是申月，故申金较旺，正好克晋卦二爻鬼爻之伏神甲寅，为白虎临鬼之象，所以管辂先生才说：“木落于申，斗建于申，申破寅，死丧之候也。”这段话的本质在于申的辟卦二爻为乙巳鬼，寅的辟卦二爻为甲寅，加上晋卦的二爻乙巳鬼爻，则乙巳鬼爻十分旺相在宅爻为家中有人死去之象。管辂先生的解析中还有一段："申未为虎，虎为大人，则父之候也。"此段完全是由占风而产生的动态卦象才出现的象意，如单纯地从否卦来论，则很难理解管先生的这一段说法。

当想到风为动的时候，则由否卦变为晋卦，此时就可以看到五爻父母爻已未下的伏神为壬申与伏神甲寅相应，取寅为虎的象意，故言申未为虎，又因在五爻为大人，又为父母爻故为父之候也。

干支易象

通过动态的卦象晋的爻象，判断家中有人死，进一步地推出为父亲哭儿子，最难的是推断出是长子要死之，这一点是闪光之点。

管辂先生的易案，每一个都是非常的深奥，都能体现他用功之勤天赋之高，特别是此例他把当天的乙卯日和壬午时全部都用上了，而且乙卯也正是申的辟卦天地否的持世之爻，在主卦变卦中都是乙卯临门而生乙巳鬼爻，从日时来看也是乙卯、壬午相连，在变卦晋中壬午为官鬼，如按干支的落宫来论，乙卯为震宫，类象为长子，为长子临鬼化鬼之象，故判断为长子死亡。

综合多方象意，管辂先生灵感与理论完美地结合，运用了干支落宫的象意，即用乙卯取震宫长子的类象，可以说是精妙绝伦。

本易案启示：

1.研究生活中的现象或破解古易案，需要多方考虑，既要静态地观也要动态地看，特别是发现动爻；

2.要善于运用干支来体现易象，如乙卯为长子之类的运用，要学会举一反三。

附文：

管辂筮王基家宅风水易案探研

——《三国志·魏书·方技传》管辂易案系列研究

引　言

三国时期的管辂对《周易》象数应用相当精通，他一生为人筮，多有奇中。关于他的研易用易在《三国志》《三国演义》《搜神记》《太平广记》等书中均有记载，对于管辂应验如神的易案，也引起了广大易学爱好者的关注，近些年来，探讨和研究管辂的成果也不断涌现。如詹石窗教授在其著《易学与道教思想关系研究》一书中就对管辂易案进行了探讨，还有高峰在《玄学十日谈》中也对管辂的易学思想进行了系统的归纳总结，但都苦于管辂易没有解析，无法从象数的角度进行探研，从现存资料看，只有民国时期尚秉和在《周易尚氏学》中对管辂传中的几个易案运用易象进行推理、类比，从而加深了我们对管辂易案的认识和理解，为探研管辂的神奇易案提供了有益思路，笔者特选《三国志·魏书·方技传·管辂传》中管辂筮王基家宅风水的易案进行推理解析，以期探求管辂研易、用易的脉络之思。

一、管辂筮王基家宅易案的文本比较

据《三国志·魏书·方技传》载：时信都令家妇女惊恐，更互疾病，使辂筮之。辂曰："君北堂西头，有两死男子，一男持矛，一男持弓箭，头在壁内，脚在壁外。持矛者主刺头，故头重痛不得举也。持弓箭者主射肫腹，故心中县（悬）痛不得饮食也。昼则浮游。夜来病人，故使惊恐也。"同样这则故事，在裴松之注引《管辂别传》中就更为翔实了。《辂别传》曰："王基遣信都令迁掘其室中，入地八尺，果得二棺，一棺中有矛，一棺中有角弓及箭，箭久远，木皆消烂，但有铁及角完耳。及徙骸骨，去城一十里埋之，无复疾病。"从两个文本比较来看，《管辂别传》较之《三国志·魏书·方技传》更为翔实些，较完整地记录了管辂易占过程，对于我们全面理解分析管辂这个易案，大有益处。

二、管辂筮王基家宅易案所应用的象数方法探研

从《三国志·魏书·方技传》和裴松之注的《管辂别传》来看，管辂易占的方法主要还是周易象数易中六爻纳甲法，据《管辂别传》载："辰（管辂弟弟管辰）叙曰：'夫晋魏之士，见辂道术神妙，占侯无错，以为有隐书及象甲之数。辰每观辂书传，惟有《易林》《风角》及《鸟鸣》《仰观星书》三十余卷，世所共有。然辂独在少府官舍，无家人子弟随之，其亡没之际，好奇不哀丧者，盗辂书，惟余《易林》《风角》及《鸟鸣书》还耳。'"从记载中可以看出管辂学习的资料与当时学易的人是相同的，而他的易占精微神断，确是让人望尘莫及的。这其中的原因只有管辂自己清楚。但从研究的角度来看，管辂此易案的分析和判断方

法，应该离不开当时已经非常成熟的焦延寿和京房的六爻纳甲体系，具体在应用理论上可能有所创新发展。

（一）管辂易源出《焦氏易林》并有所创新和发展

通观《三国志·魏书·方技传》管辂有几个易案的断语都与焦延寿的《焦氏易林》文风、形式十分相似，如“馆陶令诸葛原，迁新兴太守，辂往祖饯之，宾客并会。原自起取燕卵、蜂窠、蜘蛛着器中，使射覆。卦成，辂曰：‘第一物，含气须变，依乎宇堂，雄雌以形，翅翼舒张，此燕卵也。第二物，家室倒悬，门户众多，藏精育毒，得秋乃化，此蜂窠也。第三物，觳觫长足，吐丝成罗，寻网求食，利在昏夜，此蜘蛛也。’”又如“平原太守刘邠取印囊及山鸡毛著器中，使筮。辂曰：‘内方外圆，五色成文，含宝守信，出则有章，此印囊也。高岳岩岩，有鸟朱身，羽翼玄黄，鸣不失晨，此山鸡毛也。’”《焦氏易林》对每个卦象的系辞亦是如此，如《坤》之《颐》辞曰：“自卫反鲁，时不可与。冰炭异室，仁道隔塞。”又如《坤》之《离》辞曰：“齐鲁争言，战于龙门。构怨连祸，三世不安。”通过比较我们会发现，管辂已将《焦氏易林》的这种取象用象的思维紧密地与现实生活联系在一起，灵活地应用于日常事物的分析判断并且最终得出正确的结论。从比较中，我们看到了管辂易与焦氏易的血缘关系，再加之《管辂别传》记载管辂随身常看的书籍其中就有《易林》，但《易林》中并没有讲怎样将卦象运用于实占的介绍，而管辂却做到了这一点，因此，可以说管辂易一定是在《易林》的基础上对易象的理解和应用有所提升和拓展。

（二）管辂易与京房易是一脉相承的关系

京房易师承焦延寿，系统地将先秦至汉的象数应用思想，运用“八宫卦”“起月与建候”“纳干支说”“世应与飞伏”“六亲论”“五行说”“互体说”“占星说”“四象说”及“象之数说”等内容进行了总结概括，建立起京房易学体系，为象数易学的繁荣与发展竖起了一座丰碑。管辂生于建安十五年（210年），逝世于正元三年（256年）晚于京房（公元前77—37年）不到300年，京房的体系不可能不影响到管辂。

另外从《三国志·魏书·方技传》管辂实占的论述中也可看到京房易的痕迹。如“清河王经去官还家，辂与相见。经曰：‘近有一怪，大不喜之，欲烦作卦。’卦成，辂曰：‘爻吉，不为怪也，君夜在堂户前，有一流光如燕爵者，入君怀中，殷殷有声，内神不安，解衣彷徉，招呼妇人，觅索余光。’经大笑曰：‘实如君言’。辂曰：‘吉,迁官之征也，其应行至。’顷之，经为江夏太守。”这段文字中的“爻象吉”三字应指的是六画卦中的爻象，自先秦至两汉，有资料记载的运用卦爻预测的只有京房易出现的频率最高。在《左传》《国语》上的易案例都是纯粹的卦象类象及卦德的象意推理，很少见到爻象之说。

在《管辂别传》中还有辂又曰：“夫风以时动，爻以象应，时者神之驱使，象者时之形表，一时其道，不足为难。”“魏郡太守钟毓，清逸有才，难辂《易》二十馀事，自以为难之至精也。辂寻声投响，言无留滞。分张爻象，义皆殊妙。”明代罗贯中在其著《三国演义》中对管辂赞誉的诗中云：“八卦幽微通鬼窍，六爻玄奥究天庭。”种种资料表明管辂易占所用的方法应是京房的六爻纳甲法，不同的是管辂并不完全拘泥于现成的六爻预测，他不但不完全遵循现成的法则，而且《易》的爻辞管辂也是不治的。

《辂别传》曰：辂为何晏所请，果共论《易》九事，九事皆明。晏曰："君论阴阳，此世无双。"时邓飏与晏共坐，飏言："君见谓善《易》，而语初不及《易》中辞义，何故也？"辂寻声答之曰："夫善《易》者不论《易》也。"可见管辂所用的易象及爻象，是当时流行的京氏易，而不是《周易》文本中的卦象和爻象。

（三）管辂易是一种综合性较强的易学体系

纵观《三国志·魏书·方技传》可以看出，管辂的易学体系比较旁杂，不论是占断人的生死还是官运、风水、面相等都体现管辂易的旁杂而精深、灵活而飘逸、快速而准确。那么是什么样的一种易学实践思想在管辂的易占中起主导作用呢？

在《管辂别传》中有这样一段论述："辂乡里乃太原问辂：'君往者为王府君论怪，云老书佐为蛇，老铃下为乌，此本皆人，何化之微贱乎？为见於爻象，出君意乎？'辂言：'苟非性与天道，何由背爻象而任胸心者乎？夫万物之化，无有常形，人之变异，无有常体，或大为小，或小为大，固无优劣。夫万物之化，一例之道也。'"

此段文字讲出管辂对易的理解已近道的境界，并明确提出了"万物之化，一例道也"。但有个前提就是"苟非性与天道"，就是通过易象的学习和运用以及个人的修养，达到了像武侠小说中讲的"人剑合一"的境界，管辂是把自己的本性与天道融为一体，这时就可以把万事万物看成是一体的，也就是古人讲的天人合一的境界，当对易的理解达到这样境界时，就可以背离书本上的所谓爻象之说和《周易》原文中固定下来的爻理之说，而任凭自己主观上怎样想就可以怎样发挥了，在占断方法上也可以是灵活多变，不论是看风水还是命相都可以是触类旁通、一通百通了。因此，在具体占断上就可以万物皆备于我了，可以旁征博引，也可以任意取舍。从这个意义上讲，管辂用易应该是不拘一格的，运用什么样的技法都是有可能的。

《三国志·魏书·方技传》和《管辂别传》总的来讲，管辂易不外乎以下几个方面：一是单纯的卦象类比占断，如民国尚秉和在其著《尚氏易学》中破译管辂易案中所用的系统易象类比占断的方法，不加任何爻象，不用任何爻辞的方法；二是运用六爻纳甲法，并按世应六亲类比取象去占断；三是六爻纳甲法与卦象并用综合取象结合月、日、辰旺衰去分析判断；四是六爻纳甲法与纳音法相结合。

此种方法据笔者研究管辂易、焦氏易及京房易都有运用纳音与六爻纳甲法相结合的可能，理由是纳音在那个时代已经产生并被熟练地应用，据南京大学教授卢央考证："纳甲法出自京房，但上述之五音序列和五音数，京房似无提及。《抱朴子》言其出自《玉策记》及《开明经》，不仅五音数和排列次序，甚至其干支六属亦出自此二书。《抱朴子·内篇》《避览》所说道经诸书中有《玉策记》一卷。清惠栋《易汉学》引《抱朴子》曰，按《玉策记》及《开明经》皆周秦时书，京氏之说本焦氏，焦氏又得周秦以来先师之秘传，不始于汉也。"

现在再返回来说一下京氏纳甲的来源，如果假定《玉策记》和《开明经》是周秦时书，那么其中有五音六属及纳音法，而京房或其师焦赣可能从其中学习了这种方法，这是完全可能的。似乎不仅仅《玉策记》和《开明经》，第二章中我们已经讲了《汉书·艺文志》就有《古五子》十八篇，《古》八十篇的记录，这些书也都可能保留有五音六属及其类似的材料。（引自卢央著

《京氏易传解读》上册第350~352页）从所引卢央考证来看，五音六属之说可源溯到先秦，而对于纳音五行的产生年代据《四库全书》云："已无可考"。在宋人徐升《渊海子平》《论六十花甲子纳音并注解》中有："夫甲子者，始成于大挠氏,而纳音成之于鬼谷子,象成于东方曼倩子。"

把六十甲子纳音归功于战国时的鬼谷子和西汉武帝时的东方朔，是否真的如此已无法考证，但有一点可以证明，六十甲子纳音的形成应是个渐进的过程，综合资料可以表明六十甲子纳音应形成于西汉。因此，焦延寿、京房和管辂在实占时应用也就不足为奇了。另据相传为战国时期孙膑著的《六壬金口诀》中有原文使用了纳音取象，如该书中有："癸、青龙、卯：上生下主鬼怪动，有宅有树影，及铜铁鸣，主有杀害，以癸卯纳音见金故也。"可见纳音五行已在先秦两汉时期被普遍地应用。

五是纳音纳甲及干支易象的应用。《三国志·魏书·方技传》有："辂至列人典农王弘直许，有飘风高三尺余，从申上来，在庭中幢幢回转，息以复起，良久乃止。直以问辂，辂曰：东方当有马吏至，恐父哭子，如何！明日胶东吏到，直子果亡。直问其故，辂曰：'其日乙卯，则长子之候也。木落于申，斗建申，申破寅，死丧之候也。日加午而风发，则马之候也。离为文章，则吏之候也。申未为虎，虎为大人，则父之候也。'"这段文字被后来学习六壬的人，引以作为管辂六壬的易案，西汉之际六壬之术已是风行，从出土的汉代六壬盘可以证实这一点，管辂运用六壬占测也不是不可能。但从《三国志·魏书·方技传》及裴松之注《三国志·管辂别传》中丝毫没有涉及六壬之说，而是谈卦谈爻象占据了主流，而且《御定大六壬直指》等六壬书籍中关于乙卯为长男的类象是没有的。因此，可以断定管辂此例的占法绝非大六壬，而是管辂在对六爻纳甲法及卦象的理解和应用精熟基础上，对干支与易象相互转换的一种创造性的解读。即运用八卦八宫所在的位置的卦象及卦象中所配的天干和地支的互相转换来取象类比，而且删去了六爻中的某些烦琐的应用程序，直接取象于日辰干支而类象，再旁涉纳音等类象，这样就形成了灵活多变、飘逸精准的管辂易学。

这种干支与易象的转换组合、类比取象的方法可以平移到风水、面相以及如《管辂传》的一些怪异事件的解读上，这样就形成管辂易占的多样性，因此，对管辂易案的研究应从干支与易象的转换及纳音、纳甲等复合简便的方式方法入手，才有可能接近管氏易学的原貌，否则仅从易象、六爻纳甲或易象与六爻纳甲法的简单结合来探研管辂易，那只能是盲人摸象。

三、管辂筮王基家宅风水易案断想

对于管辂这个易案当时是用什么方式、方法判断的，由于没有管辂的解析已无从考证，但从上面对管辂生活的时代背景及易案易占时的灵活性的探讨，可知管辂易的应用应该不是某种具体的方法而是像管辂自己讲的那样，“苟性与道合，背爻象而任心胸”，因地制宜因人而异的易占风格，总而言之应是由物感而发，易象爻象随影附形而应之。

一是针对问题，直观取象。管辂用易占卜，卦成之后很快就能言人吉凶，一个很重要的原因是他所成的卦象针对性很强，象意直观，因此才能准确地判断。此例如开篇所引，是讲信都令王基家“妇女惊恐，更互疾病”。管辂心中默想后对王基说：“你家房子西北头的地下有死人棺木，一共两具，其中有一个男子拿着矛，一个男子拿着弓箭，头好像是隐藏在你家的墙壁中，脚露在墙壁外面，拿矛的主刺你家女主人的头部，拿弓箭的主刺女主人的胸腹部，所以她心才像悬起来痛一样，得了这个症状又主不爱吃东西，这种病晚上重白天还没什么事。”全部得到验证。

管辂判断得如此快和具体，就是抓住了问题的关键所在，妇女应取为巽卦，得疾应被金克，此金为乾金，因乾为天，巽为风比较灵活无影无形，只有乾为天为金才能克着巽木，故如果针对此易案的话应是乾金克巽木的组合。在陈槃著《古谶纬研讨及其书录解题》下册（附文：敦煌钞木三备残卷附校记的《筮宅吉凶法》中有“天风姤卦曰：巽下，乾上。乾家一世。姤五月卦。世在初，应在回。此地有铁钱及有人骨，深七尺得之。居得此宅，绝世。孔子云：后一百八十年有孙苟仁发之”）。此书中对宅中有人骨及铁钱之物的论述，以及挖地七尺而能找到的结论与管辂的易案倒是有些相近，不同的是《辂别传》曰：“王基即遣信都令迁掘其宅中，入地八尺，果得二棺，一棺中有矛，一棺中有角弓及箭，箭久远，木皆消烂，但有铁及角完耳。及徙骸骨，去城一十里埋之，天复疾病。”一个是挖地七尺，一个是八尺，还有管辂讲的两人的尸骨，而此卦只云有尸骨及钱铁，卦意相近相似之极。而乾卦又为西北方向，与原文中的“君北堂西头有两死男子”之方向又一致，所以用天风姤卦来分析管辂这个易案还有几分形神兼备的。

二是情理之中，妙象天成。对于有着深厚易学修养和丰富实占经验的管辂，运用易象已经达到了信手拈来妙象天成的境界。

接上所言，此易案就可依据妇女之疾，直接取象天风姤。

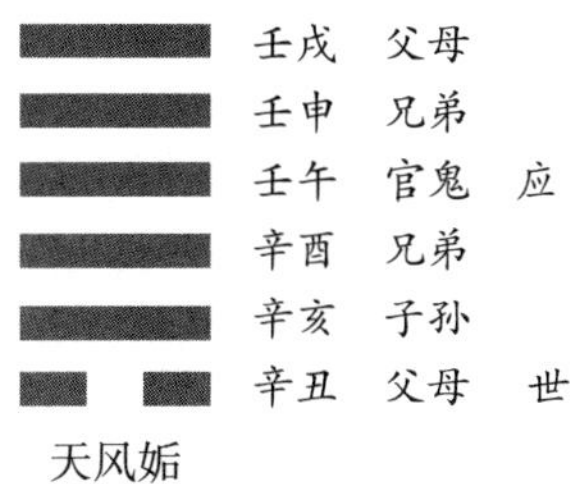

天风姤

依据天风姤的卦象可以看出，主体是乾金克巽木，主妇女之疾。如将乾卦与巽卦整体来看，乾为头为圆，巽为风，为圆的风，乾又为巽之鬼（即克巽）故为鬼魂之风，可视为家中有灵异之事，再看姤卦初爻辛丑父母持世，与应爻壬午官鬼相应，为鬼魂相侵之象，初爻为宅基地，壬午鬼爻为乾宫为西北方向，丑为艮数主七、八，故挖到七、八尺有棺木，因壬午纳音为杨柳木与丑相应为鬼，丑又为乾金之库，又与乾之鬼爻相应，故有棺木和钱铁，巽主双，丑为2数，故有两男子，因乾为鬼，为男鬼之象，壬午纳音为木为鬼在乾宫为木与金的组合，下卦巽为绳线，午按汉易十二辟卦亦为姤卦，午为红色，为木与金组合又带有红色的飘动的红绳，可直观地取象为矛，故断曰："一男持矛"。

又因巽丑均主双与壬午鬼爻相应，故还应有一鬼，此鬼管辂曰"持弓"。八卦类象中自汉以来，弓的类象来自坎卦，而从卦象上看壬午之鬼与子水相应，世爻丑土为牛为坤按汉十二辟卦亦为亥，为腹，子、亥为水正生壬午之柳木来克辛丑之土，子亥为水为坎故曰"一男持弓"。

世爻辛丑为壁上土在初爻可视为足，壬午在乾宫可视为头，故曰："头在壁内，脚在壁外"。壬午鬼爻与辛丑应，壬午为乾宫之鬼，又有矛的象意故曰持矛者刺头，因壬午与初爻相应，所以有"垂头痛不得举也"之象，因壬午鬼爻与丑应，丑为牛为坤为亥，丑在初亦为地为坎为子，故坤为腹，而亥子水又克午火，火主胸，故言"持弓箭者主射胸腹"，鬼爻壬午又在四爻姤卦按汉十二辟卦为午，在四爻被克主"县（悬）痛不得举也"之象。

世爻辛丑父母爻得应爻鬼爻壬午相生。则父旺而反克妻财，亦克子孙爻，财爻、子孙均主饮食，被克故克应"不得饮食也"。天风姤卦，上卦为乾，下卦为巽为风，风见水则止，故当晚上亥子丑时水旺而壬午得生鬼旺，而克丑土，当水旺之时，巽风不动则乾金可克巽木，而白天寅卯辰巳午未申酉之时则巽如风一样，乾卦克不到巽木，故白天病情不发作而晚上病发。

三是找准问题，正确解决。其实关于风水的问题，也跟写应用文似的，要知道是什么？为什么？然后再回答怎么办的问题。管辂筮王基家宅风水这个易案，就是按照这个原理完成的。至于最后"去城一十里埋之，无复疾病"。也在卦理之中，初爻辛丑为壁上土在巽宫与辛未路旁土相应，辛丑壁上土在家为墙壁，在外为城墙，与辛未路旁土应之又在外卦，为城外之象，丑未均为土，按河洛之数五十为土，故"去城一十里埋之"。十里为土，丑中之水气即亥水（即丑为牛为坤，坤按十二月辟卦为亥）化为土，壬午鬼爻所冲之子水亦被十里之外的土合住，不能动之，故家中妇女疾病就不能复发了。调整风水化解煞气，关键就在于找准问题，合理分析，最终正确地妥善解决。

结 语

纵观以往对管辂易案的研究，虽然在易象象意拓展延伸和组合上取得了一定的进展，为我们研究管辂易奠定了基础，启迪了思路，但目前的研究还仅仅停留在单一的易象取象，包括对汉易《焦氏易林》的研究也是如此，缺少一些综合性的具体性的研究。因此，不论是对管辂易案的研究，还是对《焦氏易林》的研究都应该参考汉易的大成理论体系，即京房的六爻纳甲筮法，以及月令、建侯六亲等内容研究，才可能拓宽象数应用这门学问的理论渠道，更好地继承和发展周易象数这门学问。

《三国志·管辂别传》中的风水易案简析

一、管辂易案的原文、注释及大意

原文：

华城门夫人者，魏故司空涿郡卢公女也，得疾，连年不差。华家时居西城下南缠里中，三厩在其东南。辂卜：当有师从东方来，自言能治，便听使之。后无何[①]，有南征厩[②]驺[③]，当充甲卒，来诣[④]卢公，占能治女郎。公即表请留之，专使其子将诣华氏疗疾，初用散药，后复用丸治，寻有效，即奏除驺名，以补太医。

注释：

①后无何：此句可理解为不知为什么，或后来无可奈何。

②厩：（发“就”音）马棚，泛指牲口棚。

③驺：（同邹）古养马的人主驾的官。

④诣：（音同义）前往，到达。《史记·孝文纪》：“乘传诣长安。”《汉书·杨五子小传》：“未得诣前。”颜师古注：“诣，至也。”

原文大意：

三国时期魏国的一位姓卢的官员家中女儿病了，连续治了好几年也没见好，那个时候，她家居住在西城下一个叫南缠里的地方，在她家院子内的东南方向有三间马棚。管辂在给其家占测女儿病情时，告诉卢公说，给你女儿治好病的人，当从东方来，这个人会自我介绍说能治女人病，如果你要遇见这种情况就请他治疗。后来这位姓卢的官员在多方医治无效的情况下，不得不听从管辂的话，注意留心，看看有没有像管辂说的这样的人出现，过了不久，不知为什么，在南征的部队中有一个养马的人，说自己通晓医术能治妇科病，并且经官员推荐介绍给了卢公，卢公立即向上级申请留下了这个养马的人，并派专人陪同其治疗女儿的疾病。最初那个养马的人用的是散药，后来又用丸药，果然治好卢公女儿的病。姓卢的这位官员很感动，立即亲笔向上级机关写了推荐信，上级机关最后采纳了卢公的意见，把这位养马的人提升录用为太医。

二、管辂易案真伪简析

这段小短文很耐人寻味，尤其是管辂卜卢公女儿的病情和后来治其女儿病的人出现到病好养马人从平民变为太医，简直妙趣横生，令人称奇。这个案例绝不是后人杜撰的，理由有三：一是故事太离奇且出现在史书，至少要有其人其事。二是短文中提到的三间马棚是关键，如果单纯地记录管辂占卜，没有必要写几间马棚，此事必与马棚有联系。因裴松之注的是史书，不便过多地记录易象如何如何演绎的，故只好将关键的因素写上，既体现了管辂易占的原貌，又符合历史事实。此点想必与易友身边的事一样，如某位易友占测一件事情应验了，就会有不少易友争着询问你是怎样测的，根据什么测的，虽然那是三国时期，但像这样的情形是少不了的，即便是别人不问，那个卢公也会请管辂喝酒问个究竟的。以《三国志》介绍管辂："无威仪而嗜酒，饮食言戏，不择非类"的记载，可以看出管辂也是一个心直口快之人，别人有问，他不会太保守的。三是整个故事如将马棚按易象的原理演绎，均在易理之中。

三、易象风水原理简析

记录这个案例的小短文，首先讲卢公女儿华城门夫人病，后讲她家居住的环境，即院东南角有三间马棚，接着就说管辂占卜的事，可见东南方向的三间马棚是与这个案例有着直接联系的，按此逻辑不妨将三间马棚和东南方向换成卦象，看看是否其中有玄机。

三间马棚，三者离火也，马者亦为离火象，东南方向为巽木，主长女之象，再将离卦和巽一整合，即是火风鼎之卦，即木火相生，三间马棚，加重了离火的旺度，故巽木泄气为病。巽为长女，木火相生，巽宫中有辰土藏癸水被伤，巳中藏庚金被伤，故病较难治好。

从巽木来看多年病情，第一用水生木制火好像不起作用，因火太旺，木太弱属杯水车薪之象，只有用木来助巽木即扶强巽木之身，再调理内部细微病情，这样按四柱比劫帮身原理，必然用震木，震乃东方之木主生气，亦主药物。金庸在其武侠小说《射雕英雄传》中，亦按震木的含义给东邪取个名叫黄药师，其中这个药师就是与东方震木主药材有很大联系。依此理管辂言治好卢公女儿病的人，必出自东方，其人会自我推荐，因东方与东南方相连，东南方火旺，东方木必能生之。离火主朱雀，主语言，木火相生主人热情，主动行医之象。此外，震为火之源，自能控制其旺势，进一步可得出，名医来自东方。

先以散药治疗，散者风也，巽也。总体上是以震木生火，再以散药即巽风主散。相扶巽位，坤土生巳中之庚，最后再以丸药即乾金生辰中之癸水治好病。其实，乾在离中，以丸药之形来强化一下乾金，可收到理形数的三重生扶作用（乾为马通离）。震木生扶东南之火风鼎卦，震木身也达到了木火通明之象，即由震生离，离通乾，乾为宫廷，震为医，乾为大为太，故此医封为太医。

可见，汉代及晋以来的风水术，在运用时并非像现在的单纯谈风水、话吉凶，而是拿居住环境直接取象，此例中的马棚落在巽木长女身上，就依此找到了高明的医生。看起来十分简单，用起来也十分方便，没有像今人那样拿着罗盘，但要细细想一下，如果简单地去处理风水问题，你即使水平高，外行人也看不明白，也不会相信。管辂这则案例中的那个高明的医生，就是个普通养马的，他没有那么多的头衔，但却治好了那些所谓名医没有治好的病。

董卓之死

“千里草，何青青。十日卜，犹不生。”

——王粲《英雄传》

电视剧《三国演义》中董卓给观众的印象是残暴、少谋、狂妄、野心极大想当皇帝的主。电视剧没演上几集就被杀了，最抢镜和令人难忘的是他与吕布和貂蝉三者之间的三角情事，正因这种关系最终招来了杀身之祸。随着时光的流逝，历史离我们愈来愈远。历史与故事和真相，不可能像我们看电视剧那样直观和真切。但历史有趣的地方也正在于此，经过时间的磨蚀和岁月的沉淀，或许更容易看清人物和事件的实质。研究历史人物的是非功过，应该把他放到那个历史的时空背景中去研究，更应该全面地研究历史人物在成长历程中的事件，通过历史事件这个媒介复原历史中的一些场景，把它拉近到我们的眼前，才能最大限度地接近史实。

一

貂蝉，最早出现于《三国演义》前身《三国志平话》中，据该书记载貂蝉只是她的小名，本姓任，是吕布的原配妻子，两人在家乡失散后流落一方，沦为王允的婢女。由于人长得漂亮有才艺又会说话，深得董卓和吕布喜爱，被王允从中利用使董卓和吕布中了连环计，也是貂蝉一生中的主要成就帮助义父铲除了大军阀董卓。在正史《三国志》和《后汉书》中均无貂蝉记载，在《三国志·吕布传》中仅有一小段文字记录吕布与董卓的恩怨：

布便弓马，膂力过人，号为飞将。卓自以遇人无礼，恐人谋己，行止常以布自卫。然卓性刚而褊，忿不思难，尝小失意，拔手戟掷布。布拳捷避之，为卓顾谢，卓意亦解。由是阴怨卓。卓常使布守中閤，布与卓侍婢私通，恐事发觉，心不自安。

这段文字中的侍婢有可能就是貂蝉的原型，也就是说貂蝉史实上是不存在的。将《吕布传》和《董卓传》通读，就会发现在《吕布传》中有这样一段文字：

先是，司徒王允以布州里壮健，厚接纳之。后布诣允，陈卓几见杀状。时允与仆射士孙瑞密谋诛卓，是以告布使为内应。

从史料记载看，王允与吕布早就有交情，吕布受不了董卓的脾气在先，担心与侍婢私通被发现在后，合二为一构成了小说家的想象，对董卓、吕布与貂蝉的关系进行了艺术处理，从而留下一个铲奸除恶“吕布戏貂蝉”的中国好故事。但是从史学的角度来讲，单纯地把董卓的死因全部归因于一个三角恋，显然是不准确、不全面、不严肃的。在一些影视剧和一些书籍中，对历史人物的品评不少是遵循非白即黑的评判标准，这样就造成了对历史人物认识上的偏差，而忽略了史实中复杂的细节，非常容易让人感到好人天生就是好人，坏人天生就是坏人。好与坏、善与恶都是一刀切，泾渭分明，事实真相并非像影视剧故事那么有趣那么简单。读史首先应当尊重史实，其次才是联系我们的生活实际做多角度分析探研，才能让历史的经验和教训鲜活起来走近我们的生活和工作，焕发出史学跨越时空的魅力，凸显出“鉴于往事，有资于治道”的现实意义。

二

研究董卓比较靠谱的资料就是陈寿《三国志·魏书六·董卓传》，据《董卓传》载：

董卓字仲颖，陇西临洮人也。少好侠，尝游羌中，尽与诸豪帅相结。后归耕于野，而豪帅有来从之者，卓俱还，杀耕牛与相宴乐。诸豪帅感其意，归相敛，得杂畜千余头以赠卓。汉桓帝末，以六郡良家子为羽林郎。

从这段史料来看，董卓年轻的时候是个行侠仗义且在他家乡和靠近羌族一带比较有影响力的青年领袖，结交了不少羌族的首领，当董卓回到农村种地时，还有不少羌族的首领都去投奔他，由于家贫，董卓杀掉了家中用来耕地的牛宴请羌族的朋友，这些羌族首领大为感动，回去后，赶着一千多头牛马等牲畜相赠，由于羌族首领的资助使董卓一下子成了当地的富豪，致使汉桓帝末董卓也被朝廷任命了一个叫羽林郎的官，相当于几个县的保安司令。当然董卓的这个官当的有两种可能性，一种是确实有影响力被朝廷录用；一种也极有可能是花了个大价钱买了个名正言顺的武职官，但不管怎么说，这个时期的董卓是个行侠仗义的董卓，在老百姓和朋友的眼中都是比较有威望的。换句话说，董卓最初的成长之路是靠着自己的仗义、真诚、勤奋、智慧和才能一步一个脚印踏踏实实干出来的。用我们现在的眼光来评价他的话，应该说董卓在这个时期，积累了不少当官从政的基层工作经验，为他后面的仕途发展奠定了坚实基础。

董卓不仅有着良好的军事素养，而且又有军事谋略。

《三国志》记载："卓有才武，膂力少比，双带两鞬，左右驰射。"可见董卓的武艺和马术都是一流的。董卓的为人也豪爽好交好为，仅从年轻时由于家贫招待羌族的首领，就把耕地的牛杀了请客，就可以看得出这个人是个能做大事的人，所以追随的人也就多。此间董卓跟随中郎将张奂讨伐并州立有战功，被任命为郎中，并得到赏赐细绢九千匹，董卓又一次豪爽地将赏赐全部分给了部下官兵，用现代的语言讲支持率一下飙升，不久就提升为广武县令、蜀郡北部都尉、西域戊己校尉，不久出了点事，官就被免了。东汉末年，由于外戚和宦官干政，汉灵帝昏庸无能，骄奢淫逸，统治黑暗，民不聊生。老百姓起义是唯一的选择，公元184年，爆发了黄巾之乱。董卓又被任命为并州刺史、河东太守，征讨黄巾军，后来因打了败仗又被撤职抵罪。经历过任命提升和两次免职的正反两方面教育，董卓的心智得到全面成长。从当时的全国形势来看，各地军阀割据，农民起义频发，战火不断，身逢乱世不但自身要有本事，而且还要有军事实力，才能站稳脚跟，大有作为。董卓经过多年的经营，可谓能力够人脉好，即使朝廷不任命也可称霸一方，这也是他免职后在很短时间内能够官复原职的原因所在，正所谓有能力才有位置。从军事方面看，董卓是一个有实际作战经验的将领，而且富有谋略。最能体现董卓军事才华的一次战役，就是韩遂等人在凉州造反，董卓担任中郎将带兵去抵御韩遂。在望垣硖北部，被羌族、胡族的几万人包围，粮食断绝。董卓通过对周围地势地貌的勘察研究和敌我军事部署的分析，很快做出了决策。他命令士兵筑起堤坝，挡住他们回军时要渡过的河水，给敌军造成了董卓无粮捕鱼的假象，实际上，当堤坝蓄满水时，董卓命令部队秘密地从堤坝下撤退，然后掘开大堤。等羌人、胡人的军队得知消息追赶时，水已经很深，不能渡过了。当时朝廷派遣了六支军队去陇西征讨叛军，唯独董卓一军全部返回，其他五支军队均遭惨败。董卓也因此得到晋升，封斄乡侯，后来又任命并州牧。

此时的董卓可以说已是羽翼日趋丰满，在整个陇西应该说是地面上的真正老大了。随着社会地位的提高和权力的放大，人的心也就渐渐地膨胀起来了。他已经不甘心当一个守边的将领了。原因很简单，随着地位的提升，朋友圈也就变了。原来想见都见不到，想够都够不到的人物，如今都成称兄道弟的朋友，相互往来对董卓的影响是相当大的。没有比较，就没有伤害。与董卓来往比较密切的朋友，就是大将军何进。手握兵权的何进是何皇后的哥哥，出身本是个屠夫家庭，由于父亲脑袋挺灵光的，结交上了宫廷的宦官，通过买通宦官把女儿送进了宫里，再由宦官的指点靠近了汉灵帝当上了皇后，何进跟着借妹夫的光当上了大将军。董卓对这段插曲非常了解，看看何进再想想自己，董卓胸中自然愤愤不平，野心自然也就成长起来了。这期间少不了在朝廷中安插自己的眼线密探，观测动静等待机会。汉灵帝对董卓拥兵自重的一些举动，也有所警觉。因此曾征董卓为少府，直属于皇甫嵩，意在削弱董卓的兵权。董卓也心知肚明，以凉州未定，不宜调遣给推掉了。而后，灵帝再下诏征董卓为并州牧，将他的兵拨给皇甫嵩，董卓同样找个借口给婉然拒绝了。对于手握重兵的董卓，汉灵帝也无可奈何，只好作罢。此时的董卓，再也不是一豪爽侠义的董卓了，而是整日除了寻欢作乐外，满脑子都是想当帝王的思想。物质的富足和权力的极大，使董卓瞬间完成了从英雄与奸雄的转变。

三

东汉从和帝开始，每个皇帝继位年纪都比较小，通常新上来的小皇帝活不了多久就驾崩，又扶上来一个小皇帝，皇帝小的时候往往都听命于外戚（所谓外戚就是皇帝后宫皇后和嫔妃的娘家人），这样皇帝的实际权力完全操控在外戚手中，而当小皇帝渐渐长大了，懂得权力的重要性，想从外戚手中拿回属于自己的权力时，则依靠的是与自己朝夕相处的宦官（就是太监），这样在利益的博弈中，形成了东汉政权体制的基本结构——宦官和外戚之争，也是汉朝无法消除的隐痛和祸乱根源。以何进为首的是外戚代表，以张让为首的是宦官十常侍的代表。何皇后则是外戚和宦官两派势力的中间重要砝码。对于何太后来讲，一面是自己的亲弟弟，一面是帮助自己上位的宦官，倾向哪边她都不忍，她只想维持双方关系的平衡。这样就构成了何进引董卓进京，借用董卓之手除掉十常侍的愚蠢想法，当然也给董卓进京创造了盼望已久的契机。

权力与能力的协调，确实是一门学问。

何进还没等到董卓进京，就被张让等人以太后诏令为由，将何进诏进宫给杀掉了。《三国演义》中用一首诗描述了何进的死因：

汉室倾危天数终，
无谋何进作三公。
几番不听忠臣谏，
难免宫中受剑锋。

说的是何进作为一个大将军没有谋略。无独有偶，在《匈奴汉国书》也说："何进借元舅之资，据辅政之权，内倚太后临朝之威，外迎群英乘风之势，卒而事败阉竖，身死功颓，为世所悲，岂智不足而权有余乎？"这段话也是把何进的死，归于他能力弱。可见，权力大了没能力去驾驭并不是一件好事。董卓同样没有处理好权力与能力协调统一的问题。客观点讲，董卓是一位有勇有谋的军事家，而不是一位雄才大略的政治家，从他入宫处理的几件事，就可以看出来。一是格局小，只知谋地不知谋势，缺少政治大局观。董卓进入京城后，他所统属的兵将并不多，为威慑朝野站稳脚跟的目的，他每隔四五天就偷偷派部队出城，然后浩浩荡荡地开进来，给满朝文武造成了千军万马浩荡不觉的感觉，他一面制造假象，一面收揽士兵，何进、何苗兄弟二人死后，生前所统领的士兵都被董卓收编了。当初何进征召各路豪杰时，有个叫丁原的也带领部队前来帮忙，丁原手下有员猛将叫吕布，字奉先，臂力过人，武艺高超，号飞将。这支部队和吕布都被董卓看上了。于是董卓利诱吕布杀了丁原，并收编了这支队伍，收吕布为义子，从此董卓真正的兵力强大了。接下来，他迫不及待地废掉了何太后和汉少帝，在公元189年立陈留王刘协为帝，也就是历史上的汉献帝。致使袁术、曹操等人纷纷出逃，为后来十八路诸侯讨董留下了伏笔。在这一点上，董卓无论与后来挟天子令诸侯的曹操，还是篡夺曹家政权的司马懿父子相比较，董卓都显得操之过急和缺乏全局性的战略思考，没有做到谋而后动；二是凶残暴虐，军纪涣散引来了百姓怨恨，失去执政基础。董卓雄霸京师时，滥杀无辜，常常派遣军队到洛阳城去烧杀抢掠，他本人的野心膨胀到了极点，同时也放纵到了极点，在逼迫小皇帝封自己为相国、封郿侯，封自己的母亲为池阳君，董氏家族都封了侯掌管兵权。这还不算，他还淫乱宫人和公主，他所属的部队更是军纪涣散，杀人如麻，一次正赶上洛阳城内二月民间祭祀土地神，董卓的部队便到达那里，杀了全部男子并把他们的头砍下来悬挂在车辕轴上，用百姓的车装载着妇女和财物回都城里，用火焚烧那些人头，说是打盗贼获得了胜利，高呼万岁。把掳掠来的妇女赏给士兵做奴婢或妻妾。招来老百姓的怨恨，正所谓得道者多助，失道者寡助。仅就此点而言，董卓较之鼎足而立的西蜀刘备和雄踞江东的孙权以及军纪严明的曹操，可以说是天渊之别，从大的方面讲董卓是自己毁掉了执政基础；三是烧皇宫、掘皇陵，毁货币造成了金融秩序混乱，政治上造成恶劣影响。由于董卓的残暴无道，河内太守王匡，派遣泰山兵驻扎在河阳津，准备讨伐董卓。董卓派遣疑兵装出要在平阴渡河的样子，暗中却派精锐部队从小平津河到达北岸，绕到王匡军队的背后进行袭击，在河阳大败王匡军。此时山东反董的呼声越来越高，豪杰不断起兵，董卓内心恐惧不安。在公元190年二月，便挟持皇帝迁都到长安。烧毁了洛阳宫室，全部挖掘了皇家陵墓，盗取了大量珍宝财物。此外，董卓为了大肆敛财，他还下令废掉五铢钱，另外铸成小钱，导致了货币贬值物价昂贵，民不聊生造成恶劣的政治影响，为民众集体反董留下了祸根；四是诛杀大臣，法令苛刻残酷，等于自己敲响了丧钟。董卓入宫以来，完全凭个人的爱憎滥施刑罚，人们相继被诬告，冤死者达千人。董卓与原太尉张温素来关系不好，正好太史观云望气，说当有大臣将被杀死。董卓借着这个机会，让人举报张温与袁术有交往关系，就抓捕张温，并用竹条刑鞭将张温活活鞭打致死。在宴请大臣的席间，当众挖掉反叛者的眼睛，割掉他们的舌头，或斩断手脚，或用大锅烹煮，使参加宴会的大臣个个胆战心惊的。残酷的屠杀，必然会遭到强烈的反抗。在大臣中有个叫王允的，正在悄悄地谋划着除掉董卓的一个高端饭局。

综上所述，董卓从行侠仗义的董卓、到武艺过人军事过硬谋略超群英雄的董卓，转变到贪婪的董卓、残暴的董卓，到惨死的董卓。每个阶段，都体现着权力与能力的协调问题，实在地说，董卓做一个戍边的将领是非常合格的，但要是作为一个政治家，特别是当一个合格的封建君主，他的能力是远远不够的，当权力极大，能力与之不匹配时，就会出现滥用权力，践踏法律法规的行径。董卓进宫以来的一系列动作，就是权力与能力的不协调体现，他没有能力治理国家和管理朝纲时，唯一能缓解和消除内心深处惶恐的办法，就是杀一儆百，他越是惶恐的时候，也是最没有章法的时候，这个时候也是杀人最多的时候。当一个统治者，为了维护他的统治而采取凶残的手段滥杀无辜时，也注定了他的统治必将是失败的。

四

董卓自进京那天起，在扬扬得意于自己控制了整个京城时，实际上，他已经不知不觉地踏上了一条不归路。汉献帝初平三年（公元191年）四月，献帝生一场病痊愈了，因此，在未央宫大摆宴席。此前，王允早已同董卓的义子吕布策划好，利用皇帝宴请这个机会杀掉董卓。吕布派同郡人车骑都尉李肃等人，带领亲信十多人，假冒卫士守卫宫门，吕布怀揣着皇帝的诏书，董卓到达后，李肃等人抓住董卓，董卓惊慌地呼叫："吕布在哪里？"吕布说："我有皇帝的诏书！"于是杀死了董卓，并灭了他的三族。长安城的官吏、百姓都相互庆贺，那些阿谀奉承董卓的人都被关进了监狱。

董卓的死，除了他本人的放纵、残暴、贪婪、不懂政治谋略和缺少政治手腕、胸襟和施政纲领外，还有一个致命之处就是用人失察和失当，他能利诱和笼络吕布这样的人才，但是却缺少对吕布的观察和思考，以及正确使用人才的态度，凡事只凭自己的个性任意妄为，对待吕布缺少应有的尊重和关心，才使吕布最终倒戈。再有一点就是战线拉得太长，把自己的女婿牛辅派往了陕县，把自己从西凉带来的两员猛将李傕和郭汜派往了陈留，远离了自己的亲兵卫队，吕布谋反，必然造成董卓的惨死也就成了势所必然。纵观董卓的一生，还有一处是可圈可点的，就是他的身边只有武将而缺少富有良好大局观，能驾驭复杂局面的文臣谋士，这一点可能与董卓的成长经历有关，他在军事上攻城掠地的胜利，造成了他政治上的短视，只爱猛将，不喜文臣。致使施政缺乏长治久安的规划以及整体的顶层设计，最终死得很惨。可以说，只懂军事不懂政治的干部不是一个合格好干部。

也许是对董卓残暴的痛恨，也许是董卓尽快死去是更多人的期待，也许是对死去董卓的一种概括性总结，在王粲《英雄传》中以董卓的姓名从征兆的角度，进行了评说："千里草，何青青。十日卜，犹不生。"这里所说的"千里草"，就是董字的拆开，成了千里和草的组合。"何青青？"是说这种草为什么长得这么茂盛呢？这一句说明了上一句反问的原因，即"卓"字的拆开是十日卜，在古代专门有一种用来占卜的蓍草，而董卓的名字中有草有卜字，很容易让人联想到这种被割下来占卜用的草，同时由草的被割也联想到了董卓的短寿，这就是由董卓姓名的拆字兴起到蓍草和死亡。所以，最后一句是"犹不生"。更有趣的是在《后汉书·董卓传》也记载了董卓被杀前的征兆："董卓穿好朝服，上了马，准备进宫时，却因马受惊而从马车上摔到了地上的泥巴里，董卓回到房里换衣服的时候，他有一个侍妾认为这是不祥的预兆，不让他进宫，董卓不从，令吕布捍卫，往未央宫。""董卓的马车接近未央宫，马却无缘无故受惊而不敢往前走，董卓觉得这事有点蹊跷，遂有回家的念头，只是吕布在旁一直劝说，董卓才继续前进。"从这两个征兆来看，所涉及的都是与马受惊有关，再就是地点皇宫，按照《周易》八卦类象的观点来看，马和皇宫都是乾卦的信息。马在乾卦中按爻位为九四,五爻是君位，九四爻位也正符合董卓的位置，按照这个逻辑关系往下推理，能让马受惊的因素按卦爻看只有一个，就是初九甲子子孙爻冲动九四爻壬午，子孙在六亲类象上为子女和部下，说明子孙旺动来克壬午，为部下谋反之象，董卓去了皇宫，说明初九爻和九四爻都动了，变成了巽卦，见皇帝为壬午到了九五爻的位置，即见壬申，从纳音的角度来看，剑锋金正好克壬午杨柳木，壬午变巽六四爻为辛未，正好是未央宫之象，而且壬午变辛未的下互卦正好为兑卦，有点八卦类象常识的人都知道兑卦类象为口，在巽中，巽主双为双口为吕字，而未按八卦落宫为坤卦类象为布的象意，兑为金与乾卦九五爻壬申剑锋金都是克杨柳木的，由此可以推出，在未央宫必是吕布杀死董卓之象。

不论从历史的角度看还是从姓名拆字、征兆的角度去看董卓之死，都有一种必然性。董卓已经死去1800多年了，作为历史人物董卓早已退出历史舞台，但我们对董卓之死思考不应停止，因为董卓身上诸多教训，就像一面镜子还仍然发挥着超越时空的警醒作用，我们只有联系自己的切身实际，去读历史才会真切地感受到历史经验和教训的宝贵。

奇门干支意蕴

《奇门遁甲》应该说是古代数术中的经典著作。它不仅仅体现在预测的神奇，更重要的是该书的八门干支取象中蕴含着丰富的逻辑、辩证、类比、形象等一些今天仍然不过时的科学思维。对于丰富我们的联想，培养和激发创新意识以及继承发展提高易理应用层次，提供了诸多的启示。本文就此略抒浅见，求教于方家。

1.引言

《奇门遁甲》是传统预测学中一颗璀璨的明珠。有"中国方术之王""帝王之学"等美誉。由于该书内容繁杂，涉及的易理博深，加之应用操作程序比较复杂，历来被人们视为"天书"传得神乎其神。给有志想窥其堂奥者无疑蒙上了一层可望而不可及的心理阴影。更有甚者是一些研究者将遁甲之书视为不传之秘，因此大大限制了奇门的推广与运用，直至1999年4月张志春老师《神奇之门》出版后，使这门昔日高深莫测的玄学，犹如"旧时王谢堂前燕，飞入寻常百姓家"。成了一部人人可以学，人人可以用，平易近人的比较科学规范的易理应用学术。笔者拜读了张老师的《神奇之门》后，从中获得了不少富有启发性的认识。尤其是该书中的八门干支类象（即门与干、干与干、干与落宫藏支、门与门之间组合的信象，我把他们简称为奇门干支，以下均以此称谓）。对活用干支八卦丰富提高研究兴趣，开拓思路等提供了翔实的依据。

纵观传统易理应用典籍，好像还没有哪一门预测术能离开五行阴阳干支和八卦的，因此笔者以为不论学习哪一门传统易理应用技术，学好用活阴阳五行干支和八卦都不失为探骊索珠的重要途径。《奇门遁甲》的干支取象主要方式有五种：（一）以干支的形体释意取象；（二）利用六兽的类象释意；（三）采取卦象的类象取象；（四）以干支五行的性质特点取信息象；（五）综合运用六兽六亲及卦象干支形体等综合取象。以下阐释奇门干支信息象所录例子原文均引自《神奇之门》。

2.奇门干支意蕴

关于奇门干支我在上面引言中八门干支与类象的后边的括号里已有注释，至于意蕴就是笔者在《神奇之门》中选取了部分奇门干支，对它们信息象的组合按照引言中所述的取象主要五种方式用自己的理解去解析信息象组合的合理性。

2.1　干支形体成象方式

奇门干支信息象组合的一个最大特点就是将六甲（甲子、甲辰、甲干、甲申、甲戌、甲寅）隐藏在十天干的后边并依据此来释意干支之间的关系。这种解析干与干之间的信象倒是一个较好的办法，如再将干支的字形取象加以运用其中，将会使古人留下的干与干之间的信息象释意更加明了些。

下面举几个方面例子。

例 1：天盘甲戌己加地盘丁奇，即己加丁，因戌为火墓，故名为朱雀入墓，文书词讼，先曲后直。

这个例子中朱雀入墓已有解释因丁入戌库，文书词讼亦不难理解，即丁甲均主文书之事丁入库为讼，故文书词讼。剩下最后一句“先曲后直”，如按前两句解法，就有些牵强了。如将干支的形体语言加进去，就可非常直观地从字形中看出先曲后直的道理，即己字从形态上看去折了三道弯，而丁字则无折弯一横一直钩。综合己字丁字的形态又因己在前丁在后，就可非常轻松地读出先曲后直，预示着事物发展形势是先难而后易。

例2：天盘丁加地盘甲午辛，即丁加辛，为朱雀入狱，罪人释囚，官人失位。

从丁和辛的组合来看，丁的组合比较简单，而辛的组合较丁复杂。如果仔细看丁和辛两字之间的组合上还有着相承的联系。如辛字是由立和十组合而成，如将干字的中间一横去掉则就是一个丁字形，由此可知辛字之中包含着丁，如将丁和辛放在一起取象的话，如将丁喻一个人的话则辛就如一个人被带上了刑具，又因《说文解字》中讲辛为犯罪，为刑具，故丁＋辛为罪人释囚，如丁从辛的枷锁中逃掉之象，这是从辛看丁的角度来取象的，如从丁的角度来取象则由丁至辛好似人带上了枷锁，因丁像个如盛夏成熟的果实下垂之像亦象古官人带的帽（引自《说文解字》），加之丁在离宫为火象炎上、文明可喻为官人，加上辛则意味着当官的犯了罪所以说官人失位。丁火象取朱雀，辛为犯罪亦可喻为监狱，故会意其名为朱雀入狱，如直观点看丁很像一把钥匙，即[illegible]；辛则很像一把锁，即[illegible]。由此自会知辛加丁为什么有囚人逢天赦释免了。

2.2　用六兽命名和取象

《奇门遁甲》中有一部分天干类象的方式是用六兽本身的意义和名称来取象的，这种取象的方法，有效地拓宽了青龙、白虎、朱雀、玄武等的应用及类象的深度和广度，十分有利于开发和提高形象思维能力。

例1：天盘乙加地盘甲午辛，即乙＋辛，乙为青龙，辛为白虎，乙本被辛金冲克而逃，故为青龙逃走，人亡财破，奴仆拐带，六畜皆伤，测婚为女逃男。

这个例子干与干之间的类象就充分运用了六兽中的青龙乙木和白虎辛金本身的信息，如乙坐支卯按宫来讲应是落震宫但具备巽卦的特点，如巽卦类象为鸡、百禽、长女、白虎辛主血光之灾，故主人之破财，按巽的类象可知六畜皆伤，测婚女逃男，巽可代表百禽，那么它就可以代表奴仆，因为在四柱中食伤类象子孙亦可代表家禽，六爻中子孙代表下属部亦可代表六畜，故可知乙被辛克可类象为奴仆拐带。

例2：天盘丁加地盘甲寅癸，即丁加癸，癸水冲克丁火，为朱雀投江，文书口舌是非，经动官府，词讼不利，音信沉溺不到。

这又是一例用六兽命名及类象的例子，即丁为南方火名为朱雀，类象为文书信印，又主口舌官司等，癸水为玄武，类象为江河海等，因此癸克丁主文书口舌是非，经官动府，词讼不利，音信沉溺不到。丁加癸将朱雀和江河的类象加进去，可直接读出朱雀投江的信息象命名。

例 3：天盘甲申庚加地盘甲午辛，即庚加辛，名为白虎干格，不宜远行，远行车折马伤，求财更为大凶。

庚辛金为白虎，故命名为白虎干格。白虎主道路阻隔故不宜远行，又因庚辛金是克甲乙木的，甲乙木落震宫主车马，金旺故为车折马伤，庚见辛为比劫逢金旺为劫财加白虎主血光之灾，故为求财大凶。

2.3　运用八卦的类象来体现干与干之间的信息象

笔者研究发现，《奇门遁甲》不仅仅是在预测程序上运用八卦即八门，在演绎干与干之间的信息象上，同样离不开八卦的类象及卦中藏支的运用。现举例如下：

例 1：天盘丁加地盘甲戌己，即丁加己，因戌为火库，己为勾陈，故为火入勾陈，奸私仇冤，事因女人。

此例中己为勾陈，戌为火库，火入勾陈这两句都很容易理解，而奸私仇冤，事因女人这两句就很令人费解了，如将八卦及卦中藏支参与释象，则非常容易地体现奸私仇冤，事因女人这句信息象的含义。先从己分析起，己藏丑中，故己可落艮宫，丁加己，相当于丁入艮宫入丑库，因丑中有癸水（癸水为玄武主奸盗与性有关的人或事），直克丁火，为有奸私之事（因丁为离宫为火离主中女，为阴干数为三，故丁为第三者）。又因由上可知丁加己，己带甲戌，则又相当于丁又入戌库，又因己落坤宫，坤中未土中藏丁己，坤卦中有申未，可知丁亦合申中之庚和壬。综上分析，可得出这样一个结论，即丁为女，为第三者，丑未戌为库为家庭，丁火与三个家庭有着不正当的关系，相当于一女嫁三家（丑未戌三刑），在西方国家我不知道会怎么样，但在中国，那肯定会轻则打架口舌结仇闹怨，重则会打官司出人命。所以说奸私仇冤，事因女人。

例2：开加死：主官司惊扰，先忧后喜。

以卦释象应将开加死，换为乾加坤，因乾与坤搭配,乾得生为喜，坤为死门又泄气为忧，在下卦为内卦乾在外卦为上，内卦坤为先乾居上为后，故先忧后喜，又因坤中藏申，申中藏庚，庚为惊门，惊门为兑为口舌，又因坤生乾，乾主领导官府，综合之意为口舌惊动了官府故官司惊扰，因坤生乾为事由坤起到乾止也有先忧后喜之象。（乾代表吉事和喜事）

例3：死加庚：主女人生产，母子俱凶。

死即坤卦，庚即兑卦也可以说是惊门，因坤为老妇为大腹人，结合庚临惊门信息即有兑卦信息，兑为少女，综合信息为女大腹临产之象，怎么样呢？根据死门还有惊门兑卦信息为不吉，加之庚金为白虎主血光之灾，故言母子俱凶。庚为阻隔之神，死门为坤为土为不动之象，可理解为难产。在古时候妇女生小孩遇难产一般是不好办只有说母子俱凶，如在今天社会医疗设施和水平都较高的情况，我想取象不能说母子俱凶，断为难产较为适宜。

2.4 运用干支五行性质特点取信息象

此点讲的就是古人在提取信息象时很善于捕捉干支五行的性质特点来表述事物的发展规律，如水有流动润下功能。火有炎上之特点等。下面我举两个例子看看这样捕捉研究信息象是否合理。

例1：天盘甲午辛加地盘甲辰壬，即辛加壬，因壬为凶蛇，辛为牢狱，故名为凶蛇入狱，两男争女，讼狱不息，先动失理。

此例的壬为凶蛇，就是一个利用天干壬水的特点取象的，因壬水的流水动态很形象蛇的爬行，又因辛+壬，辛生壬为水旺加之壬水颜色为黑色故名凶蛇，至于凶蛇入狱，我看有两种取象方式，一是壬水临甲辰被辰甲克泄交加而入辰为凶蛇入狱；二是辛为天庭，壬为天牢合之会意加之上述水的流动形态和颜色取象为凶蛇入狱。既然壬水凶蛇入狱了，说明壬将不再参与取象，那么剩了辛左右伴双甲，一个是甲午，另一个是甲辰。辛藏酉中，为兑宫为惊门，甲藏寅落震宫为伤门，辛为少女，双甲为两男，故两男争女，壬、辛两干均主争讼牢狱信息，加之惊门伤门信息为讼狱不息之象，又因双甲和辛均无根，虽属同一个状态下的五行，但相比较一下就可知辛金是非常弱的，因甲下坐午对辛虎视眈眈，所以辛不喜甲午，再看甲辰，下坐辰落巽宫，辰月木有余气为甲旺，但辛金太弱甲虽为其财亦拿不动不为其所喜。总之一句话，甲午、甲辰对于辛金来说都不感兴趣，在这种背景下哪一个先主动对辛构成威胁，辛金都不会迁就袒护哪一方。在这种情况下论理的话自然是先动失礼了。

例2：天盘甲辰壬加地盘甲子戊，即壬加戊，因壬为小蛇，甲为青龙，故为小蛇化龙，男人发达，女人产婴童。

上例中壬有辛生，水旺取象凶蛇，又因无根即辰午刑而入库名为凶蛇入狱。此例壬被戊克有子根，壬水可以有所作为之象，壬带甲辰的辰为戊根，甲有辰土培根壬子水相生，甲为壬之食神，戊为壬之七杀，为食神制杀之象，又因壬、甲、戊、辰、子均为阳干支，故男人发达，如果壬为女人的话，则身旺杀旺为正配之象，又因《说文解字》中讲壬有孕子之象，又逢双甲旺为食神，故为产婴童。戊克壬为水势小故为小蛇，结合甲木青龙和食神制杀综合会意可否命名曰小蛇化龙？

2.5 干支卦象六亲等综合运用取象

此小节主要是说有些奇门干支信息象的取象原理很抽象，甚至很难想象，仅仅凭一种或两种简单的提取信息象的办法是不能理解破译古《奇门遁甲》的信息象的，只有将各种能用到的办法，合理科学地运用上才能使抽象的信息形象化、简单化，从而达到理解运用创造的目的。因上边从2.3、2.4小节都涉及了综合运用取象释意问题。下面我仅举一例以示进一步说明，其他的信息象破译，请朋友们根据以上提供的方法参考选用破译，此不多述。

例1：天盘甲寅癸，即壬加癸，名为幼女奸淫，主有家丑外扬之事发生，门吉星凶，易反福为祸。

癸水主女人，甲寅癸相当于癸落艮宫，因为寅丑藏艮宫，艮为少男，如类象女人的话即癸水可取为幼女。壬在坎宫为中男，但这组奇门信息象中壬与甲辰组合在一起，相当于壬落巽宫，巽为长女，如类象男人的话，则可为发育成熟了的男人，即长男，为震为伤门即有伤门特点，又因壬癸均在坎宫为玄武为奸淫暗昧之事。壬+癸为长男伤害了幼女加之玄武类象综合信息为幼女奸淫。又因为壬癸同处坎宫为一家之象，甲寅甲辰虚拱成木局为壬癸之食伤，在四柱中讲食伤为子孙能克官制鬼，亦主名声，甲寅甲辰不管虚拱成木局与否，木都是很旺，也就是说食伤较旺，主声名远播之象，将上述所有信息象联系起来可知有家丑外扬之信息。至于最后一句“门吉易凶，易反福为祸”，要根据具体情况而定，亦可根据上边类比逻辑推理出其中道理。

3.应用实例

其实不管古人留下的哪一门预测术，如四柱、六爻、奇门、六壬（包括我研究自创的两柱命理）等，归根到底在预测实践中都要落实到干支、卦象阴阳五行的旺衰生克取象上来，因此我主张打破门派界线放飞灵动的思维，就是各个预测术门类之间不但方法上可以互相吸收兼容，在取象上亦可互相借鉴结合，这样就会使预测从理论到应用进入到一个全新的境界。使原来想都不敢想，用都不敢用的方法和取象形式变为活生生的现实。下面的例子就能证明我所说的不是骇人听闻，如你在实践应用中收到了成效，自会感到一种妙不可言的喜悦，从而研究兴趣倍增。

例 1：庚+丙落兑宫。

这是易友安琪去石家庄参加张志春老师《奇门遁甲》面授班临上车前起奇门局中的部分节选。当安琪从石家庄回沈阳见面就对我说："走前起局的信息都基本应验了。我在那个班休息时与人吵架了。你看这个局这个宫即庚+丙落兑宫，你看我什么时间吵起来的？"我说："你是到石家庄的第二天晚上亥时吵起来的。"安琪笑了说："是那天晚九点多吵起来的，你说你是用什么方法看的？"我说先别急，我还要验证点东西，接下来又断了以下几点：

1.与你吵架的老者（安琪告之与其吵架的是个约57、58岁左右的老者）两次婚姻，1992、1993年应有离婚之事。（安琪说此人也是面授班学员，在吵架之前让安琪测过，安琪说六合逢空你老婆跟人家跑了，老者答1992年离了婚，前不久新找的小老婆又

与别人私奔了）

2. 此老者在右眉上应有一个黄豆粒大小的痣。

3. 当日的酉时，你应与一个身高1.64米，挺亮丽的女子谈话。（与宾馆的服务员谈了一会，身高啥的差不多）

4. 1992年你三姐好像生小孩，做了手术，医院在你家的西南方向。（确实如此）

5. 1996年农历三月份你家破财，你三姐家亦破财。（验）

解：断亥时吵架是因庚＋丙临兑，庚不克丙，丙克不动庚临兑旺，到了亥时，则不同了，亥为庚之食伤，水气直克丙火故亥时吵架。

1. 我以丙为吵架老者（因对方先跟安琪吵的因丙克金故取丙为老者庚为安琪）临兑宫为临辛，丙辛合又有庚，为身弱财旺不胜财，合中有冲为分居离婚，因庚午年为丙之财偏正齐出故为两次婚姻，又因1992、1993年为壬申、癸酉金水旺之年壬癸齐冲丙火故为应期。

2. 如人面对后天八卦则坤宫正对右眉，坤为死门藏申为庚，如今庚＋丙临兑，为丙合辛为水为黑色、丙为红色，混合为痣，临庚为右眉上角（死门可代表疤痣）。

3. 庚临兑为申见酉为桃花为说话交谈，丙为9、庚为7、兑为7，则7+7＝14，9+7＝16，合之舍取会意为1.64米。酉时因兑临旺。

4. 1992年为壬申干支，将庚化为申，可直接拿壬申与丙火论生克，再将丙化为午（见笔者《两柱乾坤》），又因午中藏丁己，己可化为丑，则丙就化为丁丑了，来与庚变化成的壬申论生克了。因丁为离宫为3数，丑为比肩（见笔者2002年《易华帝学》

第八期的《两柱乾坤》全文其中“恒象”对土有论述），所以丁丑为安琪的三姐，地支丑临太岁申坐宫兑均为食伤故为生小孩，壬丁合为难产，壬丁合化木克丑，冲合申酉金为手术为剖腹产，申金为刀为死门为医院方向为西南。

5. 1996年丙子岁，将丙坐支子水加之庚化支申临当年辰月为申子辰水局合成，克丙火，丙为长辈故破财，丙化午化丁己，己为其姐夫为临旺水身弱财旺破财。（己为比劫与其姐取象丁火干支一体类象为其姐夫）

例2：乾（1947年）丁亥癸丑。

这是河北省周易研究会王庆丰老师的两柱命造，2004年4月29日我与易友安琪一同去参加河北省新乐市政府主办的国际伏羲文化研讨会期间结识了王庆丰老师，那是在开完会后，市政府组织到五台山游玩后的返石家庄的旅游车上，我们一起讨论周易应用问题时，王老师拿出了自己的出生年月，让我说上两点，我当即欣然应允做出了如下判断：

1. 1992、1993年你有奔波之苦，公私口舌破财。

2. 你1990年有长辈去世（母去世）。

以上皆验，王庆丰老师还告诉笔者1990年他的两个儿子上了大学，我连连说看不出来。接下来我说你母亲去世那年，是不是上半年得的是肺病，下半年转心脏病去世的？对此点王老师好似非常感兴趣，急忙问你这点怎么看出来的，我母亲是上半年肺病下半年去世于心脏病啊！我说非常简单，当我把解析观点告诉王老师时，增添了不少笑声，当时安琪在旁。

解：

1. 以癸水为中心，1992、1993年壬申癸酉金水两旺，身旺劫旺为破财之象，丁癸相冲为奔波，壬丁合木冲申为口舌，故有上断。

2.庚午岁，午火被亥合丑收入库，从丁看临午通根，故癸丑可以对丁构成克泄交加之攻势。在六爻上讲为丁随鬼入墓，即癸为丁的七杀为鬼丑为墓。丁为印为母故为长辈。庚午为太岁，天干为上可视为上半年，庚主肺可断为上半年肺病，午火为地支为下为下半年，火主心脏，故下半年心脏病。

4.小结

学习研究奇门干支丰富的信息象，首先可以开阔视野知干支中有乾坤。其次有利于提高实践水平，激发创新思维，改变那种“章句之生，不览古今，论事不实”的教条主义学风，从而培养严谨的学习研究应用态度。奇门干支信息象尽管已经作为一种独特的信息象流传于世了，不管当时古人是从哪个角度，怎样思考和类比取象的，虽然能给我们很多的启示，但毕竟有些方面与今天的社会很不相适应，所以今天我们学习研究它，并不是死记硬背下来运用，而是要在研究中学习和掌握古人的取象思维，然后创造出与时代接轨的信息象，我想这才是真正的继承和创新关系。当然这不是一件容易的事，需要有扎实的周易义理和实战基础，而且还要做些必要的耐心细致的不计名利，守住清贫耐住寂寞的研究工作，方可进入像围棋九段棋手无定式的善于创新，敢于创新的活变、灵变境界。为后人留下我们这个时代的《奇门遁甲》《大六壬》《四柱》六爻等周易与应用方面的宝贵资料，岂不是善莫大焉！

读邵彦和《大六壬断案》占宅易案随笔

——游尸裹帽老人象意研究

看邵彦和《大六壬断案》中占宅易案，想起了几年前看过今人几本对此易案的评注及解析，大体上来讲，今人的评注和解析都是引用《毕法赋》云以及按图索骥一厢情愿的探研方法。如此研究六壬之学，一是对壬占的实践毫无指导意义；二是象意的破解没有一点让人心动之处；三是没有启发意义，不能让人从中学到壬占的技法以及创造性的思维。本人不揣浅陋，愿将对邵氏占宅这个易案的一己之见与方家分享。

一、邵彦和占宅易案及今人评注

邵彦和是宋代易占名家，所实践的易案，涉及了生活中的方方面面，但有的易案解析到位，有的则一笔带过，易理并不是很充分，即使是这样邵彦和的易案也是历代壬占书中的佼佼者，被宋以来的壬占学奉若神明，视为壬学一代宗师。客观地讲，邵彦和壬占确有独到之处，易案十分神妙、精彩纷呈，深为广大易学爱好者所喜爱，研究邵氏易案，也成为学壬者的一门必修之课，评注者如雨后春笋般涌现。现将对本文所涉及的评注及解析的简要情况引录如下：

1.邵彦和占宅易案原文

某占家宅，戊申年九月甲申日，辰将亥时

课体：知一、天狱、铸印、三奇。午未空亡，亥子坐空。

勾青

六戌亥子丑空　贵龙空后　父戊子龙

朱酉　　寅白　未子丑午　子癸巳阴

蛇申　　卯常　甲未申丑　财丙戌六

贵未午巳辰玄

后阴

邵先生曰："此宅原是空坟，今墓神作梗，宅内常有声。见一人裹帽而行，乃六十老人墓于内，尚有游尸，所以出来作怪。每主克子，因灶下皆坟，若移灶则无声。更第三间阁下是此裹帽老人葬处，掘下五尺便见，迁去即安矣。"

试之，果然。因丑为裹帽老人也

2.今人评注者对此易案的简要评析及问题

现代人评注此易案，多是按邵氏原文中"今墓神作梗"之句而论，并列《毕法赋》"干墓并关人宅废""干支乘墓各昏迷"之句来附会，而没有从象意上探研出此为何为空坟？也没有研究出

"宅内常有声"的原理在何处？为什么宅内常有声？仅围绕"今墓神作梗"一句取中传巳加子为哭声，来说主"宅内常有声"，而邵氏原文中并没有哭声的字样，而是说"宅内常有声"，也就是说此句中的"常有声"指的是声响，而不是具体的哭声。原文中又有"见一人裹帽而行，乃六十老人葬于内，尚有游尸，所以出来作怪"。可见宅内有声，是出现一个头戴裹帽的老人才有的响声，更进一步证明不是哭声，巳为灶的原理没有讲清楚，仅讲"巳乃甲之子息，又为炉灶，受克于子，并投于墓，墓更作六合子息神，所以'每主克子'，因灶下皆坟，若移灶则无声"是不充分的。此外对于"此宅原是空坟"一句，用"支乘墓虎有伏尸"来解析，也是不够具体，也就是对"支乘墓虎有伏尸"一句怎么理解的没有详细展开来讲，对于一般壬占爱好者就需要对这样口诀来解析，从而弄清象意的来龙去脉。此易案中的细节信息如为什么此老人是六十岁，戴的"裹帽"怎样取象，为什么在第三间阁下有此老人，及为什么"掘下五尺便见矣"，丑为什么为裹帽老人？等等，今人评注者，将这些信息均省略避而不谈，这样注释及解析均是现代评注者的普遍问题。想学大六壬的易友们，想看什么，这些评注者就偏不说这些，可以说虽然古籍的研究已经有不少人进行了探索和努力，但还不够，问题还挺多。

二、邵彦和占宅易案象意详解

邵彦和先生此例易案言简意赅，直击要害，象意亦是行云流水，为壬占史上留下了精彩一笔！虽说此例解析较之其他易案要简洁得多，但要顺应壬占日干为人日支为宅的思路去探研，也不难发现其中的壬占之理。

1. 既要遵循规律又要有发挥空间

中国的文化是有特色的文化，是遵循着一定的规律，又有个体发挥空间的个性文化，如书法、围棋、绘画、诗词等，都是遵循着每个领域的艺术规律，而又因个人的不同而不同，就说围棋吧，可能都达到了九段的水平，但是棋风是不同的。再说诗词，苏东坡与李清照在诗词领域都达到了一定的境界，但一个是豪放一个是婉约。学习周易象数易学也是如此，都是因人而异的个性文化，因此，易学因为个体差异而展现出迥异的风格，也正因为有了个体的差异，使易学才有了个性，有了灵魂。注释评点古籍也是一样，在遵循一定的易理规律外，只有凭借个性的不同自由地发挥去理解和创造性地学习，才能让易学真正地鲜活起来，邵彦和先生的易案，每一个都是具有很强的个性在其中的，如果注释抓不住这种个性化的东西，规规矩矩地去按套路化、格式化去解读易案，无疑毫无益处。

此例邵彦和先生测的是房宅，此易案的个性就在于看出了“此宅原是空坟，今墓神作梗，宅内常有声”。那么此宅原是空坟一句是怎样看出来的？现代评注者均按邵氏原文中“今墓神作梗”之句来推断的，这种思路无疑是正确的，然而细追究起来，理论上是缺斤少两的，有的评注者引录《毕法赋》中“干墓并关人宅废”“干支乘墓各昏迷”又加上些神煞如关神、五墓哭神及天马等神煞，均很难从象意上推出此宅原是空坟的结论。研究空坟的前提是，首先要从判断房宅的信息中先看出房子下面是坟，然后再分析是空坟的问题，思考的维度脉络就顺理成章了。按照大六壬的占法规律，以日干为人以日支为宅，日支申金克日干甲木为宅克人，而太岁为戊申临坎宫之父母爻入宅来克日元，日元甲木在天盘位置上临未，申在天盘上为丑又临天空，四课中亦显示，未甲临贵，丑申临空，将这种组合细化一下，即甲木被克入未墓，寅位又临太阴白虎为宅基地下有坟之象，因为一是甲临逢未见申为坤，甲的落宫寅木又临白虎为甲木被克临虎而入未墓，寅为艮亦为艮之鬼爻，临太阴为辛酉为巽宫鬼爻纳音为木见艮为像风一样飘荡的鬼魂之象，故为此地藏过人之征；二是申上为丑，丑上为午又临空，丑上又乘天空，天空为戌戌为坎之鬼，戌按十二辟卦为大艮即“剥”卦为坟之象，亦可推出此宅上有死人之象；三是申上有螣蛇会有怪异的现象出现，又因申克日元甲木落未，申未为坤为旧为此宅原是坟之象。又因未旬空，三传中父母爻子水在天盘午火上，父母爻也主宅，在干上为旬空，又临青龙即甲寅，上已论甲木已被克临白虎入墓主宅下有坟原是空坟之征。通上论从规矩到合乎情理的发挥，可以推出此宅原是坟墓。如果简单去按邵彦和易案上说宅下有坟就按坟去看，而不研究坟哪来的，而在坟中的老人及后边的克应上去研究则为舍本逐末。

2. 既要合理想象又要不拘一格

学习传统的象数易学，想象非常重要，因为没有想象所学的理论就好像无源之水，无本之木了。学起来也非常枯燥，用起来也十分乏味。许多人研究八字、六爻、奇门、六壬多年，理论上讲起来滔滔不绝、口若悬河，用起来脑海中一片空白。基本原因是缺乏对干支卦象象意的想象，即使有所联想也是被理论束缚得死死的，不敢越雷池一步，使平时所学在实践中一筹莫展。在这方面邵彦和先生的易案为我们提供了很好的示范。

邵先生占家宅的易案，在推出此宅是空坟的基础上，又发挥想象，得出宅内常有声的结论。进而推断出坟内是一个60岁的老人头戴裹帽而出现于宅中。按壬占理论，申为宅在地盘卯木上临蛇，卯木为震为响声，临螣蛇主怪异，故为常有声响之象。而把坟中人物形象及穿戴讲得很具体就难度很大了，如按常理能推断到宅下有坟，宅内常有声响，已经是不得了的水平了。邵彦和先生把坟内的死人讲得栩栩如生，则是他的高明之处，也是一般壬占者望尘莫及之处，更是壬占爱好者所向往的神奇境界。易案此处虽然解析略去，但却是最值得深思之处。此处正是邵先生打破常规不拘一格的地方，把墓内的人物讲得如亲眼所见一样，一是靠易理，二是靠易理基础上的想象。研究这些问题的前提和基础，是要找出墓中老人能够成虚像在宅内行走的理论依据，这样才能找出邵先生的易断脉络。

要想在理论上搞清楚宅下墓中之人，在宅内出现的现象，首先还应看最基本的六壬理论，即以日元为人，日支为宅，如代表人的甲木与代表宅的申金在象意上有十分紧密的联，说明邵彦和所讲的有60岁的老人头戴裹帽在宅内行走的理论上是成立的。甲的落宫为寅天盘临未，而未上正临天盘子水正是父母爻为宅，而子的天盘临巳，巳为蛇在地盘卯位上天盘为申，申为日支为鬼爻，而天盘卯上临贵神为太常已未。地盘为戌位，上乘六合为乙卯，可见日支之申鬼临蛇在卯位又临太常，卯为震为足为行走之象，可见申金之鬼可以像甲木（人）一样可以在宅中行走。申在太岁为戊申在坎宫，日元为甲申，故此宅中的坟墓埋的是一个男的，甲申按纳甲法为乾宫为老头之象，又因在天盘上申临的贵神为巳按十二辟卦亦为乾为老者，在三传中初传为戊子为父母爻亦在坎宫数主一、六，故综合而论坟中为一个60岁左右的老人。其次，就是研究“见一人裹帽而行”和“丑为裹帽老人也”二句。此处邵先生取象的方法上就非常的洒脱了，也是我所要讲的不落俗套不拘一格之处，许多壬占爱好者总是追寻有章可循有法可依，能够反复重复的易学理论，而不注重发挥创造，这也正是壬占高手凤毛麟角的主要原因，甚至有的壬占爱好者，见你的壬占稍微与他所学的套路有一点不同的地方，就马上排斥，更甚者口诛笔伐，在这些人眼中只能求同不能存异，在他们的视域中，奇门就是奇门，六壬就是六壬，六爻就是六爻，八字就是八字，之间没有任何关系，也不允许互相借鉴，研究邵彦和先生的易案，很少研究邵氏象意的出处及理论与技法的互通性。这种叶公好龙式的学习与实践，就忽略了邵氏易占中不拘一格的壬占技法及天才式的创造精神。

关于“见一人裹帽而行”的“裹帽”二字仅最后说一句“因丑为裹帽老人也”。为象意解析，但丑为什么就是裹帽老人？邵彦和先生没有进行详解，在现存的资料中也没有人对此进行阐释，这看似可以一笔带过的地方，其实正是此易案的亮点，也是邵彦和先生壬占取象上不拘一格之处。裹帽，是古代男子成年以巾裹头，是古代加冠的遗意。说白了就是一个头上戴着用布围起的帽子。从日支申的地盘落宫上临丑，再进一步寻找丑的天盘上正好为午火，午为马为乾为头，上又见亥水为坤（按十二辟卦）为布，又因申上临蛇，亥临勾陈为戊辰，巳辰为巽为绳索之象，为头上有布缠绕之象，故为裹帽之征，再从日元甲木来看，正好在申金之上，也可为申金（即死者头上之物）甲的落宫地盘上见未，未上见贵人为己丑，而己丑正与己未应，己未为离卦的五爻可为头，而地盘的未上正临天盘子水为父母爻，父母爻为衣物，而头上的衣物即为帽子之象，而子水又临青龙甲寅在乾宫为圆形的帽子裹头之象，按照申金为房宅之象，即申金可以与三传中的戊子父母爻是相通的，因父母爻戊子可以代表房宅，则申金亦可，按照几何的原理是可以等量代换的，即申即戊子，此成立的话，则子上青龙甲寅即可与申上之丑组成艮卦，艮的卦画上一阳爻下两阴爻即可视为帽子之象，亦可推出丑为裹帽之象。如单从丑的类象出发也是可以的，丑为牛为坤，坤为母为布，申金为死者（前已推论）在六壬上为庚申，在六爻上则庚申为五爻为道路为传送故此死人之魂可动之象，庚申在五爻可为头，头上之布即为帽之象，亦可得出丑为裹帽的结论。至于说邵彦和先生当时脑海中闪现的是哪种象意变化，我们无从知晓，但经过仔细研究推敲，邵先生一句“因丑为裹帽老人也”，让我们看到了邵先生非凡的象意功力，仅此一句，我们就见到了一个众妙兼俱的邵彦和，便不会去怀疑邵的水平，因为丑为裹帽老人一句讲得非常简洁，也非常天然，没有水平装是装不出来的，真可谓平淡之处起波澜见神奇！

3. 既要研究情况又要解决问题

学习任何的预测术，归根到底都是要为解决问题服务的。我把它归纳为“知识性、趣味性和应用性”，简而言之，就是在学习知识获得趣味的同时，更要着眼于它的应用。邵彦和先生此易案，就突出了这一主题，既找到了问题所在，又找到了解决问题的办法，不像现在所谓“风水大师”上来就讲这不好那不对，这地方吉那个地方凶，还没得到验证就开始给人家调风水了，邵彦和先生没有这么干，人家是采取了预测验证，找准了问题所在，才说怎么办的，这就是真懂与不懂的区别。

邵彦和先生通过三传四课及天地盘，又进一步得出了此宅克子的信息，进一步惊准定位房宅下的坟在灶下，要挖掘五尺就可以见到裹帽老人并告之将此坟迁走家宅可得安宁。这样的推论和验证不得不让你信服，这也是广大壬占爱好者之所以喜爱邵彦和先生壬占之理的根本原因，可以说看大六壬易案，仅邵彦和著《大六壬断案》一本足矣！余不足观。

此课从三传来看，父母爻临月令及太岁、日元旺动克子孙爻巳火入未传戌墓，为克子之信息，然而子孙为巳又为申金上乘之神，申金为宅下之伏尸，巳与申合之故亦是克子的信息，主此宅有少亡或子孙有夭折之象，但坟墓在灶下，又是第三间房子的灶下就令人费解了。虽有巳为炉灶之说，但巳为什么是炉灶呢？这样一问，相信好多人会说：“大六壬中巳就是炉灶，古人就这么规定的。”这种回答，我是不赞成的，因为我想知道巳为什么是灶，古人又为什么把巳的类象为灶呢？我认为原因有如下几点：一是丁巳在兑宫与丁亥子孙相应，丁亥为子孙爻，在兑宫为口为吃的，而丁巳与丁亥相应，如果亥水为子孙为吃的食物，而与食物相应的火即可为灶；二是申金落在地盘卯木上为震宫，可为庚申与二爻庚寅相应，二爻为宅，见巳火为宅中之火为灶的象意；三是卯在天盘临神为太常，太常在离宫上互卦兑中与己丑相应间爻为酉亥为酒主饮食，又为子孙爻，故巳火同为子孙爻主灶的象意；四是卯又为六合正好落在地盘巳位临天盘戌，戌为天空临在地盘申位天盘为丑，丑为艮见戌为丙戌为屋上土，见六合木为丙寅鬼爻之象（此处鬼爻是广意的即艮见木为鬼，所以见卯想到丙寅鬼爻）。为炉中火之征，再临巳为子孙主食物吃的，为此炉为灶之征，然而这些象意又要与代表宅子的申金及子水死死地捆绑在一起，所以可直接判定宅中灶下为坟墓；五是从三传中亦可看出子孙巳动，未传丙戌为财为屋上土，将两者一组合即是房间中与吃饭有关的火，即可推出巳为灶的结论。

再从地支申金入手，申为白虎，虎正好落在天盘寅木上落兑宫酉位上，兑为穴，寅数为三，故在第三间阁下为裹帽老人葬处，而申的地盘临丑，丑为二寅为三合之正好是五，也为艮为坟包之象，故“掘地下五尺便见”。把所有问题都找到了，并得到验证，综合结论是把裹帽老人的尸体迁走，此宅就安宁了。

三、邵彦和占宅易案的几点启示

通过剖析邵彦和先生占宅易案，从中感悟良多收获很大，具体讲有：一是从题材上看，此易案内容涉及坟及游魂，也就是唯物主义所反对的鬼，理论上讲要避而不谈或坚决排斥，其实大可不必，因为鬼作为传说中的现象，不论是小说还是故事或是在现实生活中都曾被谈到，至今也仍然是一种现象而矣！从古到今做易学研究应该不用回避，也大可不必谈此就说成是封建迷信，我看《聊斋志异》谈了那么多鬼狐不但没成迷信，反而成了名著。因此，作为一种现象在学术上是可以探讨的，因为探讨不等于宣传；二是方法上看，壬占之学中的天盘和地盘及贵神之间是可以互相转换取象的，天盘地盘和贵神的模型格式组合为这种转换提供了契机，此外只有把六爻纳甲法贯穿始终，才能使壬占的学习和实践充满乐趣和神奇；三是从思想上看，一定要摒弃传统的、单一的思维定式，以一种开放的、多维的、立体的、全新的学术视野与思维方式去探研古易案，在学习和实践中牢牢地树立起问题意识即多提问题、多思考，才能在易学坐标和理论定位上明确方向和重点，从而得以融会贯通斩获惊喜，在新的历史时期，展现时代的象数易学风貌。

《搜神记》之：戟锋火光

原文：

晋惠帝永兴元年，成都王之攻长沙也，反军于邺，内外陈兵。是夜，戟锋皆有火光，遥望如悬烛，就视则亡焉。其后终以败亡。

译文：

晋惠帝永兴元年，成都王司马颖攻打长沙，叛军返回邺城，在邺城的城内城外都驻扎了军队。

这天夜里，士兵兵器的锋刃上都有火光，远远望去就像悬挂着火烛似的，走近去看便消失了。这之后司马颖终于还是失败被杀。

按锋刃上有火光，可将此现象转化成卦象，即火光为离，锋刃为兑。从上下关系来看，离卦在上，兑卦在下，兑上阴爻很像兵器锋刃。

离火在上卦为头，为面，下临兑金为杀头之象。兑为兵器，上有离火克之，为兵器受损之象。兵器为手下兵将杀敌之利器，出了问题，意味着有损兵折将，有打败仗的信息。

兑卦又有毁折的信息，为乾卦上爻之动变，亦主头部出了问题，兑被克为主帅被杀象，因兑为乾之上爻的变化，乾为头为王为主帅，化兑被克正符合兵败被杀之象意。

凡事都有征兆，不管是吉是凶，或是梦境出现，或是以意外的小事显现，或是以离奇之事为征，事后人们才发现，一切事情的发生，并非偶然，事前或多或少都有所提示。

《系辞》中有“天垂象，示吉凶”。这个“示”就是物之神示，然示是以垂象的方式来展现的。如果我们能够正确地将生活中不寻常的事或现象，摹拟以卦象及干支配以五行，用辩证的观点研究分析，就可以求证出吉凶的结果，为减少损失，回避风险，提供了很大的回旋空间。当然，虽说有些事“可怜无补废精神”，但也能从象示吉凶中，将损失降低到最小数值。

“天垂象，见吉凶”并非知道了吉凶就完事了，其最终的目的，还是通过易象知道吉凶后，采取有效措施趋吉避凶，否则周易研究将失去现实意义。

《搜神记》之：乔玄见白光

原文：

太尉乔玄，字公祖，梁国人也。初为司徒长史，五月末，于中门卧。夜半后，见东壁正白，如开门明。呼问左右。左右莫见。因起自往手扪摸之，壁自如故。还床，复见。心大怖恐。

其友应劭，适往候之，语次相告。劭曰："乡人有董彦兴者，即许季山外孙也。其探赜索隐，穷神知化，虽眭孟、京房，无以过也。然天性褊狭，羞于卜筮者。"间来候师王叔茂，请往迎之。须臾，便与俱来。公祖虚礼盛馔，下席行觞。彦兴自陈："下土诸生，无他异分。币重言甘，诚有踧踖。颇能别者，愿得从事。"公祖辞让再三，尔乃听之，曰："府君当有怪，白光如门明者，然不为害也。六月上旬，鸡明时，闻南家哭，即吉。到秋节，迁北行，郡以金为名。位至将军三公。"公祖曰："怪异如此，救族不暇，何能致望于所不图？此相饶耳。"

至六月九日，未明。太尉杨秉暴薨。七月七日，拜钜鹿太守，钜边有金。后为"度辽将军"，历登三事。

译文：

太尉乔玄，字公祖，是梁国人。起初，他担任司徒长史，五月底，乔玄睡在大门中间，半夜以后，看见东面的墙壁雪白，就像开了门一样明亮。他叫左右的人来询问，但是所有人都说没看见。于是他就起来亲自上前，用手抚摸墙壁，墙壁还是原来的样子。但当他回到床上，又看见墙壁雪白，因而心里非常恐惧。

他的朋友应劭正好去看望他，乔玄便把这事告诉了应劭。应劭说："我同乡中有个叫董彦兴的人，是许季山的外孙。他擅于探索幽奥隐微，了解神妙变化，就是眭孟、京房也未必可以超过他。但他天性拘谨，认为占卜是羞耻的事而不愿意干。近来他正好要来看望他的老师王叔茂，请让我去把他接过来吧！"

一会儿，董彦兴便与应劭一起来了。乔玄谦恭地以礼款待董彦兴，准备了丰盛的美味佳肴，还走下座亲自向他敬酒。董彦兴不等他请求就自己先说道："我一个乡下的儒生，没有什么与众不同的天赋，您现在以如此隆重的礼节招待我，说话客气，这让我实在有点忐忑不安。如果我稍稍能识别吉凶的话，愿意为您效劳。"乔玄推让了好几次，然后才把这事讲给他听。

董彦兴便对他说："您府上正发生了奇怪的事情，所以看见墙上的白光像开了门一样明亮。但这不会给您造成什么危害。到了六月上旬，早晨鸡啼的时候，听见南边有人在哭，您就吉利了。到了秋季，您将调到北边的郡府任职，那郡府的名字中有'金'字。之后您的官职会升到将军、三公。"乔玄说："碰到这样奇怪的事，连抢救家族都来不及，哪能指望这想都不敢想的事情呢？您这只是在宽我的心罢了。"

到了六月初九日，太尉杨秉突然死了。七月初七，乔玄被任命为钜鹿太守，“钜”字的偏旁中有“金”字。后来乔玄又做了度辽将军，升任太尉、司徒、司空三公要职。

看完这则小故事，我认为有一点不是推算的，就是董彦兴一见面就对乔玄讲：“您一定碰上了奇怪的事，是墙上的白光像开了门一样明亮吧？”因为此点如果也像书上讲的那样神奇的话，与象数易理不太相符（此点可能是乔玄的朋友应劭在找董彦兴时告诉他的），其他的结论均在象数易理之内。

董彦兴到底是怎样根据现象推导出乔玄要升迁的呢？下面笔者按照象理关系进行分析一下。

1.乔玄家东墙见白光，就要从东墙说起。按卦象分东为震宫，断为三。俗话说“房东”，意思是东墙即可以代表房子的主人，即以震木为乔玄。见白光且开了门，白为金为震之官，震为武人（乔玄本身为太尉官员）为官人，见白光且在半夜以后，为子时，为官印相生之象，为吉利的信息，为房子的主人有晋升之象，如果乔玄是农民则另当别论。

2.墙为土为坤，发白光为土生金之象，金为白虎主杀气，光者气也。对于震来讲为杀为鬼，加金为白，白字加鬼为“魄”字，再加上金克震木，为木入库之征（坤宫有未申，未为木库），金为官为魄，为杀气，为死气，又临墙发光，墙为坤，为旧，为前任官员去世之征。

3.墙为土为坤，坤中含未土，为金克木入未库，故未月（即六月）有人去世，正好死去的官员姓杨，也应东门白光之象（震为木）。

4.因乔玄是五月底见的光，为午火旺之时，震木生火克金，使震木不受伤。且午火克金亦为有利之征。这个故事巧就巧在董彦兴告诉乔，将调到北面的郡府任职，正好符合半夜见白光，金光相生提升之象。（北为水，半夜亦为水，白光为金）

5.六月为未月，寅卯之时鸡鸣，鸡鸣之应为金克木，而木入未库。南边为丙丁之地，鸡鸣和白光为辛，丙丁火为离卦的类象，为眼睛，为目。丙辛合化水，为眼泪。兑为言，为金生水，水为听，故听到南边有人家在哭。这里的鸡鸣和南边有人家哭，均是以此为应矣！应这个官员去世这个象。

6.南边有人哭的意象为午火被制，为泪，只有午火被制再有水才能形成金生水、水生木晋升的征候，故以此为应。

7.乔玄见东墙开了门一样明亮，为上任的地方门府带金字之象，故为钜鹿太守（明亮为白色为金）。

分析这则故事，笔者得到几点启示：

一是不拘一格取象和运用干支，同时要结合好时令节气；

二是善于在取象过程中，展开丰富想象；

三是要善于总结和运用卦象克应，像故事中讲的南边有人哭和鸡鸣之时等，均是克应的体现；

四是效法自然，总结自然界规律和现象，用自然中的道理去指导易理实践。

《搜神记》之：淳于智卜宅居

原文：

上党鲍瑗家多丧病贫苦，淳于智卜之，曰："君居宅不利，故令君困尔。君舍东北有大桑树。君径至市，入门数十步，当有一人卖新鞭者，便就买还，以悬此树。三年，当暴得财。"瑗承言诣市，果得马鞭悬之。三年，浚井，得钱数十万，铜铁器复二万余，于是业用既展，病者亦无恙。

译文：

上党郡的鲍瑗，家里的人死的死，病的病，穷苦难当，淳于智为他占卜，说："您住的宅子不吉利，所以使您困顿。您家的东北方向有一棵大桑树。您径直赶到城里，进城几十步远，会有一个卖新鞭子的人，您就去把他的鞭子买回来，把鞭子挂在这棵桑树上。三年后，您一定会猛然大发横财。"

鲍瑗按照淳于智的话到城里去，果然买到了马鞭，他就把鞭子挂在那棵桑树上。过了三年，他疏通家里的井，得到钱几十万，还有二万多只铜器、铁器。于是不但家里的钱不再紧缺，家里的病人也好了。

这则故事同样十分令人咋舌，稍做分析我们可以得出以下几点解析思路：

一、从故事中可以知道鲍瑗家东北方向的大桑树对其家不利。这个结论是淳于智占卜得出的，用什么卦不清楚同样不必考虑这点，重点是研究马鞭、宅、大树和发财的关系。

故事中较为直观地给出了东北方向有大桑树为病的已知条件，由此把东北方向转化为卦象则为艮卦，类象为宅舍、为山。按照风水学中讲的“山管人丁，水管才”的观察点来看，艮可代表人丁。再从乾、坤、艮天地人三才的角度来讲，艮也可代表人丁。

从故事中可知大桑树木克艮土，可知鲍瑗宅运不佳，即人死的死，病的病。

二、将大桑树化作卦象可视为震木。树木大可视为木的五行之气较旺，艮土衰加上震木旺，可知水无生，水为艮的财（我克者为财），故十分穷苦。

三、由上述一、二点的解析中，可以知道大桑树是产生对宅主不利的主要因素。

四、淳于智告诉鲍瑗“进城几十步，会有一个卖鞭子的人。而后果然买到了马鞭”。这句我认为没什么玄机。问题关键在于买回了马鞭挂在桑树上，这与艮土之间又有什么关系呢？

带着这个问题，经过认真思考，我发现原来马鞭能起到化桑树杀气的作用。这一点从马鞭的类象可知道，乾卦的类象为马、为金钱、为天、为富有，为铜、为铁、为金属。从马鞭的功用可知马鞭的卦象为离火。道理在于马鞭是管理马即打马用的工具，按生克的角度来讲是克马的东西（火克金），再从马鞭的物品形象来看，一头是柔中有刚的绳；一头是木制握手（即鞭杆）。从绳和木杆可以使人联想到一个卦象，就是巽木，因为巽木的类象为绳，为木，为井等，这是马鞭的另重信息象，后边的解析中我们将用到。

五、从上述类象可知将马鞭挂在大桑树上，正好构成了震木生离火，离火生艮土的五行流通卦象，如将震看作是上卦则马鞭离火则为下卦，正好构成了雷火丰卦，取卦名之义为丰收喜庆之意。

六、故事中讲过了三年，经过淳于智调整后的宅主发了财，好了病。笔者认为淳于智主要是利用三年的三数，即三为离卦为火气。当数值三时为火气相旺，过了三年意味着旺木经过了旺火五行之气的转化，艮土得生之征。

屋宅的主要矛盾基本解决，其他的好事理所当然地会接踵而至了。

再从马鞭的类象来看，它包含着离卦和巽卦的双重信息，由此我们可以找出一组等价关系，即离等价于巽，反之亦然。离卦的类象为马鞭、为马、为火，又因乾卦类象亦为马，故离卦等价于乾卦。加之巽卦的类象为井、为马鞭等，将这些合之会意后，鲍瑗家从井中得钱，以及得铜器、铁器和家中病人全愈等情况就不难理解了。

上面两则小故事的解析，我们不管故事的真假，解灾的灵验与否，至少能传递着这样一个信息，即我们的祖先在汉代的时候，就运用周易象数思维成功地进行了趋吉避凶。今天，我们用象数的理念来挖掘整理这些珍贵的探索生命、关爱生命的历史资料，无疑将更具有深远的现实意义。

《搜神记》之：猿母哀子

原文：

临川东兴有人入山，得猿子，便将归，猿母自后逐至家。此人缚猿子于庭中树上以示之。其母便搏颊向人，若乞哀状，直是口不能言耳。此人既不能放，竟击杀之。猿母悲唤，自掷而死。此人破肠视之，寸寸断裂。未半年，其家疫死，灭门。

译文：

临川郡东兴县有一个人进山时，捕获了一只小猿仔，这人就把小猿仔带回了家，母猿也随之追到了他家。这个人把小猿仔捆绑在院中的树上让母猿看。母猿就对着他自打耳光，好像是在向他哀求的样子，只是苦于口里不能说出来罢了。但是，这个人不仅没有放了猿仔，反而当着母猿的面把小猿仔打死了。母猿悲痛地大声呼叫，自己跳起来撞死了。这个人剖开母猿的肚子，看见母猿的肠子一寸一寸地断了。不到半年，他家遭遇瘟疫，所有人都死光了。

所谓“克应”，是奇门和六壬等古代预测学，通过干支或易象相克相生所产生的相互关联对应的事件。

现选一例与大家分享，奇门遁甲中：

“天蓬值寅时，主青衣童子持花来，北方和尚裹衣至，又主女人来为应，作用后主有贼动劫家财，六十日蛇入屋咬人，牛马死伤人口，三年后进田宅。”

说的是坎卦与寅木组合后所产生的信息象。这种克应类象在易学大家干宝《搜神记》中是以故事的形式体现出来的。我每次看这本书都能从中感悟许多干支易象的理论，对于易象的理解也随之加深。

此则小故事看似奇异，当个民间故事看看也就过了，如果以易象的角度解析，我们就会从中看到不少干支易象的精美组合。首先是从山中抓个幼猿，按八卦类象学过周易的人都会想到艮和申，因为艮卦类象为山，申为猿。

如再深一层想象就可把幼猿的类象取出来，这得需要按六爻的纳甲法，将艮卦纳甲可知丙申可为幼猿，因丙申为艮卦的子孙爻，可代表幼小，申为猿，将两者一组合即为幼猿的象意。

接下来再依据文中“此人缚猿子于庭中树上以示之”一句，想到艮中之树为寅木，按纳甲法为丙寅，为艮中鬼爻，寅申相冲，为母猿自打耳光以乞求那个人放了小猿的信息象。

因申既代表小猿也可代表母猿，寅木在六壬中为功曹，为甲木的寄宫。总之，寅木可为甲为头为面，寅申相冲，小猿被缚，母猿自打耳光之象，一是自责；二是乞求放猿。寅代表头面，申为猿，两者一组合为猿的头面的信息，相冲为猿自打耳光之象。因前题小猿被缚已确定了，母猿的不吉利的信息，因此，幼猿和母猿的信息是相同相近的。幼猿死，母猿亡。符号相同之故。

由此还可延伸信息象，申藏坤宫，寅申相冲，也是寅木克坤土之意，此时再将坤类象为腹的信息象，与鬼爻寅木一组合，即是母猿死后被破腹之象，申代表肠子，在坤宫坤的卦爻符号是六段三组两两断开的小段横，可直取其象为肠寸寸断裂。

最精彩还是幼猿和母猿死后不到半年，这家人都得了瘟疫全死了，这就是前面的是应验后面的结果，从卦象上来理解也是合情合理的。

从两猿之死，可知艮中丙寅旺极，鬼旺为疾病之象，艮为门槛，两者组合为瘟神入门之征。丙申既代表幼猿也可代表家中小孩，申既代表母猿也可代表家中的老母，两者都死也应家中死人，在六爻中子孙代表医生和药，既然子孙之神已死为无药可治之象。因幼猿和母猿死得都比较快，按梅花易数的外应来讲克应的速度也应是很快的，申按地支顺序为九，加之外应为快，故不到半年其家应灾。

《搜神记》之：隋侯珠

原文：

隋县溠水侧，有断蛇丘。隋侯出行，见大蛇被伤，中断。疑其灵异，使人以药封之，蛇乃能走，因号其处断蛇丘。岁余，蛇衔明珠以报之。珠盈径寸，纯白，而夜有光，明如月之照，可以烛室。故谓之“隋侯珠”，亦曰“灵蛇珠”，又曰“明月珠”。丘南有隋季良大夫池。

译文：

隋县溠水旁，有个地方名叫“断蛇丘”。隋国国君隋侯出宫巡游，看见一条大蛇被砍伤，从中间断成了两截。隋侯疑心这条蛇灵异通灵，就叫人用药给它包扎好，经过医治，蛇又能行走了。于是，人们就把这个地方叫作“断蛇丘”。一年以后，大蛇衔着一颗明珠来答谢隋侯。这颗明珠的直径超过一寸，通体纯白，夜晚有光，光像月光一样明亮，可以照亮屋子。因此，这颗明珠就叫“隋侯珠”，也叫“灵蛇珠”或“明月珠”。在断蛇丘的南边，有隋国大夫季梁的一个水池。

晋干宝《搜神记》中的故事闲时看看，清逸怡神。总能让思绪产生轻灵的翅膀，遨游在自由的天地中。以前我在《干支易象实例精解》和博文中介绍过，干宝是一位大易学家，他的易学思想很值得喜爱象数的朋友们学习，或许能打开思路，或许能让你找到灵感进入神奇的境地。

总之，我认为易经中的易象运用到生活中，最基本的做法就是让思绪进入自由的状态，去掉各种束缚，这种境界的寻得只有神话小说中才有。如孙悟空一个筋斗云就十万八千里，《八仙过海》电视剧中的神仙下棋兵、卒可以倒退等，常态的生活中是没有的。我们生活中要受到种种的束缚，可是神话世界中就没这些，有的是相对有高度的自由，如果把这种自由的思维运用到学习中，特别是易象的应用中思维不就提速了吗？

但有的人不这么想，总认为这是“扯”，用两个字来说是“胡扯”。这两句我也是最近从一位大学党委书记的朋友那听来的，她向朋友说起我预测2011年日本“3·11大地震”事件时，她的朋友根本就不相信，说了“扯，胡扯”。我说：“那你看了吗？”她说看了。我说：“是事实还是事后附会？”她说：“那还能有假啊！但有的人就是连看都不看就否掉。”

像这种人学易的圈里也不少，自己不懂不去看也不愿接受新思维，固执的要命！这种选手与他谈什么都是对牛弹琴。他的视野注定是狭隘的，是不利于学习和提高的，因此，本文只给一些适合并能接受的朋友准备的。

试想一下，易象如果不能进入一种轻灵的境界，怎么可能类出万类象来呢？怎么可能成为群经之首，三玄之冠呢？下面看看这则小故事中的象意组合。

有资料记载，十二辟卦早就产生了，大易学家干宝以故事的形式演绎了这十二卦中的乾卦。我每次看《搜神记》时都注意搜索这里面的象意组合，时间长了我觉得这本书对我学习和运用汉易有很大的帮助。

就说这则故事吧，我第一眼象意就很自然形象地浮现在眼前，即：隋侯为乾为金，断蛇为丁巳，丁纳甲为兑宫，为上缺，丁巳为兑宫的鬼爻，为蛇被砍伤断成两半之象。

当断蛇见到隋侯，相当兑卦变乾卦，为兑上缺之点连接上之象，丁巳纳音为砂中土，正生代表隋侯的乾卦，故隋侯得珠。

巳按十二辟卦为乾卦，兑为口，为金，丁巳为蛇口衔珠之象，纳音土生乾金亦为隋侯得珠之象。

兑卦见乾，临水（溠水旁边），为水打磨的金子，为珠宝，为闪光之象，水为坎，为夜，丁巳为兑中鬼爻，为有灵气之物，故夜晚能发光。坎水和兑类象为月，故有“明月珠”之称。

这则小故事中所演绎的卦象和干支的组合可谓是一气呵成，把它整理出来的确很惬意，一些初学者不总是感叹自己的基本功不行吗！我建议你不仿看看《搜神记》，练练基本功。

《搜神记》之：董仲舒戏老狸

原文：

董仲舒下帷讲诵，有客来诣，舒知其非常。客又云："欲雨。"舒戏之曰："巢居知风，穴居知雨。卿非狐狸，则是鼷鼠。"客遂化为老狸。

译文：

董仲舒教书、讲经、诵读，有一位客人前来拜访。董仲舒知道，这个客人不是寻常的人。客人说："天要下雨了。"董仲舒开玩笑地说："住在巢中的可以知道刮不刮风，住在洞穴里的可以知道下不下雨，你如果不是狐狸，就肯定是鼷鼠。"话刚说完，客人就变身成一只老狐狸。

古代的很多笔记小说在我看来都包含许多易学象意，《搜神记》的作者干宝是易学大家，象数易学已进入了出神入化的境界。在该著《搜神记》中已把好多易学象意的东西转化成了有趣的故事。

这则小故事就是一个比较典型的案例，学过点象数的人都知道，五行中木主风，震的卦爻像一个鱼缸，震还为大树，在将鱼缸的象意合二为一，就会让人想到树上的鸟巢。再将木主风的象意与鸟巢及震为木主风的象意融合也就是董仲舒说的：“巢居知风”了。

后一句“居穴知雨”就很容易懂了，从类象上来讲，兑为穴，为泽为雨。再从客人的话语来论，雨乃水，为坎，为水，为子，为鼠，水主聪明智慧，也为狡猾，故可类象为狐狸。所以董仲舒判断：“卿非狐狸，则是鼷鼠”。

至于董仲舒觉得他不是普通人，则是学易的人经过长期的象意学习所产生的一种特殊的感觉罢了。我个人认为干宝主要是通过故事讲卦象的类象及组合，当下我们学易的朋友缺少的就是卦象的连续类象和组合。

《搜神记》之：罗威为母温席

原文：

罗威，字德仁。八岁丧父，事母性至孝。母年七十，天大寒，常以身自温席，而后受其处。

译文：

罗威，字德仁。他八岁死了父亲，待奉母亲极孝。母亲已经七十岁了，天气十分寒冷的时候，他常常用自己的身体把席子捂暖，然后再请母亲睡。

此则小故事是讲孝道的，读来感人至深。这种孝敬父母的实际行动，永远值得全社会提倡。

在这则小故事中，罗威父亲早逝，母亲长寿，及罗威用自己身体为母亲暖席子等内容都是暗合易象的。我在读这则故事时，脑海中自然地跳出了震卦的庚子和庚午两组干支，并很快形成了故事的象意组合。

震卦按纳甲法纳庚，庚子为震卦的初爻纳音为壁上土为父母爻，庚午为震卦的四爻纳音为路旁土为子孙爻。子午相冲，为子孙在震宫逢卦宫旺气而冲父母，为克父母的信息。子为阳，午为阳，震为阳，故先损父而不是母，相反母反而长寿。

因子水得震木为子孙（大象），震为东方主仁，为仁者寿之象。子数为一，午数为七，合之为八，故八岁死了父亲。庚子为壁上土与庚午路旁土相冲相见为壁上土变成了路旁土，象意为家中的墙壁倒了，弄到了野外路旁之象，临父母爻为家中死了父亲。

母亲七十岁与子午冲相克应，为子水生震木，而木生火为良性循环，为子孙孝顺之象，为庚子得庚午子孙之气而长寿之象。子为子月为天寒时节，在震宫为席子冰冷之象，因庚子为壁上土临父母爻为家中，父母爻又可为坤，在子月又主棉被，可类象为床，在古代可为席子。

庚午冲庚子，午火为子孙，为热，为火，为子孙的身体，子水为父母为席子，为子月，为水，主寒冷，子午冲主儿子为母亲暖席子之象。

此象要是现在就可取震为雷电，为用电褥子或其他的电器取暖之象，可判断这个取暖设备为儿子拿银两买的。另外庚子也可引申为父母家冬天的取暖设施不好或有问题是完全可以的，并可将此象延伸拓展到四柱、奇门、六壬、金口诀等象数应用领域。

总之，要灵活地随着时间地点的变化而变化的类象联想组合应用才能体现易象的趣味性！

《搜神记》之：牛生犊

在文史笔记小说《搜神记》卷七中有载：

“晋元帝建武元年七月，晋陵东门有牛生犊，一体两头。京房《易传》曰：‘牛生子，二首一身，天下将分之象也。’”

读到此段，我按照干支易象的方法，取己丑，丑为离宫子孙爻，在离宫可为头的象意，丑为二，为牛生犊，一体两头之象。再把公元317年为丁丑和该年七月戊申的干支一组合，我判断：一是该年七月会出现大的水灾；二是丙午月会出现日食。

后翻《资治通鉴》有载：“一是五月日食；二是七月发生大旱灾，司州、冀州、并州、青州、雍州发生大蝗灾；黄河、汾水漫过河堤，漂走了一千多家。”竟然神奇验证！

我主要依据己丑纳音为霹雳火与丁丑同位相克，霹雳火就是打雷，丁丑为父母爻，戊申也为父母爻，在预测天时都主雨，丁丑又为涧下水为水从上往下流淌的象意，丑又临太岁为大水之象；此外己丑又与离宫的己未相应，纳音为天上火为太阳，丙午月为天河水，戊午与己未纳音同，为就位相克之象，再把丁丑戊申父母爻主雨的信息和己丑为霹雳火主雷的信息加入综合取象，为大雨和水灾的信息，同时也主日无光之象。因此，判断为该年的五月有日食发生。

我又试着按照干支易象的方法，对《搜神记》其他有年号的离奇故事进行了研究判断，然后再看《资治通鉴》，有的也竟然精准地验证了。

我跟朋友开玩笑时说："我能预测准一千多年前的事，也证明了我有一千多年的功力啊！"朋友也调侃说："你用的方法就是《天龙八部》里的乾坤大挪移啊！"我说："《搜神记》就是倚天剑和屠龙刀，能弄明白时还会发现，这里面还藏着高深的武功秘籍啊！"我建议易友们也看看《搜神记》，也许会别有洞天。

《搜神记》之：断槐复立

《搜神记》是我国小说史上杰出的文言短篇小集。内容十分广泛，多谈蛇、鬼、妖、神等奇异故事，文风简洁幽雅，是典型的现实主义与浪漫主义相结合的创作手法，故事情节曲折离奇，读后让人感到异常的新奇，不想释手。

每有闲暇，我都会翻看《搜神记》，原因主要是：一通过阅读书中的小故事可以得到休闲；二对该书中的故事做易象的解读，可以从中发现不少象数应用原理，活跃思维，受益匪浅；三可以看到不少《京房易传》的解读，还有作为易学家干宝的易学思想。如该书中有一则故事，讲述两个老头争山地，让太守张宽评判，张宽将两个老头都抓起来了，并责令杖罚，被打的两个老头都变成了蛇。我对这则故事，进行了易理分析和总结，提炼出凡八字中有双巳，见辛卯家中必会发生房产之争，我在面授讲座时，把这则故事的原理讲了，不少学员反馈，在实践中应用十分准确。可见对《搜神记》小故事的探研提炼总结，并非是纸上谈兵。

下面我们聊聊晋干宝《搜神记·卷六·断槐复立》一文。

原文：

元帝建昭五年，兖州刺史浩赏，禁民私所自立社。山阳橐茅乡社有大槐树，吏伐断之，其夜树复立故处。说曰："凡枯断复起，皆废而复兴之象也。"是世祖之应耳。

译文：

在汉元帝建昭五年(约公元前34年)间，兖州刺史浩赏取缔了当地老百姓私自设立的农业社（"社"是相当于"里"的基层行政单位）。山阳郡橐县茅乡的农业社内有一棵大槐树，官吏们砍断了它。可就在那天夜里，槐树又耸立在原来的地方。有人解说道："凡是枯树、断树复活，都是衰败后又恢复兴盛的象征。这是世祖光武帝中兴的应验。

可见，古人是善于把大自然中的一草一木与国运的兴衰联系在一起的，但从故事的情节来看，似乎是先知道结果，而附会的。如果按照象数易学的思维，依象寻理论事的话，则可以得出该年的国家大事，我的研究多是做这样的推论，每有新解翻《资治通鉴》对照年号，则都能找到相应的事件对应，从而总结出象数之理，获得实践中来的新知，乐趣亦从此中来。

在古籍中，对于大树的论述，在我的印象中莫过于《六壬金口诀》中"大树死，长者死"一句。说的是家中如果有大树死，则会相应的有长辈死去。

"断槐复立"这则故事中的大槐树死而复生，如用《六壬金口诀》中"大树死，长者死"的理论来生搬硬套的话，显然会闹出笑话的。但是考虑问题还应该沿着此句的思路去思考，也就是说应该结合实际将大树与长者的信息联系起来，这句口诀的原理来自乾宫的纳甲，因为甲寅按正五行论为大树，为乾宫的二爻，为财爻，也为宅，在宅周围或者说最近的树，特别是大树均可视为财爻也可视为长者，因为乾为长者，还因为甲寅与五爻壬申兄弟爻相应，乾的类象为长者为老父，而壬申为五爻为兄弟爻，与老父为兄弟，自然也是长者了，如果甲寅出现了死亡的信息与壬申相应的话，则正应了“大树死，长者死”的象意。

此则故事与《六壬金口诀》中“大树死，长者死”的信息不能同步的是树死而复生，如按原理判断国中有大人物死亡后而复活，从常理来讲，如像这种事情也太少了，所以90%以上是不会应验的。因此，不能照搬照抄，应当联系实际做灵活处理，合理的想象才有可能应验。

故事中明确讲了是大槐树，而且也描述了此树从被砍到复活的过程。如果说结合《六壬金口诀》中“大树死，长者死”这句的话，可以考虑此树被伐为长者已死，死了的长者在哪呢？自然会想到坟墓，再往大人物方面去想，就如顺藤摸瓜一样会想到陵园和太庙。但又复活，可以考虑长者的坟墓或陵园重新修建之象。因大槐树的槐字为木字旁边有个鬼字，说明木已死，更说明可以用大槐树类比当朝的皇族陵墓，重新复立则可类推为有皇家陵园重新修建之象。

翻开《资治通鉴》找到汉元帝建昭五年，即公元前34年，果然验了我的推断，在该年的农历六月庚申日恢复了刘据的陵园，秋季恢复太上皇祭庙、陵园及原庙，恢复照灵后、武衰王、昭衰后、卫恩后陵园。这则故事，实在地讲比较离奇。

做为易学象数思维的理论研究，我想是不应该回避鬼、神和现实生活中不存在的事物的，因为这样可以开拓我们的思维空间，使思维不受束缚，这一点《周易》的开篇就谈我们生活中见不到的龙，为后人大胆的想象，合理的思考提供了生动范例。实际上《搜神记》的故事就像我们平时做杂乱无章的梦，看似无章法，但按易学的角度去思考，是有迹有理可寻的。近两年来，我对梦的实占与应验也证明了这种研究的合理性。

从实践的角度去考量，可以看出《搜神记》对于易学理论的传承及发展，还仍然发挥着超越时空的作用。该书中的每则小故事，对于我们这些探研者而言，仍然有着无穷的魅力。

读《金口诀》悟易象（一）

《六壬金口诀》相传为战国军事家孙膑著，纵观全书，深感其内容艰深，寓意缥缈，无疑是古典预测学中的上乘之作！闲时泡上一杯绿茶，播放一曲《高山流水》，平心静气，抛弃世俗琐事，仔细阅读该书，古韵悠然清乐忘忧之说自然不虚。

读书是乐趣，读周易象数系列的古籍丛书是乐趣中的乐趣。《六壬金口诀》之所以让人感到愉悦，不仅是它的预测神奇，更多我看是书中贵神、月将临十二支、六十甲子铃等组合所产生的象意。现举一例与各位易友共同分享。

例一　传送临寅：主尊长死亡，或无父母，迁移田宅凶

这组干支的组合是庚申和甲寅，如单从申（传送）和寅的组合来看，想看出上面的象意是不容易的，当然稍有易学象数常识的易友会认为，寅为尊长被申金克自然是主“主尊长死亡”，尊长就是父母，尊长死了没有父母正好是克应。父母又代表田宅，被克也就是迁移田宅主凶的道理所在了。这样解释虽能自圆其说，表面上看也无可厚非，但仔细追问起来还有些失之浮躁，换

句话说象意不够充分。

比如我们随便追问一个问题，寅为什么就代表尊长呢？可能得到的答案是：一、古书上就这么规定的；二、寅上是甲，代表头为首为尊为长。如果说这个类象合理的话，甲为尊长可以代表父亲是可以的，但代表母亲就无从考据了。退一步讲就算可以代表母亲，那么父母为什么可以代表田宅？不会也说是书上这么规定的吧！那么书上为什么这么规定可能很少有人去追问吧！这样问题就出来了，前面用甲类头首为尊长等类象的合理性就有些动摇了。

如换个角度看，把庚申和甲寅都按照天干地支的组合来取象，所产生的象意就比较充分。按纳甲法来看甲寅为乾宫的二爻，爻辞曰："见龙在田，利见大人"。这里面有尊长有田地，如再把寅按汉代十二月辟卦来看，则寅木为地天泰卦，上卦为坤为母，下卦为乾为父，这样父母就都有了。寅为尊为长也就没什么问题了。寅还藏在艮宫，艮为山为石，为有高度的土。甲寅为木又有石和土还有纳音水的组合还有高度，房宅的象意就呼之欲出了。

再看庚申，从六兽的角度类象为白虎，从纳甲的角度为震卦的五爻为官鬼爻，为鬼爻临白虎，爻位也主尊长。庚申与甲寅的组合，寅申相冲，寅木被伤的情况下，"主尊长死亡，或无父母，迁移田宅凶"。就这么两个到四个汉字就能判断长辈、房宅搬迁的吉凶，这就是中国的传统文化有趣的地方！

像这样有趣的类象，在《六壬金口诀》中比比皆是，但古人就是这么高妙玄远，只讲干支组合所产生的象，而不谈象意的出处，这需要我们今天的后学，不断地努力探研挖掘和整理，才能让古人的智慧在当代发挥积极的作用。我们既然学了就要知其一更要知其二，之后谈起来才敢说略知一二。

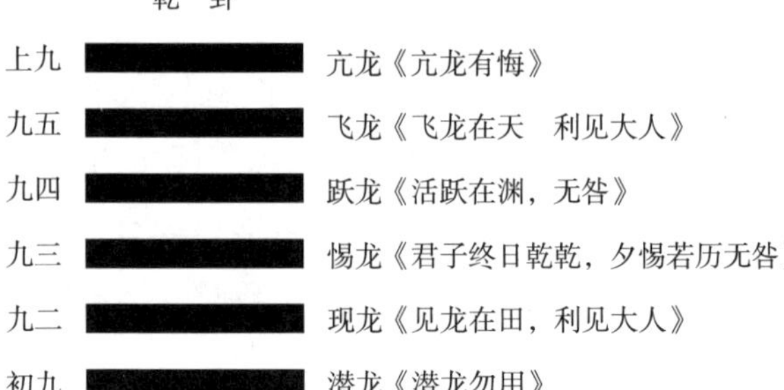

读《金口诀》悟易象（二）

看易象应用典籍，内心平静是很重要的。不论儒、释、道都在强调静的好处，别的先不说，最起码能让人心神安稳下来，看起书来才有思路有灵感有乐趣。前面对《金口诀》的易象解析中，谈到了喝茶与听古典音乐，也说到了古韵悠扬，不过话说回来，现代的音乐也是不错的，也能让人在中西音乐歌曲的喧闹声中找到宁静和启发，这就是音乐和歌曲的好处。

前不久，买了玖月奇迹组合的光盘，其中有音乐有歌曲，这个组合把西洋的和中国的结合，把古典的和现代的结合，还能演唱民族、美声、通俗、流行等众多流派歌曲，而且都达到了很高的水平。以往美声就是美声，通俗就是通俗，西洋乐器就是西洋乐器，古典的就是古典的，现代的就是现代的，从来都是界线分明的，而玖月奇迹的组合让人们看到了“多与一”的组合与完美统一。

我在想易学象数应用的流派又何尝不像音乐中的流派呢！歌曲的唱法又何尝不像六爻、四柱、奇门、六壬、风水等门派呢！音乐中有的多与一的完美统一奇迹，为什么不能在易学的研究应用中实现呢！我所研究的干支易象其实一直都是这种理念在起主导作用，看了听了玖月奇迹的歌曲演唱和表演，我更加坚定了我的学习研究探索的信心。对《金口决》研究解析我就贯穿了多样性相统一的理念。

例二　传送临卯主：无子孙，出外自将财物去，又移门、失物、损车。

看到传送申金与卯的组合所产生的象意，不知道易友们是什么感受，我是觉得难度不小。就算我们能从卯为门户申为传送主动，能简单地看出移门，申为白虎和道路为车，卯为震木为动为出行，可以看出车损。那么，无子孙、失物的象意，好像就不那么容易看得出了。

学过《六壬金口决》的人都知道申为传送为四月的月将，卯为太冲为九月的月将，如果把贵神加上申上的天干为庚，庚申又叫白虎，卯上天干为乙为乙卯为六合，把将与神合二为一，按纳甲法观之，则庚申为白虎临震宫鬼爻，乙卯为六合为坤宫三爻为鬼爻，将庚申与乙卯所在的卦宫一组合，可知为雷地豫卦，初爻持世，为震宫卦，庚申为官鬼，乙卯为兄弟爻，按纳音来看庚申为石榴木，乙卯为大溪水，正生鬼爻庚申，为兄弟临鬼破财之象，乙卯大溪水生石榴木在外卦五爻，为“出外自将财物去”之象，卯又为门户主移门，纳音为水为玄武与兄弟和鬼爻一组合，为失物的象意。乙卯在坤，在易学中有天覆地载之说，地为坤为载，在卯为震为动组合起来的象意为车，见庚申为白虎为毁折之象为损车。

此段象意就剩下“无子孙”的象意了。按震卦信息，庚申五爻与二爻乙巳相应，巳为子孙爻，与鬼爻申金相合，化水为父母，主卦木土交战，水受伤，为无子孙之象，另外乙卯为坤中鬼爻，坤为大腹之人为孕妇，将此象与卯组合也为腹中胎儿有问题之象，再把庚申鬼爻的信息加入，可断有子孙必流产之象，也可直接说无子孙。或者说生产怀孕过程中不顺利。八字中有乙卯和庚申的女性此信息尤为突出。

听唱歌和音乐我们知道打破门派界限，还有广阔的空间，研究易象同样需要跨界组合，大家都能看到我的易案中不论是预测自然灾害，还是预测个人的命运都在努力实践着并验证着这种多样性统一的理论，且效果较为明显没有搞纸上谈兵！我整理这些笔记，就是希望这种理念能给用心学习探研易学象数应用这门知识的朋友们有所启示和帮助。

读《金口诀》悟易象（三）

在《校正京本六壬神课金口诀大全序》中有这样一段话：

“世传神课金口诀，命谓述自孙氏膑。膑始清大六壬，尤歉其博而弗约，遂择其简粹神妙之最，辑为此书，傳行於世，占无不应。”

是说《金口诀》（全称《六壬神课金口诀》这里简称）是孙膑看到了大六壬比较烦琐，所以对六壬进行了删繁就简的改进才产生了《金口诀》，应用的效果是“占无不应”。

本人觉得“占无不应”是建立在学好学明白能变通的基础上，并不是学会了起课就能做到的。要想把《金口诀》学好，首先，要解决的问题就是基础知识的问题，其次才是应用。

对于《金口诀》《奇门遁甲》等我很少按照书上的起课起局模式去应用，原因就是我记不住，也不愿意记那些烦琐的起局起课模式。

有不少易友问我会奇门吗！我常讲：“看过，不太会起局。”也有人问我懂六壬吗？我的回答也是：“知道点，不会起课。”但你起上局或起上课我会判断，即使不用什么局呀课呀什么的，我能用一组或两组干支来应用奇门、六壬、金口诀、六爻中的理，而且应用效果还比较好。

有些易友认为我学的不传统或说不系统，这点我不能认同，因为我的易案分析都是符合易理的，有的来自奇门、有的来自六壬、有的来自金口诀、有的来自玄空风水，有的来自古典笔记小说，总之都是有出处的。这些都得益于平时我对古典预测学中易象的破译与解析，时间久了思路自然就会开阔和丰富起来。

我常常把有天赋的人比喻成功能全、质量好的手机，而把学习比喻成手机的电池，你手机没了电，再多的功能也是无法应用的。不少易友很有天赋，开始学易的时候，应用得很好，后来就越来越不行了，自己却找不到原因，其实最根本的原因，就是放松了基础知识的学习。正所谓“基础不牢地动山摇”。下面我们来看一下《金口诀》中的这段文所包含的基本象意。

例三　传送临辰主：有客远方死，或剑下死，或为军人。

解析破译这样的易学象数应用古典章句，是可繁可简的。可以破译可以详解也可以精解，我的态度不敢说是精解，但至少要过自己这一关，因此，我每解析破译古籍中的一段文字，都力求做到象意丰富，力避牵强。

有的易友对我说：“你敢保证古人就是你这么想象的吗！”我说：“这个不敢肯定。不过我认为，解析和破译全释古籍的目的，并不在于完全为了某种相似而做相似的某种附和。就如同临帖练字一样，大书法家董其昌临王羲之的书作，与原作品不同；大书家王铎临王羲之的书作与王羲之的也不同与董其昌的更不同，但谁能说王羲之、董其昌、王铎的作品不是书中的佳作呢？

关键是你在学习中收获了什么，这一点很重要。”

此段文字是说庚申与戊辰的组合，会产生“有客远方死，或剑下死，或为军人”的象意。初看，最直接的能看出剑下死，因庚申为白虎主刀、剑，为震中鬼爻为白虎为鬼爻临白虎主死亡。但“有客远方”一句从何而来的却不知。

再从戊辰来看，它是坎宫的官鬼在二爻，而庚申在震宫的五爻也为鬼爻，将庚申与戊辰组合按卦宫来看，正好震卦在外卦，坎卦在内构成了雷水解卦，为震宫卦，二爻持世与五爻相应，二爻距离五爻较远且在外卦，庚申又为鬼爻临白虎主有人死亡之象，故“有客远方死”。

前面讲了庚申主刀、剑，这里为什么不说死在刀下而说死在剑下，我认为跟爻位有关，庚申在五爻是有身份和地位的人，用的应是剑而不是刀，就跟部队中当官的都配手枪，当兵才配步枪有个身份等级的差别。

最后一句“或为军人”是说死的人可能是军人，因为这段文字主要强调的是死亡，后边又补充了类象，一是死在剑下；一是死者可能是军人。象意主要来自庚申，为震中鬼爻，震主武人互卦见离火主兵戈。

《金口诀》中的象意虽然细微但不虚诞，深信世之识者当有取焉！

读《金口诀》悟易象（四）

近来朋友从杭州寄来了产地的龙井茶，今日沏上了一杯，马上就能闻到淡淡的豆花香气，看到玻璃杯内逐渐下沉的绿叶，心情好像也随之慢慢地沉了下来。

记得唐代大书法家孙过庭《书谱》中讲书法创作时的合与不合，其中就有“良纸佳墨”一条，说的是好的纸张和笔墨能让人心情愉悦，书写出来的书作就要好于平时高于以往。其实，看易学著作与喝茶的关系也是如此。

一杯好茶一本好书一份好的心情，宽余的时间，闻着淡淡的茶香，翻开古籍《六壬金口诀》，感悟古人在干支取象上的清新与细腻，一些难解的象意便会轻松地在脑海中演绎浮现。

原文：传送临巳主家中灶鸣，及两度移灶，必主破漏。

《金口诀》中这段表面是讲，申金与巳火相临时，其家会发生灶鸣，以及两次迁移灶台也可能是指搬家，还一定会有破漏之事发生。

这里特指是与灶台用具如锅、盘等有关的器物，如单从申与巳的组合来看，好像这样的象意不太好取出。如按《金口诀》书中的“十二贵神所属”来论，申为白虎与庚组合为庚申，巳则为螣蛇为丁巳，虽说该书“十二将神所属”中把申金称为传送，巳为太乙，但是申和巳不都还是同样的申和巳吗？

就像一个人身兼多职一样，所以可以把申按庚申，巳按丁巳来取象。庚申为震卦中的五爻，丁巳为兑卦的初爻，将两者卦宫一组合即成为雷泽归妹卦，三爻持世，兑宫卦，上互卦为坎，下互卦为离，从大的卦象来看，上震下兑。

震有仰盂类象之说，与兑组合，兑为金属，上有缺口，综合象意为铁锅之象，上互坎与上震组合为锅里盛着水之象，下互见火临兑主毁折为火烧锅漏之象。故言：“必主破漏。”

又因震为木为风主雷，庚申为兄弟爻亦主风主动，主鸣。丁巳为兑之鬼爻纳音为砂中土，庚申见丁巳也相当于兑卦克震卦为打破沙锅之象，兑冲动震，前面有锅和火的象意，可知是在灶台上发生的破损之象。

灶台有声响即原文中说的灶鸣之象取的是震主鸣的象意。丁巳为兑为2，冲庚申为两次移灶之象，此点必与破漏器物相应。

对于这条象意，我是有体会的，在本人的四柱中有庚申逢丙辰、丁巳运时（纳音都为砂中土可通用之），家中搬了两次家相当于移了两次灶，烧破两回砂锅（当时有段时间喜欢用砂锅炖菜）。每想到这些，都从心里产生对古人深深的敬意，可见古人的象意是有着深厚的生活基础和广泛的实践意义的。

心有灵犀　千载相承

——干支易象深度解读古典笔记小说命、相故事

明清笔记小说中有很多命、相故事，我每有闲暇一般多看笔记小说，对于有的故事，看后脑海中不由自主地就浮现出干支易象的推演原理，每次看我都把这些浮想联翩的东西记录在书页的空白处，并认为这是心有灵犀，传承着一股象意的力量。在实践中很多时候我有种超常的灵感，这种感觉我想主要是来自平时的努力和积累吧！要说还有别的东西，我认为就是老天的恩赐吧！

明代的陆粲编撰的《庚巳编》中有一则小故事。

有一位龚大，家境富裕，人也长得身宽体胖。他的肚脐附近有一颗黑痣，痣上长了数寸的长毛，算命先生说他一生的福气都在这根痣毛上。

龚大平日和人说话时喜欢大笑，有一天他在虎丘半塘寺盲僧的禅房里闲谈，正开怀大笑时，盲僧却对他说："你不要笑，明年你肚皮上的痣毛就要掉了！"龚大听了心中有气，闷不搭腔。

翌年的某一天，龚大在洗澡擦身时，肚子上的痣毛竟然真的忽然掉落。过了几天他就死了。

读完这则小故事，脑海中马上就浮现出：乙卯为坤宫官鬼爻，坤为身宽体胖又为大腹之人，“卯”谐音毛也！乙卯纳音为大溪水，水色为黑，为鬼爻，又为禄，将坤为腹的信息参入整合一下，整体信息就是此人腹上有颗黑痣，痣上长了数寸毛的象意。因卯为门户，卯中藏乙，为门中有木为闲，乙卯为震宫所含，震为响声为说笑之象，又因乙卯为坤中鬼爻，坤类象为牛，牛为丑在艮宫为山为寺庙，艮中含寅为丘，为虎丘之象。

又因此象全在乙卯中，再将大溪水乙卯的象意加入，为虎丘半塘寺闲谈之象，因乙卯为坤中鬼爻，与艮中鬼爻相通，又是在虎丘，克应了卯与寅相通。因寅为艮中鬼爻，为艮中最上爻，为丙寅，纳音为火，主离为目，为眼睛，寅由乙卯化出来的，因此，乙卯之纳音水也必克丙寅之炉中火，此克应虎丘半塘寺禅房与之闲谈的僧人必是盲人！因丙寅在艮中为鬼爻，在艮中最上爻，因此盲僧的预言有通天的神力，寅与卯相通，寅为艮有下落的信息，因此盲僧预言此人腹痣上的毛脱落也是情理之中的事，因水克火，寅木在艮中所以乙卯水被伤，乙卯大溪水克丙寅炉中火产生气体，所以盲僧预言此人生了一肚子气。因丙寅乙卯都是鬼爻，相战并相克，盲僧之目正好克应此人腹上之毛，为必落之象，乙卯为大溪水，为洗澡毛落之象，因都是鬼爻又有山墓，故克应此人死亡。

此虽为故事，但易理却环环相扣，看似风马牛不相干的人和事物之间却蕴含着很深刻的道理，有时一个人到什么时候说什么话，好像也是必然的。有句成语叫一语成谶，说的就是生活中谁一句话就可能成真正的预言！在古往今来的历史故事中有很多一语成谶的故事，所以中国人不论年节都喜欢听吉利的话，生活中也常常听到“借你吉言”这样的话，这些都是因为历史和现实生活中屡见不鲜的一语成谶的缩影！

我在研读笔记小说时，也碰到易友说：“这些都是故事，能是真的吗！”我说：“你今天到我这来儿，我给你预测或你看到我给别人预测的事，再过几百年有人看到不也会像你这样发出疑问吗？故事就没有研究价值吗？故事就一定是假的吗？你怎么知道这故事中没有石破天惊的秘密？金庸小说《倚天屠龙记》中的倚天剑和屠龙刀，就很说明问题。最终真正意义不在刀和剑的本身，而是刀剑中藏着惊世的武功秘籍。”

读笔记小说，在没有易理解析的易案中，我觉得收获非常大，有时与杨景磐老师电话交流，他也常说：“可能古人，特别是三国时的管辂用易可能就像你这么用的。”我说：“很多东西都失传了，要想继承不是靠现有的书本，而是靠心有灵犀，即使再过一千年，灵根也会千载相承的。”

读《金锁玉关》札记

近日闲暇时间，都在看被民间视为风水绝学的《金锁玉关》，此书流传版本甚多，但大同小异。我看到几个版本，多数都是在把书中类似的术语做了点评和注释，没见到一本是讲此书中易理的。

静下心来，我认真仔细地看了“九星方见水见砂的所主”，可谓妙象叠出，象趣非凡。此书的作者一定是在易象的运用上达到了精深的境界。网络上讲解《金锁玉关》的视频也不少，我也看了些，大多数人将此书视为八卦类象的应用，认为非常简单，一学就会一用就灵。还有的把此书神秘化，认为只有师父教才能学懂弄通。总之，我没看到想看到的。

任何一门高深的学问，要想让人信服，都要在道理上讲得通，实践上用得灵才行。只强调老师多厉害，此书多神秘是很难让有识之士认同的。近日我已点评阐释了九星砂方见水的吉凶原理，现将“二黑沙方，见水凶”中的前两句“未水出盗贼，事犯产收没”“形若斜飞去，战场寻尸骨”的易象原理阐释如下，仅供易学爱好者参考，同时也欢迎批评指教。

“未”即坤中所藏，《金锁玉关》中称为“二黑方”，在古书中常将“未”视为太常即己未，为离之子孙爻，此处见水即为己亥为鬼爻，应己巳兄弟，为鬼临兄弟，兄弟为夺财之神，鬼又是不正当的手段，亥又是晚上，将象意组合起来即是在不被人注意或暗中夺取他人财物之象，这种行为即为盗贼的行为，如果住宅或坟地的未方有水即有家中出盗贼或被盗之象，按此象兄弟临鬼，兄弟在上九爻，主最终非法所得也会随着事犯而财产都被收没。又因为亥水和巳火都分别在巽宫和乾宫，均在角上，故言形若斜飞去，即水的形是打斜的，当然也不一定是真正意义上的水，也可以是广泛意义的水，如未方有一条斜的路来冲宅，或一个与地面平的小造型器物等均可按水论。那么此象主什么呢？书上原文是“战场寻尸骨”，即此家有参加战争在战场上阵亡之人。原理是己未、己亥、己巳均在离宫，离的类象为盔甲为武人为军人，兄弟己巳为世爻临鬼，不但出盗贼，而且出了问题会倾家荡产，家中还会有军、警参战执行任务牺牲之象。

易理搞清楚了，那么这样的情况怎么办？当然就是把这个水或地面物的造型加以改造，才可以改变家宅、店铺或坟地的风水，避免问题的发生。前提是要把问题找准，易理弄清，才能知道怎么办，这就是风水学的意义所在。

读《周易集解》札记

今读唐代李鼎祚《周易集解》复卦："反复其道，七日复来"一句，见均按"六日七分"之理来解，《资治通鉴》中亦说焦延寿所著《焦氏易林》也是此等爻辰值日说，以至后人多把《焦氏易林》当成象数易学的工具书，遇到什么事起卦象后直接去查《易林》。此种用法无疑于刻舟求剑。

汉代易学大师京房，创立并总结了纳甲法，而他的老师就是著《焦氏易林》的焦延寿，由此可推出《焦氏易林》及易象的研究应该遵循纳甲的原理，才能明《周易》原文的意义所在。前不久，我运用此法证实了坤卦中"东北丧朋，乃终有庆"的意义是家中死了长辈后，乃有喜事发生。那么这个喜事及"有庆"中的庆是因什么而庆祝？我研究的结果是在东北方向参加晚辈的婚礼。前几日，几个沈阳的易友来我工作室，我判断一位易友家中有人去世后，在东北方向参加晚辈婚礼。果断验证。此进一步增强了我研究易经的爻辞及章句含义的信心。

今按纳甲理论分析"反复其道，七日来复"的象意，取世应爻为道路，反复其道，即可将世应爻颠倒一下，即是由复卦变为豫卦，为初爻乙未父母持世，应爻正好为庚午孙来生，午正好为七数来生世爻乙未，故“言七日来复”。庚午为子孙主出行，生助乙未世爻，故言“利有攸往”。

聊点《河洛理数》

书购得多，总想淘汰一部分。《河洛理数》这套书是1994年末购买的，看了多次也没看懂。近日，整理书柜把这套书拿出来准备列入淘汰书籍处理掉的，再仔细翻看时发现，此书的内容象意思维独特，非一些俗人注易可比。

此书的取象完全是按纳甲法来写六十四卦爻辞的。如坤卦三爻诀二首其一中："待命含章终必吉，强谋前进未亨昌。玉兔衔刀黄金上，万里鹏程羽翼忙。"按纳甲法，坤卦三爻为乙卯应上六癸酉，乙卯为官鬼主谋和追求，应癸酉冲克乙卯为"强谋前进未亨昌"之象，乙卯为木被癸酉冲克动则为丙申，丙申为艮中之子孙纳音火为红色，艮为山石乙卯又为文字，故有印章之征，由于乙卯化艮为山石为止为不动为待命，鬼化子孙吉，所以说"待命含章终必吉"。

乙卯为兔与癸酉应，酉在兑宫类象为玉、为刀、为口、为金，在坤宫土主黄故又为黄金，将类象全部组合起来即为"玉兔衔刀黄金上"之意，又因坤为亥为水为北为鱼，正因乙卯与癸酉为上六为天边，作者的思维跳跃性很大，一下想到了庄子的《逍遥游》中北冥鲲鱼化鹏的故事，故乙卯纳音为水为羽为翼，化丙申为子孙，申为九应天爻，为鲲鹏展翅九万里之象，故取象“万里鹏程羽翼忙”。再《师》三爻“马奔坤地远”，四爻“牛行西北地”均为纳甲思维，因《师》卦三爻为戊午，午者马也，四爻为癸丑，丑者牛也。

寥寥几句，象意颇为动人。完全打破了以往注易者的思维定式，不落俗套的这种思维正是我想看的。此书与我看来有缘！

风角占

在古代有一门学问是占风的，专门研究刮风的方向、大小、形状以发屋、折木、扬沙、走石等，并从中得出吉凶祸福的征兆，把这门学问叫风角占或叫风角鸟占。这种占法在古籍史书上多有应验记载。

《后汉书·李南传》中有两则占风的易案：一是和帝时期，有个太守叫马棱，因征讨盗贼不利，朝廷已明确下令要查办他。此时李南拜见马棱向其表示祝贺！马棱说："朝廷都要查办我了，有什么值得你祝贺的呢？"李南说："我今早看天气，有善风出现，明天中午时当有好事，所以前来庆贺！"第二天白天马棱也感觉到天气晴朗，惠风和畅，心情为之大好。到了下午三点多时，上级单位有文件传过来说："停止对马棱的调查处理。"李南问是什么原因？得到的回答是，对待马棱征讨盗贼的事，要综合多方考虑，并非他主观造成的不利，因此不再追究。事后马棱对李南十分叹服；二是李南的女儿也通晓风角之术，她嫁到由拳县为人妻，有一天早上到厨房做饭时，外面刮起了暴风，她便向婆婆请假要回娘家看看父母，婆婆不允许，她就对婆婆说："我学过家传的风角术，凡是有暴风吹到井、灶，主家中做饭的妻、妾将死去，我应该是某某日就要死了。”婆婆答应了她的请求，后来果然在她说的那个日期得病而亡。

在《风角书》上有关善风和暴风的记载，善风是指日色清明风势缓和，而且从吉位方向刮来，不扬起尘沙，让人心情喜悦的这种风。而暴风是指不论天气如何，总是出现突然刮起风，又突然停止，不一会又刮起来的这种风，象意是短命，有人死去之象。将种种风的状态与人联系起来，就可以判断人的吉凶祸福了。

不明白易理和八卦类象的人，认为人的吉凶祸福与风是没有必然联系的，探究这种联系也是徒劳的！其实，古人早就发现了自然界中万事万物都是与人有着不可分割的联系，所以才提出了“天人合一、天人感应”学说。我最近在看《风角书》觉得十分有趣！许多问题值得深思探讨。

螣蛇值土的象意

近日在看《管辂神卜仙书》线装版，虽说是伪作，但内容可观。没有太多的废话，每句话都有一定的象意，看了还算有那么点收获。

今日看到六神这个章节，讲“螣蛇值土”的象意有首打油诗：“蛇入泥土中，冬藏不见踪。若闻雷动处，奋发出尖濛”。看完后感觉此处把惊蛰的象意讲得非常到位。每年的3月5日或6日就是惊蛰这个节气，也就是农历的二月。惊蛰这个节气从易理上讲，就是到了打雷的季节。天上雷声一响，地下洞中冬眠的小虫子都被雷声惊醒爬出洞外来。这个惊其实就是指震卦的象意雷，因为雷的声音大，能惊到万物所以用了一个惊，蛰就指蛰伏地下的虫，惊与蛰合二为一即雷声惊醒了蛰伏的虫子，此月象征万物复苏，蛰虫出洞之意。

具体地讲，从易理上是卯月的辟卦雷天大壮，即象意为天上有雷。分解到爻象，即四爻庚午持世，为坤宫卦，乙巳伏在二爻地中甲寅鬼爻下，卯月时庚午为火为马为乾为巳为蛇为虫与乙巳同，在亥、子、丑、寅月时此虫均蛰伏在地中的二爻，只有到了卯月的辟卦时，变为午火跃出地面，此就是下图中螣蛇值土这首诗的象意，其实也是惊蛰为什么叫惊蛰的原理。

下一句“螣蛇若值金吊死魄呻吟”，讲的是螣蛇值金的象意是上吊而死，那么为什么螣蛇值金就主上吊而死呢？只要这样一问，看书就不盲从了。思考下去，读这类书的乐趣就来了。

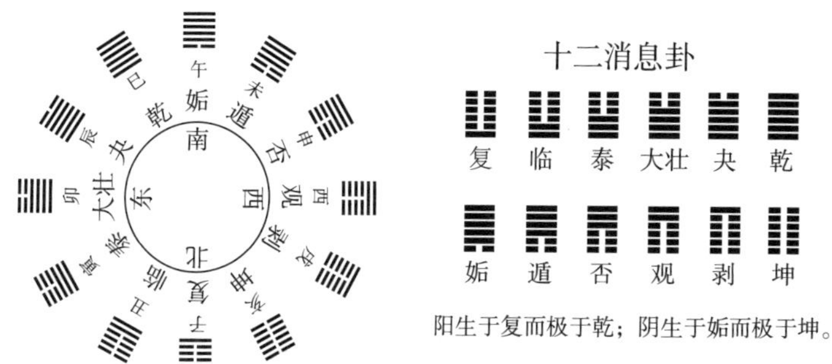

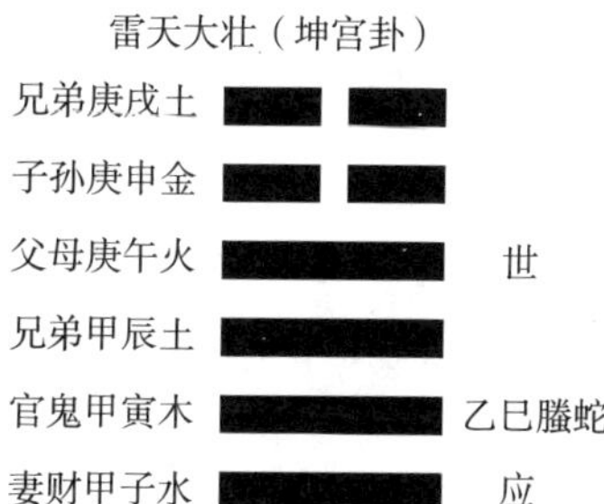

两蛇夹墓吝无疑

在《六壬粹言》中有“两蛇夹墓吝无疑”，说的就是出现了这样的干支组合，这个人做人处事非常的小气，这种组合如果是占讼主被囚，占病主因肝硬化而死，即所谓的积块而死。后面又说，如果年命乘亥上乘天罡即辰，冲戌则上论不成立。

看来有的人十分小气也是命中注定的，在六壬的组合中出现这种现象是为人处世小气，如果八字中出现这种情况也可以判断此人吝啬。因为不论是八字还是六壬易理都是相通的。看来古代的先贤把形形色色的人都进行过研究，特别是比较典型的人格如吝啬型的研究得比较深入，规定得比较具体实在是可贵。

那么古人是基于何种象意考虑来界定吝啬的人格的呢？从象意上来看，取了丙戌加上临两蛇名曰两蛇夹墓，象意吝无疑！其中的原理主要是取戌之十二辟卦山地剥，因剥卦中二爻为鬼为宅爻为丙之禄与五爻丙子子孙相应，原为子孙制鬼，可又加两蛇为，鬼旺子孙弱，且乙巳又得伏神甲寅财来生，为财化鬼，鬼旺生父制子孙，而且乙巳为坤宫之父母爻主不动之象，五爻子孙为出入之神克不动乙巳之鬼，且财爻甲寅于其鬼下还能化子孙而生鬼，所以子孙不但拿不到财物反而还得倒搭点，此为吝啬之象，故言吝无疑。

剥卦中之鬼旺反制子孙，为鬼旺所以求讼为被囚之象，问病则取乾卦之鬼，乾为金为坚硬之象火旺生土而坚硬，下又伏甲寅为财化鬼，甲寅主肝胆，故疾病有肝硬化之征。可见为人小气也是一种病，这种得什么病死古人在象意上都给规定好了。可见人的许多行为也是与疾病息息相关的。

“两蛇夹墓吝无疑”的象意原理就是子孙爻与鬼爻的组合中出现了鬼旺子孙衰的现象，如泽天夬卦也是这样的组合，可见易理基本的内在规律弄清楚了，凡是符合这个象意的就可以判断此人吝啬以及身体健康状况，并非只能在“两蛇夹墓上”守株待兔。我认为这样理解古人创下妙诀，才能使妙诀粹言千变万化地鲜活起来。

热闹与门道

作家沈从文说：“写小说的人与看小说的人，看书的角度是不同的，看小说的人多是看故事情节和结局，走马观花一带而过，看的是热闹；而研究小说写作的人，则是要看文章的结构、情节的安排、语言的使用等，都是为写而做准备的，看书的娱乐性排序是靠后的。”

门道与热闹是有着很大区别的，同样易经的研究也是这个理。

最近看《断易大全》，其实一部分内容与《断易天机》是重复的。如把六十四卦配上一幅很奇怪的，莫名其妙的图画，又有几句解曰，总给人一种前言不搭后语的感觉。最初购买《断易天机》时，就觉得此书是故弄玄虚，没什么意义，所以此书一放闲置书柜中就是二十年。

最近重新研读时，才发现这是一本好书。不由得感叹这个配图和解曰的作者是真正能读懂易象的人，真正的高手！好多东西其实并没有所谓的失传，只是大多世人发现不了这里面的奥秘，所以渐渐地把一些好的内容说成了失传！非得要得到他爷爷或什么高人才能算真传！仔细想想多么迷信的语言啊！让我想到了“绝学”两个字，那么什么是真正的“绝学”？我认为把像《断易大全》《断易天机》这样的内容放在身边甚至眼前，视而不见才是真正的“绝学”。

大部分人都熟知《推背图》这本神书，也看到不少牵强附会它预言了什么历史事件，把这本书说得神乎其神的。其实，要我看就是“王二小放牛”把敌人引进了包围圈。目前，所有人对此书的解释都是把自己最熟知的最擅长的知识，运用于解《推背图》。比如研究历史的，就说《推背图》如何准确预言了历史王朝的兴衰，又如研究医学的就说《推背图》如何预言了病毒，研究金融的、科技的等等皆如是说。他们都有一个共同的特点，就是都不懂易理。这样的人还常常写文章发抖音说些如“人身上最好的风水就是孝顺”等等跟易理没有一毛钱关系的言论。谈易就是要用易经的语言及理论来讲话，易经的研究也是有最基本的内容，需要熟悉的，不是阴阳、爻象、八卦、五行、六亲都不明白，上来就大谈特谈易经和预测的。

我想要说的是从易理的角度，怎样看《断易大全》中的图和解曰。以火天大有卦为例，大家可以看看门道和热闹。

火天大有卦，配图一个妇人腹中一道气，气中一小儿，一药王，药有光，女人受药，一犬。如单从画面和卦象研究，真是看不到这些，也搞不懂这个图喻示着什么，与《推背图》的模式有点像，看着有点懵！但是也好奇，也觉得这个图有趣！

那么古人是怎样依据卦象画出这个画面的呢？

我的研究有两种思路，先说一种直观的吧，就是大有卦世爻甲辰父母爻，爻位在腹部位置，与应爻己巳官鬼相应，辰巳为巽宫所藏，可视为巽，应爻的巳恰在巽的五爻为子孙，为一小儿，辰巳为巽为风为气为长女为妇人，三爻为妇人的腹部，出一道气，而气中有小儿为此理也。而巳在大有卦中为官鬼，而在巽中为辛巳在五爻为子孙，为药，将官鬼的象意、子孙的象意、五爻的象意，三象合一即为药王的象意，己巳生甲辰父母爻，为妇人受药之象，药为己巳为离宫为火故药有光。又因大有卦为归魂卦，为乾宫卦，故己巳下伏神为壬戌，戌为犬，故一犬在旁之象。

类似这样的构思，《断易大全》中还有不少，对象意组合有兴趣的易友，可以研究一下，必能活跃你的思维，提升你对易象的理解能力。

《断易天机》赏析

《断易大全》与《断易天机》两本书，内容相近有重复又有不同，最精彩的部分是对六十四卦有图有象的释意，但这部分内容又不是谁都能看得懂的。如《断易大全》与《断易天机》都收录的山天大畜卦中有："一鹿一马，月下有文书，官人凭栏，栏内花发茂盛。"并注此卦最宜求官。虽有画面感，却很难看出这些都各不相干的图像之间有什么联系，又是怎样从山天大畜卦中把这些象意提炼出来的。

《断易天机》这个名字听起来就神乎其神的，再配上这些图画和谶语，有种看《推背图》的感觉，丈二和尚摸不着头脑，我虽购此书已有二十多年，一直不解其中意。当时购书时，是因为这个书名以为是什么秘籍，看了以后会神思缥缈如有神助，可是买到手一放就是二十几年。

近日翻看，才知此书确实是一本真正懂卦象懂易理的高手所著。先说这"一鹿一马"，就是大畜卦二爻甲寅官鬼持世，艮宫卦，二爻伏丙午，甲见寅为禄，故为一鹿，同音为禄，伏丙午为马。再看"月下文书"，此句难解之处在于月亮的象不好取，其实还是从二爻入手的，因伏爻丙午为光明应丙子天爻丙寅，子、寅时，均为夜晚和黎明之时，此时与天体相应有像太阳一样的光亮之物一定是月亮，又因丙午为父母爻主文书，故有月下文书之象。最后“官人凭栏，栏内花发茂盛”之句取甲寅为官鬼爻在下艮中为栏为官人凭栏之征，甲寅为木下伏丙午为木上见火为花的象意，故栏内花发茂盛。五爻丙子财临君位来生官鬼，故此卦最宜求官。

综上所述，此书中内容是非常可贵的。目前还没见哪本六爻的书能把象意用得如此精妙的。

《山海经》与易象研究

《山海经》最初听到这本书的名字，是从鲁迅那篇《阿长与山海经》的叙事性回忆散文中得知的。后来渐渐地了解多了，知道大易学家郭璞对《山海经》是情有独钟的，并且为此书做了好多注释。

由于对易学的喜好，我也购了不少研究《山海经》的书籍，许多观点如禹鼎说、地图说、壁画说、巫图说等目前还没有得到考古研究的支持。我认为从易经象数的角度去读这本书倒是与郭璞的观点有些暗合，看过郭璞的注释及评语，我认为郭璞是从易象的角度去读《山海经》的，从经文所描述的内容来看，也是与易象相符合的。

比如《南山经》中“杻阳之山，怪水出焉。而东流注于宪翼之水。其中多玄龟，其状如龟而鸟首虺尾，其音如判木，佩之不聋，可以为底”。运用离卦就完全可以把这段经文十分吻合地破译。

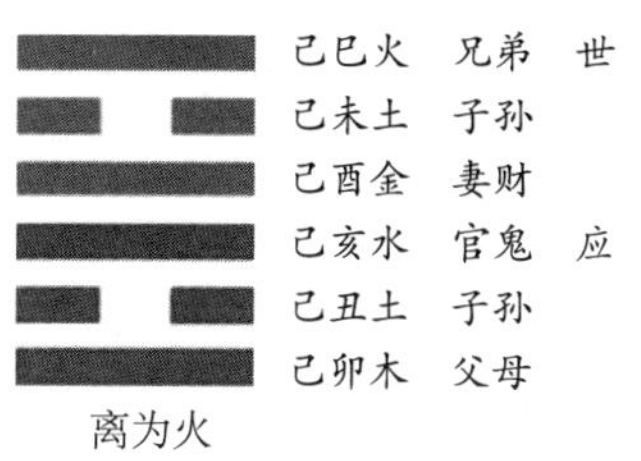

离为火

《南山经》取周易中的离卦，经文中讲山故取离中之山，山为丑，在离卦的二爻为己丑，而离卦的世爻为己巳，应爻为己亥，纳音均为木（己巳大林木、己亥平地木），将两者象意合二为一，则为杻字，又因离为火为太阳，故经文中出现了“杻阳之山”。

离卦应爻为鬼为亥水，世爻为兄弟爻为蛇，蛇主怪异，将二者象意综合一下，即是“怪水出焉”。因应爻己亥为鬼爻，即官鬼为法令之象，《尔雅》中有：“宪，法也”。又因己亥在离宫为朱雀之地，水按五音为羽为鸟雀之翼之象，水又生木，世应爻纳音均是木，木主东，综合象意为“而东流注于宪翼之水”。

离卦的卦爻符号为外两阳爻中间一阴爻象外坚硬内软，故八卦类象取离为龟为甲胄之象，所以在离中取龟的象意理所当然。因亥为水为玄，故为玄龟的象意，多者与兄弟爻应为多，故经云：“其中多玄龟”。

离卦中含丙午为朱雀故此龟头是鸟象，应爻亥与巳应，巳为蛇，亥为水，为坎，为后，为尾，故尾是蛇尾。经云：“其状如龟而鸟首虺尾”；因巳为蛇，为圆形身，而象旋转又是玄龟取同音，故经云“其名曰旋龟”，下段经文曰“其音如判木，佩之不聋”。郭璞《图赞》：“声如破木，号曰旋龟”。此象可从世爻纳音是己巳大林木，应爻己亥为平地木，巳亥相冲为破的象意，故郭璞的注释是符合原经文意的。

己巳在上九爻为头见应爻为亥水，为头上之水，按《内经》观点水为肾通耳，故亥水可象耳，巳亥冲有破木之声故常在耳边响起，可理解延伸拓展理解为如佩之耳不聋。

以上观点，仅为个人一孔之见，不足之处在所难免，望有识之士不吝赐教。

乾卦象意的思考与应用

狗年到了，我与大家分享一个与狗有关的易案。

在2018年1月28日，沈阳易友在辽宁大学哲理楼组织了一次易理初级理论辅导课，我去了。因为此前我答应过他们有空我参与下，那天刚到那，高楠就急忙过来问我：“晚上梦见一只黑狗来到身边，能应何征兆？”

我说：“你最近是不是要烧点纸钱了？”她说：“没有啊！”结果第二天她给我打电话告之，我说完的那天晚上她母亲来电话说周一要去烧点纸祭祀。

这个梦的解析原理我完全受《老子》中：“天地不仁，以万物为刍狗；圣人不仁，以百姓为刍狗。”一句启发，研究刍狗是指古代祭祀时用草扎成的狗，《周易》起源的时候，就有以狗祭祀的传统，演变到春秋时就用草扎成的狗代替活狗了。

所以在乾卦中的上九爻为壬戌，壬戌就是黑狗，在乾最上爻表示离天最近，离神最近，上九爻按爻位也是太庙的位置，主祭祀。所以高楠问我时，我都没加思考地就脱口而出说她要祭祀了。

在乾卦中与世爻壬戌相应的是甲辰，辰也就是每年的清明节这个月，因为壬戌为太庙为祭祀，所以与它相应的甲辰的辰月清明节也就是我们全国祭祀的时节，乾卦的爻辞谈龙也是这原理，我们说的“龙的传人”也是从这来的。

我觉得研究《周易》不能只往上附会历史故事，大讲特谈哲学道理，应该把所讲的道理与现实对接，互相验证，才算实事求是，用佛家的说法叫“实证实修”，否则都是纸上谈兵，很难分清谁讲的有道理。

艮卦“止”的象意

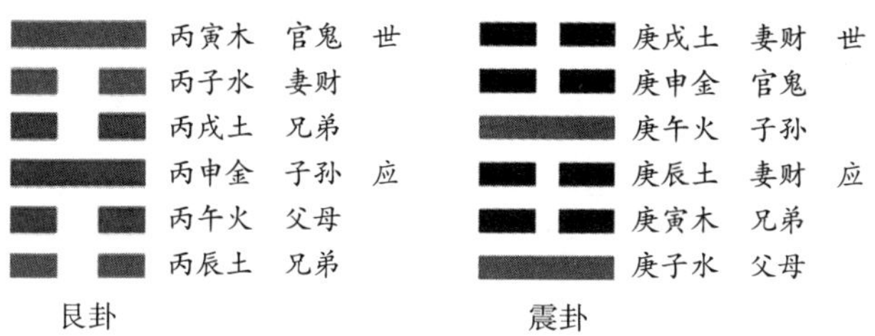

今晚下了两盘棋，回来看《卜筮正宗》，看到艮卦，其中有“艮者，止也”之句，以往的解释都是艮为山为止，意思是山在前面挡住了去路，所以取象为“止”。

许多学易经的人都是这么讲的也是这么理解的，就不再思考了。其实不然，如果从卦爻的角度理解，比按艮为山，为止理解要生动得多。

艮卦中应爻子孙在上互卦震中，震为足，为动，为阳爻，而子孙也是运动之神（食伤吐秀），申又为道路，而申又为互卦震的官鬼，为道路不通之象，申在艮中，艮为土，土生申金旺制震木，为道路禁行之象，为止，又因丙申与丙寅爻相应，也是子孙爻与鬼爻相应，而且鬼爻在最上爻持世，为最高的行政长官命令禁行之象，也可为止。

再从上互卦为震为足主出行，而上卦的卦爻符号正好与震爻相反，为原地没动之象，故亦可为止。将此象意延伸可以是出门道路受阻，亦有车辆破损之征等。

我看周易这类书，喜欢从这些小问题入手，拓展延伸然后再思考怎样贴近生活实际，这样小的问题积累多了，自然就形成了一种习惯的定式，运用起来既合乎情理，效果又好像是意料之外，此正是研易的妙趣横生之处。

“巽在床下，丧其资斧”爻辞今用

今日看《周易集解》之《巽》卦，前几日看《周易研究》有篇文章是讲《蛊》卦的，里面有“先甲三日，后甲三日”，我把这个迷破解了，觉得有趣，又想起《巽》卦中有“先庚三日，后庚三日”。所以又研究巽卦之象，正好近午时《巽》也研究差不多了。想起了一位微友的八字坤造：辛酉辛卯己酉戊辰，想试一下研究成果。于是用爻辞上九“巽在床下，丧其资斧，贞凶”。断其2011年破财失物。反馈：丢了四部电动车。由此验证《周易》爻辞每句都是有预测功能。

一般周易爱好者不研究爻辞中的象意，用者多套用爻辞，古今学者多讲爻位得与失和“承”“比”“应”“据”，还有的纯粹以上下卦和互卦的象意取象，均有牵强附会之感。今以纳甲之法解易，爻辞之奥义妙象均可与现实生活对应，此易之大义也。

此我以《巽》之上九失斧而结合实际来论，古代斧子乃家中常用之物，而今天别说丢失，在城市家庭中，白送给谁都未必要，这就是古今的不同，故我按纳甲取上九爻辛卯，卯为震宫所藏，震为雷、电，故判断为丢失电话手机等物，震类象为足为车与辛酉应，辛酉在兑为少女，此不取少女象，而取小的象意，为小的带电的车，为电动车或摩托车都是此象也，故研易应联系现实生活，才能使象意通古今之变。另外，就是言之有据，证之有理，此例是也。

周易中《睽》卦爻辞论失马古案例鉴赏

原文：

黄贺又为段诲筮丧马

又蓁城镇将段诲夜宿邮亭，马断缰而逸，数日不知所適。使人诣肆而筮之，贺曰："据卦《睽》也。初九动者，应有亡失之事，无乃丧马乎？勿逐自复。必有縶而送之者。"回未及舍，已有边鄙恶少牵而还之。时人谓贺为《易》圣。

注释：

蓁城：今河北省石家庄市蓁城区，别名廉州。北齐，改城县为高城县。隋开皇六年（586）复置九门县，十年（590）置廉州（治所今蓁城治）。唐武德元年（618）九门郡改称观州，巨鹿郡改为廉州。蒙古太祖时，改为"蓁"，遂称蓁城县。

黄贺：唐昭宗时（867—904年）河南巩洛人，为躲避战乱，曾在常山安家，以卜筮为业。

睽卦：初九爻辞"悔亡；丧马勿逐，自复；见恶人，无咎。"

译文：

河北藁城守将段诲，晚上在驿站留宿，半夜栓马缰绳断了，他的马跑丢了，好几天找不到。段诲于是派人到集市上去找黄贺占卦，黄贺说："起得火泽睽卦，睽卦的初爻动，应该有丢失东西的事情，大概是马丢了吧？不要再去找了，一定有人牵马送回来的。"派去的人还没回到驿站，就有一个相貌丑恶的胡人牵着马送还了。当时的人都说黄贺是易圣。

六亲纳甲

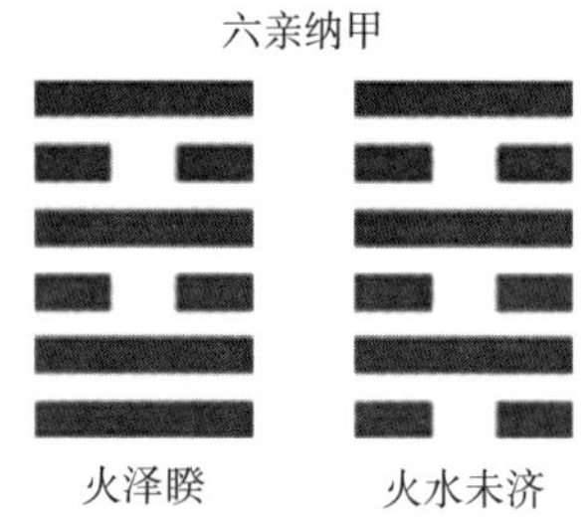

本文所引古例，是《周易》中睽卦，初爻动，预测丢失的马匹。解卦之人黄贺运用睽卦的初九爻辞，意思是讲：应有亡失之事，无乃丧马乎？勿逐自复。必有絷而送之者。很巧合爻辞所讲的，就是关于丢失东西的事情，如丢失马，不用去找，自会有恶人送回，很灵验，马果然按黄贺所言找回了。

如果我们在现实生活中，再占测遇到睽卦初爻动，测丢东西还可以套一下，如预测的不是丢东西，岂不是无所适从了？因此，拿《周易》爻辞原文，直接对照现实生活中的事套用，是完全不可取的，不是研究的正确方向。但并不是说爻辞完全不能用于预测，如本文所引案例，还有其他一些用爻辞占测应验了的案例，多数是象数高手掌握了爻辞象意的基本规律才运用的，所以，研究爻辞中的取象规律，才是正确运用爻辞的关键。

睽卦初九爻辞云："悔亡，丧马勿逐自复，见恶人，无咎。"可见黄贺是直接运用了爻辞进行预测的。从纳甲法来看，睽卦为四世卦，四爻己酉持世，在艮宫为子孙爻。应爻为丁巳为父母爻，而艮宫的父母爻为丙午伏在二爻鬼爻丁卯下，可见丁巳父母爻实际就伏在丁卯下的丙午，午为马化未济卦初爻戊寅回头生，而寅木又为艮之鬼爻，为螣蛇临鬼主怪异之事发生，为丢马，回头生为自己会回来之象。又因戊寅在坎为子孙在未济卦各为父母为家之象，寅为艮之鬼为被恶人送回之象。换种思路按辟卦理解睽卦初爻丁巳之巳正好是九四世爻酉金辟卦风地观中的官鬼爻，巳为鬼为马动化寅为乾之九二爻为宅，未济卦中的初六戊寅回头生丁巳亦是宅来生马之象，风地观卦为乾宫卦二爻为甲寅生乙巳，乙巳应辛巳鬼为见恶人无咎之象。

不知被人们称为易圣的黄贺，是应用爻辞偶然应验还是真正读懂了睽卦辞爻中的象意变化。

《晋郭璞为顾士群筮母病》赏析及感悟

原文：

顾士群占母病，得归妹之随卦。郭景纯（郭璞）谓秋必亡。盖母主仁，木也！卦内《兑》变《震》，外《震》变《兑》，木皆受克于金，生气尽矣，后果死！

注释：

母主仁，木也：古有母亲仁厚、慈爱之说，故曰："母主仁"。古人又把五行与五常相配，即木主仁、金主义、火主礼、水就智、土主信。木之性为仁，故此例以震木代指其母。

译文：

顾士群请郭璞为母亲占筮病情，起得雷泽《归妹》变泽雷《随》卦，郭璞占断说，到秋天其母必死。因为母主仁慈，木主仁，故以震木代指其母。这个卦的归妹内卦为兑卦，二爻阳爻化阴爻，变为震卦，外卦的震卦五爻阴爻化阳爻，变为兑卦，木都被金克制（兑卦五行属金，震卦五行属木），木被克则生气耗尽。之后其母果然死去。

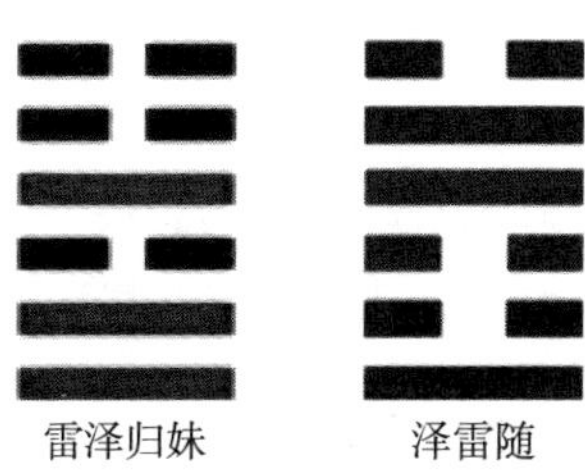
雷泽归妹　　泽雷随

看完郭璞为顾士群筮母这则例子，如果根据以往掌握的方法去分析破译，不但烦琐而且还不一定准确。要是不用以往的常规预测方法，又无从找出缘由，这样将会使预测进入一个茫然无序的状态，测出的结果可想而知。

但对于郭璞这样的高手，则不会出现上面的尴尬和无奈。他会在这种大象无形之中，很快地找到头绪，让自己的心灵和思绪，在似有似无、有形有象的有限事物中发挥作用，力求创造一种新的方法来把握本体，既有理智的思辨，又不完全执着于思辨的“得意忘言”。

因为仅凭感性直觉是难以把握本体的，而理智的思辨，能够排除有限的事物和现象对无限本体的干扰。然而，如全凭理智的思辨，分析现象和本质的区别，并不能把握无限的本体。我们在预测过程中，经常会有这样的现象，即理论上讲得头头是道，但到实际就不是那么回事。是理论错了，还是取的卦象有问题，或者四柱有问题？其实都不是，而是没有很好地将理智思辨和感性直觉完美地结合。

从郭璞的归妹之随卦来看，他不是用我们现在体用这一套，来机械地划分哪个是用神，哪个是忌神，也不是用纳甲法逐一装六亲，而是采取了一种很灵活便捷的方式，取得归妹之随卦，再不慌不忙地从卦象象意入手，结合月令节气等因素，很快分析出“秋必亡”的结论。

归妹或随卦，均由震卦为雷，为长男，兑卦为泽，为少女组成，由此两卦来看，显然是测不出母病的。郭璞高明之处就在于他把震为木主仁的象意，引伸为母爱，因为世界上所有的母爱都是非常仁厚的，所以将震卦视为母的类象，从这个意义上讲是完全正确的。这点确定后，再看归妹卦、随卦中震木被克，就能找到感觉了，这样也很容易进入心与意相通，直觉与理性思辨相结合的境界了。

当然，郭璞在易占过程中，不可能像笔者解析得这样烦琐，而是像书法或绘画大家一样，无须在基本功上绕来绕去，只是拿起手中的笔一挥而就，作品天成。

在郭璞这个卦例中，我们看到了卦象的活用，是非常的灵活，如果现在我们要说震卦可以代表母亲，有人一定会反对，说震不是代表长男吗？而且他还会给你纠错说，坤才代表母亲。此种类型的学易者，是很难理解意象中的“得意”“得气”“得机”的美韵的。

三国魏周宣解梦易案评注（一）

魏文帝曹丕问周宣："我梦见宫殿上两片瓦掉下来，化为双鸳鸯。这是什么征兆呢？"周宣说："后宫恐怕会有人突然死去。"曹丕说："我如果是欺骗你呢？"周宣说："做梦这件事，是意念中的事，如果能形之于言，便可以占卜凶吉。"话还未说完，黄门令来报告说，后宫发生内讧，彼此残杀。

评注：瓦掉下来为破碎之象，为死人之征，屋瓦为文帝屋内的事，故判断为后宫。两者结合为后宫有人将死去之象。化作鸳鸯为情感之事为起因（鸳鸯为中国著名的观赏鸟类，之所以被看成爱情的象征，因为人们见到的鸳鸯都是出双入对的。作为经常出现在古代汉族神话传说和文学作品中的鸟类。人们常用鸳鸯来比喻男女之间的爱情）。从干支易象的角度来看，瓦为屋上土，因化鸳鸯为女眷之事，故取丁亥而不取丙戌，另外丁亥也为兑宫子孙爻，兑主双，丁为禽鸟也为鸳鸯之象，亥为水为坤两栖动物之象，丁为红色与亥为坤为水组合为鸳鸯身上的羽毛、角等特征（虹膜褐色，嘴雄鸟暗角红色，尖端白色。雌鸟褐色至粉红色，嘴基白色，脚橙黄色），均在类象上可以类出，兑为白色、亥为坤为黄色，亥为水为黑色，丁为火为红色与水土调合为褐色，总之鸳鸯身上的特征用丁亥均可类出象来，又因在兑卦中初爻丁巳与丁亥相应并相冲，丁巳为鬼爻，兑又为白虎，合之为鬼爻临白虎来冲屋上土，为死人之征，丁巳在兑宫内卦，故为后宫内讧，彼此残杀。

结论：对于古易案探索延伸，有助于我们活跃思维，避免轻车熟路落俗套子，就像现代的命理、六壬、奇门、梅花易数、金口诀等数术在应用时，均千人一面，乏善可陈。现代的大师与古人比较，除了吹牛说瞎话远胜于古人外，其他的就没什么可比的了。

三国魏周宣解梦易案评注（二）

过了不久，曹丕又问周宣：“我昨天梦见一股青烟拔地升天。”周宣说：“天下恐怕会有一个高贵女子冤死。”当时，曹丕已派人赐给甄皇后诏书，欲令其死，听了周宣的话很是后悔，又派人去追赶使者，可惜来不及了。

评注：此易案，如从皇帝梦见地上升起青烟来论，有点象意常识的，就可从坤为地为女人，为皇族的后宫女人，化烟而去为女人死了。这个女人高贵也可从她化烟升天来论，而要说她是冤死的，没有点周易象数的真功夫，好像是讲不出来的。看体育比赛大家都清楚，冠军和亚军就差那么一点，可这一点有可能是这个亚军终生的努力也达不到的。下围棋都知道有石佛之称的韩国棋手李昌镐，他是十几年的世界冠军记录保持者，在他的全盛时期，多少高手他都是半目胜，亚军也是就差那么一点点，但每次比赛人家都能赢你那么一点点，就说明人家比你高出许多。研究易理也是情通此理，这个易案可贵之处就在于周宣判断出了这个女子是冤死的。冤字的意义是无故而受灾，如从象意中挖掘这一点，对于我们水平的提升还是大有帮助的。

在坤卦中从爻象上看，只有二爻乙巳为有烟有火的特征，此爻与五爻癸亥相应，五爻为君位为头，乙巳灯火在坤宫来冲，与曹丕做的梦象就较为相符了，乙巳为坤宫为地，巳在巽为风为女，风为木见灯火为烟，来冲癸亥为曹丕会梦见青烟拔地升天之象。坤为地，见巳为升，因地见巽为地风升卦（此法原自《三国志·魏书·方技传》管辂传中有：乙卯是长子的征候，同理可证，巳是可以取巽卦的），因乙巳纳音为火，故为青烟之象。又因癸亥大海水不克乙巳灯火，即便是青烟癸亥也克不到，但人毕竟是死了，为无过而受罪之象，为冤的象意。当然，在三国时代的易学高手都喜欢用十二辟卦，即将亥月视为坤，坤中含未申，而未为农历的六月份，为南方火局的一员，是天气最炎热的时候，也可代表烟火。而所在的坤宫为亥代表农历的十月为结冰下雪的时候，两者相重叠，可谓冰火两重天，在农历六月出现大雪，就是未与亥的组合的象意，未为火的象意，而亥是冰雪的象意，对于未来讲为火，天在这个时节下雪是违反常理的不应该的，就是无过而受罪为冤的象意，因亥水可克未火之故。老百姓俗语讲的："六月飞雪必有冤情"的象意原理，应该就是出自汉易的十二辟卦吧。所以有青烟拔地而起的象意亦是未中所含的火被克的象意，为冤情的信息。当对这些易理知识的认知达到精熟的程度时，就像围棋的定式一样只要记熟了，在实战中就不用太多的思考，很复杂的变化对高手来讲在瞬间就可做到，在常人看来则是叹为观止的。

结论：只有把易学研究探索的根基，深深地扎在周易象数发展成熟的汉代，才能在汉易的这棵千年古树上生出枝繁叶茂的现代易学。

三国魏周宣解梦易案评注（三）

曹丕又问周宣：“我做梦摩娑铜钱花纹，想叫它们磨灭。但是越磨越亮。这是为什么？”周宣感到怅然，没有作答。曹丕一再追问，周宣说：“这是您家庭内部的事。您意有所为，但是皇太后不愿意。这就是纹络越磨越亮的缘故。”当时，曹丕想给曹植判罪，但是卞太后坚决不同意，所以只是给曹植贬爵。

评注：俗话说：“日有所思，夜有所梦。”这句话是有道理的，人们白天脑子里所想的事情，往往在夜间做梦就会出现，然而有的梦是与白天脑子想的东西有联系，但有的却没有直接联系，是以间接抽象的梦境出现的，这使做梦者对梦境的判断就出现了盲区。曹丕梦摩娑铜钱花纹就是个比较抽象的梦，直观地看这个梦对于他处理兄弟之间的事是没什么联系的，但从周易象数的角度来看却是紧密相连的。首先，钱币在周易八卦类象上是财，为老婆为俸禄还可为官运，三国时期魏的铜钱也是外圆内方上有花纹图案的，外圆象天，内方象地为坤为母为太后，曹丕是皇帝也可用钱币来类象，磨钱币也等同磨自己一样，财为妻子，故周宣判断是家内的事情。其次，如果将磨铜钱币的类象延伸，钱还可代表皇帝的同类为皇帝的手足为兄弟，想磨灭铜钱上的花纹，也有治罪兄弟的象意，而钱币的花纹又是与铜钱的方空以及外面的圆都是一体的，因花纹磨灭也伤及到了内在的方孔及坤卦，所以太后必然反对，铜钱花纹被磨也为贬爵减少俸禄的象意。

结论：梦境虽然是虚幻的，但反应的内在道理却是真实的。有些梦是现实生活中情景的真实反应，吉凶好坏可做立即判断，有的梦则是比较抽象的，与个人潜意识中的事毫无瓜葛，甚至是风马牛不相及，但从周易八卦类象的角度来看却是息息相关的，曹丕的这个梦象就说明了这个问题。今年的夏天，从新西兰回沈阳的一位女士对我说："自己梦见一个小碗破裂而碎，没多久自己的父亲就死了。"我说："这个梦还主你的舅舅贪了官司已被抓了。同行的朋友非常惊叹！他说："这事你怎么能知道呢？她舅确实是刚被抓起来不长时间啊！"可见解梦不但要有直观的类比思维，还要有微观的抽象的易学思维，因此可以证明，周宣肯定是个易学高手。但奇就奇在他与他同时期的易象大师管辂、相术大师朱建平虽然用易的表现形式不同，但却都达到了相当高的层次！不像我们今天的所谓易学大师用易千篇一律毫无生趣！今人当反思一下！

三国时期的解梦高手：周宣

周宣，生卒年不详，字孔和，乐安（治今山东高苑西北）人，擅长解梦，在郡做官时曾为太守解过梦，后又给曹丕解梦，都灵验。官至中郎，死于魏明帝末年。

周宣是乐安人，在郡里做官。太守杨沛做梦，有人对他说：“八月一日曹公会来，授与你仪仗，给你药酒喝。”杨沛叫周宣占卜。这时黄巾起义开始了。

周宣说：“仪杖是为病弱文人预备的，药也是为人治病的。八月一日，叛贼一定被击败。”到这一天，黄巾军果然被打败。后来，东平的刘桢梦见一蛇有四只脚，在门中打洞而居。他让周宣占卜，周宣说：“这是为国家做梦，不关你一人一家的事，应当杀死那些做了贼的女子。”不久，果然有女子郑、姜等人因为参与反叛而被杀。这是因为蛇象征着女子。而脚不应是蛇所具有，所以这些反叛女子被杀。

魏文帝曹丕问周宣：“我梦见宫殿上两片瓦掉下来，化为双鸳鸯。这是什么征兆呢？”周宣说：“后宫恐怕会有人突然死去。”曹丕说：“我如果是欺骗你呢？”周宣说：“做梦这件事，是意念中的事，如果能形之于言，便可以占卜凶吉。”话还未说完，黄门令来报告说，后宫发生内讧，彼此残杀。过了不久，曹丕又问周宣：“我昨天梦见一股青烟拔地升天。”周宣说：“天下恐怕会有一个高贵女子冤死。”当时，曹丕已派人赐给甄皇后诏书，欲令其死，听了周宣的话很是后悔，又派人去追赶使者，可惜来不及了。

曹丕又问周宣：“我做梦摩娑铜钱花纹，想叫它们磨灭。但是越磨越亮。这是为什么？”周宣感到怅然，没有作答。曹丕一再追问，周宣说：“这是您家庭内部的事。您意有所为，但是皇太后不愿意。这就是纹络越磨越亮的缘故。”当时，曹丕想给曹植判罪，但是卞太后坚决不同意，所以只是给曹植贬爵。

曹丕任命周宣做中郎，为太史属下。有人问周宣：“我昨夜梦见一只小狗，这是什么征兆？”周宣说：“您要得到美味佳肴了。”不久，他出去办事，果然遇上一顿美餐。后来他又问周宣：“我昨夜又梦见小狗，是什么意思？”周宣说：“您恐怕要从车上掉下来，折断脚脖子，应当小心。”不久，果然应验。后来这人又问周宣：“我昨夜又梦见小狗，是什么原因？”周宣说：“您家要失火，应小心保护。”不久果然着火。后来这人对周宣说：“我三四天所说的梦，都不是梦，不过想试试您的占术，为什么都灵验了呢？”周宣说：“这是有神灵在督促您讲话，所以和真梦差不多。”他又问周宣：“我说三次梦见小狗，为什么每次占卜不同？”周宣说：“狗是祭神之物，所以您第一次梦见它，会得到好吃的。祭祀完了以后，小狗要被车轧死，所以您会从车上掉下来摔断脚。小狗被辗死后，一定用柳条筐装起来，所以您最后一个梦与失火有关。”周宣占梦，大都像这样，十有八九都能言中。当时人们把他和朱建平的相面术相提并论。他去世于魏明帝末年。

陈寿：华佗之医诊，杜夔之声乐，朱建平之相术，周宣之相梦，管辂之术筮，诚皆玄妙之殊巧，非常之绝技矣。昔史迁著扁鹊、仓公、日者之传，所以广异闻而表奇事也。故存录云尔。

梦见石像头之象意

称昕如意：贺老师在吗?我昨晚做个梦很奇怪，和家人朋友去旅游，在一座山上站着，看下面是水，然后我下去游泳，人还挺多，突然有人说有个死人头，我上岸一看有滩血，还有那个人头。那个人头细想想好像是石像的头，而且最近经常想起那个头，还不害怕。

贺云飞：您好，此梦主进财之兆和男性长辈身体不好有脑血之疾。

称昕如意：我公公脑出血躺4年了，谢谢贺老师，真准!

解析：

山下有水为艮宫财爻丙子，死人头为艮之上九爻为鬼爻为丙寅，在最上为头为男性长辈，又说头像为石头的证明取艮卦是对的，因为艮为石，丙子水克丙寅火，为男性长辈脑血之疾，山见水为财爻动为进财之征。

梦见小孩玩水是何象意？

2014年12月6日早上7点钟醒来，我对老婆讲："刚才做了个梦，梦见到了一个朋友家，看见一个小男孩玩水，把地板都弄湿了。"

老婆说："你没测一下能应何事吗？"

我说："今日是应有书到，应该是两份。"

刚说完就有人敲门，一看是我订的由山东大学主办的《周易研究》杂志第五期到了。到中午的时候，我网上订的书也到了。

易理分析：

辛亥日，梦见小孩玩水，直接取小男孩为亥，玩水为辛亥之父母爻发动，为文书印件之象，七点前为卯时，卯为门户，为文书印件迎门之象，父母爻也主家和到达之象，辛亥为巽宫父母爻，巽主双数，故为两件。

结论：

学易要多看书，既要看占卜预测的书，同时也要看学院里的大学教授在研究什么，他们关注什么。这样你的易学思维会开阔得多！山东大学主办的《周易研究》学术水平很高！学易的朋友不妨订上几期看看必有所获。这个易案中网购的书，我想当日应该差不多能到，而《周易研究》当日到我没想到，因为这个杂志双月刊来的时间不固定。

梦见老婆与同事们穿古装跳舞是何征兆？

上个月中旬，地质局的朋友魏某来访，易友范国林在座，当时魏谈起了我几年前给他预测的事情都一一应验了。最让他感觉有趣又百思不得其解的是2010年正月我为他解的梦，竟神奇地应验了。

他告诉我正月快上班时老婆做了个梦：“梦见老婆与同事穿着古装跳舞并问是何征兆？”

我当即告诉他：“你老婆单位有领导的母亲死了。”

他反馈：“上班的第一天是二把手的母亲死了。”

易理分析：

古装为旧为坤，跳舞为足为震，坤与震的组合为乙卯为坤中鬼爻，与同事集体跳舞为大家参与的事件，鬼爻为单位为领导，为单位的领导母亲变鬼了。因庚寅年寅月木旺坤土死，跳舞为木旺发动之象，为鬼爻旺动土死之象，坤土类象为母，故为单位领导的母亲去世之征。

梦见汽车的前后轮胎瘪了能有什么事？

杨女士来访说：“我梦见自己开的车轮胎前后各瘪一个，您看能应何事？”

说话间她随手拿过一个信封放在了我的书桌上，我知道是银两，我当即告诉她：“这个钱我不能要，我要是拿了会影响你的财运。”

她说：“别跟我找借口。”执意要给我。

我说：“你梦见轮胎瘪了这个梦就是将要失物破财之征，我要是收了你这些银两你将会破更多的财。”

她听我这么说，才收了信封。过了两天她发微信告诉我家里丢失了自行车、精致的花盆等物品。

易理分析：

在《说卦》中有坎为弓、轮的类象，车胎为圆形可取乾卦，乾类象为马为午，看纳甲为戊见午为戊午为坎宫财爻，轮胎破了正与财爻的午火相应，为要破财之征。

因坎为水也是玄武的象意，为财破临玄武为有失物之象，当天是癸卯日戊午时谈起此事，我是壬子年生人，戊见子为戊子为坎宫兄弟爻，正夺其财之象。如果我要了她的钱，说明我就是那个坎宫兄弟临玄武的象意，正当戊午时为她将破双份的财。

我没要的原因：一是我不想看她破更多的财；二是我不想应那个兄弟临玄武的象意，觉得不阳光。

结论：

将所有的象意浓缩成一爻，然后再组合其中的象意关系，往往能有神来之笔。学易既要打破常规又要一招一式符合规矩。我每个易案都是这样，所用的知识都是最根本的，也是学易的人都知道的，但表现形式我认为不应该是一样的。

像这个小例子直接把轮胎换成坎卦，再纳甲取象直接定位是财爻出了问题，既形象又直观，我建议各位易友好好研究一下这种方法。

因冰雹破财的命理研究

几天前，与朋友去洗澡。搓澡时与技师闲聊，大体上也就是问一问家是什么地方的，多大年龄，以前从事什么工作？他说："我是1979年生的。"我说："你是哪个月生的？"他说："我的生日好记！农历正月十六，咋地你会算命啊？"我说："可以给你算算啊！2010年到2013年是应该是你有生以来挣钱最多的。"他说："你说的还真准！我那几年包地种挣了三十多万。"我说："2013年到2014年就开始赔钱，2015年应该赔得最多。"他说："我从2013到2014年没挣什么钱，主要是将以前挣的钱都购买了种地的机械，这两年都是投入。2015年包了600多亩地，因一场冰雹我就全赔了。你说奇怪不奇怪，同样是下冰雹，就隔一条路，路南就没砸着，路北就全砸着了。年底我把机器和收成的一点粮食都卖了还不够还账的，总的下来赔了三十多万元。这样我就出来干了搓澡这个行业，没办法得养家糊口啊！"从他的目光中透出很多的无奈。

他接着说："你能否看出我还有一年出了车祸？"我说："你肯定是2016年出的车祸。"他说："是2016年出的车祸，差点死了。我也找人看过，都说大难不死必有厚（后）福，说我这次车祸过了就好了。你看看我是不是以后就好了？你说的真准!你是做什么的？”我说：“我也是看了两本算命的书，没想到还真给你测准了。你是什么时辰生的？我再给你看看？”他说：“上午9点多。”我安慰他几句就走了。

其实我前面流年的判断，完全是运用他的年月干支己未丙寅断的。这个八字我最感兴趣的是冰雹对他造成的损失。回来后我用手机排出他的八字，一看此八字的运气，并不是他所说的那样，“出完车祸就好了”。挣钱赔钱和车祸一眼就能看出，但因冰雹却不那么容易看出。如果不清楚此人是种地的，就算判断出冰雹的象意，也不能说是因为冰雹破财。这正是八字有趣和值得研究的地方。

经过认真思考，冰雹的象意很快就出来了。先看此八字，整个命局和行运毫无富贵之气，原命局不好行运又不好，怎么可能有好事呢？特别是乙未年加上大运为全命局所忌，故此年破财。因为什么破财？就直接在乙未上寻找信息就能找到冰雹的信息。因为乙未按纳甲法为坤宫的初爻，爻辞为：“履霜坚冰至”，此是冰雹的象意。原理是坤卦按十二辟卦为亥为农历的十月，为结霜的季节。坤卦的世爻为癸酉子孙主出行，与应爻乙卯应（乙卯据《三国志·管辂传》有云：“乙卯是长子的征候”，大家都知道乙卯是震宫所藏，管辂说乙卯是长子的征候，运用的就是用干支来取卦象，这也是本人看此句受到启发受益的地方，所以我才把我的研究叫干支易象）。可知乙卯为震，而震的类象为足，因此，从应爻取象，坤卦是谈出行的事，初爻乙未也自然与脚和鞋子有关了。再将十二辟卦坤为亥结霜的季节的象意加入，很自然就得出：“履霜坚冰至”的爻辞了。

如果换个角度，将乙未的季节换成夏天的话，这里的霜也就是冰雹的象意了。同样原理，乾卦为什么谈龙？也是应爻为龙，故初爻才有潜龙之说。启示：乙未在夏天可为冰雹的象意。同样原理，如戊戌年戊午月，南方好几个省下起了冰雹，这个象意也完全可从戊午中取出。因为，太岁戊戌和戊午均为坎卦的三爻和五爻，戊午与上九爻戊子应，子为农历的十一月正是结冰的季节，午为乾为天为圆，将天、圆的象意与坎宫子水的象意一结合，则为天上有圆的冰降下之象，为冰雹的象意。

此理，可通命理也可通奇门、六壬等数术。朱熹说：“理一分殊”，就是说万事万物都是一个理。

心得其妙，象始入神

2012年6月5日中午，杭州易友李某打来电话，说表妹家出了很多奇怪的事，想听一听我从周易这个角度的见解。我为她一一分析了这里面的玄机，她十分惊叹。其中之一是，她问我她的工作现状时，我就用她表妹的八字月令一组干支预测她的财运、感情和单位情况完全吻合。她对我预测的评价是："从一个小窗户中看到了大世界。"现选两点供易学同人研究参考。

她表妹的八字是：

坤：庚午　乙酉　乙巳　壬午

根据四柱我判断：

1. 她2011年收入最多；

2. 2012年3月单位领导换了；

3. 现单位大门口的台阶共三层，现第二层和第三层破损，其中第三层破损程度比第二层严重；

4. 如第三点验证，5月中旬现单位必有被官方罚款之事发生。

反馈：

2011年是她参加工作以来收入最多的年头，2012年她换了单位领导自然换了。现单位的大门前台阶正好三层，也确实是第三层比第二层破损严重，第一层完好。最后一点是她单位在财物账目方面的检查出了问题，现在正准备交罚款呢！

解析：

1.当时李某想预测她的情况，问我用她的八字吗？我说有你表妹的就够了。我用的都是平常简单的道理，主要是用大家都比较熟悉的月令可代表兄弟的原理，直接用月令乙酉为李，辛卯年为纳音木（松柏木），乙酉井泉水缘木而上，水木合一，酉为金在坤宫为众为多，故收入较多；

2.壬辰年（长流水）癸卯月（金箔金）纳音金水相生，卯为鬼爻，被酉冲，为领导换了；

3.月干乙按正五行论为木，月支酉为金为月干乙木之杀，前有工作变动之应，此酉金鬼爻亦有门户之应，因鬼爻象官职，可官职是一级一级的，如象宅院之物，鬼爻可为台阶，现代信息也可为电梯，卯月工作动证明卯酉是相冲的，酉临月破为破损之象，巳月问事亦为巳火克酉金，可为现在她的单位门前台阶有破损，干为木，数主3和8，因木在巳月巳酉半合，木占的比例少，故取台阶三层。因木被克泄交加，故较金破损严重故言台阶三层，第三层破损程度比第二层严重；

4.有上验则必应单位领导有损失之象，因台阶主领导，酉本为鬼爻，见巳为酉金的鬼爻，半合化金，为被官方罚款之征。农历四至五月地支均为巳午火克酉为罚款之象。

易象之法最忌生搬硬套，只有在心上对易象有了成熟的理解和认识后，实践中才能通玄达妙，正如本文的标题所云：“心得其妙，象始入神”。

暴怒伤肝——读《醉花窗医案》笔记札记

随手拿起了《醉花窗医案》笔记，闲翻题目为“暴怒伤肝”医案，看着题目我想到了四个字：“医易相通”，所以自然而然地思维会从易学的角度去看这则医案。

此医案讲的是山西名医王堉，见一位来求医者面目黑腻，胸高气喘，且脉象弦而滑，问之又有吐血和呕吐还有两胁刺痛发咳的病情，由此判断必是肝郁气滞，应该是暴怒伤肝所导致的疾病。心中对病情有了了解，随问患者是否找过其他医生看过病？反馈是找过村医，按他阴亏用过地黄汤，服用后不但没好而又添了腹胀的新病。王堉医生依据望诊、脉象和患者服食地黄汤的实情，让他先服苏子降气汤，又开逍遥散方，患者在气舒后，再服逍遥散，月余果然病痊愈。

此医案中值得思考的是为什么暴怒伤肝？面上黑腻与肝病有什么联系？我带着这两个问题想到了震卦为木主肝，震卦主响声主怒，在六爻中测天时鬼爻主雷声，也就是说怒是震卦的五爻庚申鬼爻发动去冲二爻庚寅，寅木主肝胆，暴怒伤肝也主庚寅木旺时去冲鬼爻庚申，这样就构成了肝病，实际上，就是寅申相冲。

而寅申相冲的本质是可以从寅申的辟卦中得出结论，即申为天地否卦，二爻为乙巳为鬼爻，得庚寅相生则乙巳鬼爻旺，又因为巳为巽宫之物，主风为气，气在坤内为鬼，坤为土，主慢为气滞之象，庚寅木旺化鬼而不动，为肝郁之象，而乙巳之巳按辟卦为乾为头为面临鬼爻，巳为火气为烟，烟火之气的象意在面部显现时，在头面部就会出现黑腻之气色，原理明白了见面有黑腻之气则可反推为肝郁气滞。

脉象弦是指寸关尺位左手的关位出现像按长琴弦的脉象时，主肝郁气滞，其易象原理是肝位主木，木主曲直为修长，所以呈现在脉象上必然体现木的特点，为直长为震木的特征，不柔和则为肝出现了问题。如上所讲的震卦中官鬼爻庚申与兄弟爻庚寅相冲之理是一样的，所以面相所显示的黑腻与脉象上的弦是信息同步的。在右手的关位主脾胃，出现滑脉则是寅申相冲，辟卦中天地否之三爻乙卯同庚寅生助二爻乙巳鬼爻而出现滑脉，因乙巳为鬼时，巳为坤为土为脾胃，巳为乾为圆为珠为气，故在脉象上会有像气泡一样的滑脉，将弦脉和滑脉的象意综合一下即是患者上述的症状。

最后，再说一下地黄汤在医学上组方有多味药组成，但从易象上来讲即为坤之乙卯，也就是否卦的三爻乙卯，因坤为地为黄，乙卯为大溪水为汤，合之象意为地黄汤，所以喝了地黄汤从卦象上看即是乙卯生否卦之乙巳鬼爻，乙巳在坤中，坤为腹，乙巳鬼旺时亦主腹胀之象，因巳在坤时与癸亥相应，乙巳为巽为风主气与癸亥大海水相应，所以腹部有个穴位叫气海。因此，腹胀完全符合易理。

综上所述，故先用苏子降气汤，先治理乙巳鬼爻之气，再服逍遥散疏肝、行血则病才有痊愈之象。

象意之思

民国命理学者徐乐吾在其著《子平粹言》中，有一个被牛角触伤后活了五个月而亡的易案，其八字是：

癸酉　辛酉　壬寅　壬寅

徐乐吾对此八字的命理因素解析是："辛酉纳音木，癸酉壬寅，皆纳音金，酉见两寅，为劫煞当得克身，被牛触出骨，病五月而死。"

此解主要是想说明神煞的作用，当然可作为一家之言，但要很精确地用八字白描这起牛角伤人至死的话，好像条件还不够充分。不过换个角度来看，也就是我这篇小文要说的"象意之思"，即从干支易象入手，再看这个易案就十分生动起来。

癸酉纳音剑锋金，为坤宫的上六爻，又为子孙爻，坤类象为牛，上六爻可为头，为牛头上最坚硬的部分可类为牛角，酉又为兑宫的，兑卦的符号就是上一阴爻和下面两阳爻的组合。

兑又为金，两阴爻象牛角。

辛酉为巽宫鬼爻，纳音石榴木，正被纳音金克，巽的类象为股，辛酉亦在兑宫也可为金与癸酉之酉金同，前面讲了癸酉之酉为牛角正伤辛酉木，这就可以理解为在牛身上是牛角，在人身上与牛角相同的是骨头，所以克应为伤而出骨之象。

癸酉在坤卦中坤类象为牛，五行为土按河图数五、十为土，故伤五个月后就死了。

我觉得易象既然是包罗万象的，就应该把所学的象数知识应用到学习中、应用到实践中去，这样才会有趣。

《焦氏易林》坤之泰象意解析

原文：

坤之泰：雷行相逐，无有攸息。战于平陆，为夷所覆。

译文：

震雷乾行相追逐，没有片刻休闲时，两支军队在宽阔如田地一样平整的土地上展开了交战，结果东方少数民族的那支军队把另一支队伍全部消灭了。(《辞海》对夷的解释是：古代对少数民族的总称，指东方少数民族为夷）

解析：

一是，泰卦世爻甲辰由坤卦乙卯鬼爻变化而来，而甲辰与泰之上六爻相应相合，卯木为雷，泰上互卦为雷，下乾为健为动，故云："雷行相逐，无有攸息"。

二是，因卯化辰故辰中含有卯木的信息，所以辰与酉看似相合的实际是相冲的，卯为震宫之物可取震的类象为武人，辰也在上互震中，与辰相应的为上六爻癸酉纳音为剑峰金，将两者的象意综合一下，为武人拿剑发生争斗之象。坤为众，将此象意再综合一下就是大规模的部队作战之象，因坤卦中的鬼爻为乙卯，泰卦中的鬼爻为甲寅，鬼爻与鬼爻可通类也。

前面说了甲辰有乙卯的信息，这里又找出了甲寅与乙卯的共性即都为鬼爻，所以甲辰中还包含着甲寅的信息，甲寅是乾卦的二爻其辞曰："见龙在田，利见大人。"这里的田就是指相对平整的土地，也就是原文中所说的平陆，再把上面战斗的象意与平陆的象意组合起来就是原文中所说的"战于平陆"了。

三是，由第二点可知泰卦的世爻甲辰由乙卯变化而来，乙卯与泰卦的二爻甲寅同为鬼爻可相通等价，所以一个甲辰会聚着寅卯辰三组的力量，与癸酉相应，一个酉金难敌三会局的旺木，又因泰卦本身按汉易来讲就代表寅木正当月令，故酉处囚地败得很惨，什么程度呢？全军覆没。木代表东方，为少数民族聚集地为夷的类象，所以说"为夷所覆"。

民国尚秉和及今人的解析大致为：泰卦的第三、四、五爻互体为震，震为雷为逐；下体乾卦，乾为行；震雷乾行争夺第三爻，不会有胜负，所以说"雷行相逐，无有攸息"。

震为征伐战争，坤为平陆，为夷狄，坤死，泰卦的第二、三、四爻互体为兑，兑为毁折，所以说"战于平陆，为夷为覆"。

《三命通会》中的“青龙伏藏”

所谓绝学，我认为无非有两层意思：

一是要失传的学问；

二是见解独到达到一定高度的学问。

绝学之所以为绝学，可能主要原因还在于它自身高深得让人视而不见，见而不解吧！就像龙一样，只闻其名，很难一见，又像虎一样濒临绝迹。

看很多象数古籍都有这种感觉，就说《三命通会》中“有以乙巳日时,名青龙伏藏,主饮酒有失,暗损神寿，不饮则可。”这一句吧！仅乙巳一组干支，就能类出青龙伏藏，饮酒有失，损寿的象意来。

凭我们现在掌握的正五行，想从乙巳中取出这些象意来，实在地讲根本就不可能，因乙是木，巳是火，木火相生，酒从何来？跟寿又有何干？

但是，如果换个角度，也就是我常说的打破门派界线，用六壬和纳音、纳甲的角度来看一下，把乙木按落支卯木组成乙卯，巳火生出天干组成丁巳，再按纳甲纳音分别取象，就可得出如下象意：

乙卯为坤宫鬼爻，纳音大溪水；丁巳为兑宫鬼爻，纳音沙中土，兑为口中含酉金，综合取象为水见酉为酒与口组合为喝酒之象。因乙卯和丁巳都为鬼爻且大溪水见沙中土，为浑浊之水，像酒的质量有问题，引伸为喝酒有失。还因大溪水临鬼为鬼爻临玄武，为有所失之象，兑金克震木入沙中土墓为损寿之象，乙卯为坤，坤为亥（十二辟卦），坤中含申为秋，乙卯为青龙，《千字文》曰：“秋收冬藏”，故取象意并命名为“青龙伏藏”。

可见古人构思之妙，用意之深！本人正是经过了这样长期的学习和思考，才有了实践中的传神易案。有部分貌似学者专家，他们对中国古典的预测文化没有做深入研究，就乱放炮说这些东西是迷信，其时他在说迷信这两个字时，他本身就迷信着他先入为主的东西，也就是说他本身连迷信两个字都没弄清是怎么回事。还有的易友抱住六壬或奇门等固有的模式不放，看见稍有点变化的观点，他们就自觉或不自觉地从心理上排斥，说什么“你这个不传统、不正宗”，完全拿书本衡量一切，不知活变墨守成规，看似学的一招一式中规中矩的，其实完全违背了易学“通变为神”的思想。望本文能给用心学易的朋友们带来启迪。

《地天泰》卦六五爻辞札记

泰卦六五爻辞曰："帝乙归妹，以祉元吉。"古今学易者，均在文字和史学上解析，都简单地解释为商代的帝王帝乙嫁出了女儿，因此而得到了福泽非常吉利。

如果说《易经》原文引入"帝乙归妹"这个典故就是让学者专家翻译一下，就算是研究易经的话，我觉得这是资源的浪费。道理很简单，既然是历史上都有记载的事，直接看史书和史料不就完了吗，为什么非要弄到易经的爻辞上解释一番呢？一百本书翻开都是这样解释，没有一点新意！而且都堂而皇之地著书立说了。如果这样的解读古经《周易》的话，就简单了。多找几本这类的书，把各个版本的按不同的注释找出点差异性，再把译文变点自己语言，就很快组合成若干本注释《易经》的书，这就是现在谁都能出版易注的根本原因。按这个路子不用研究，直接找几个版译注直接抄就可以著书立说。现在书店里的易注书籍几乎都是这个路子。

问题在于，真正学易的人想看和想研究的东西，真是一点都看不到。比如说泰卦六五爻辞，除了文字的注释和白话文翻译外，为什么没有人从易象、爻象的角度去研究？为什么此爻辞引用“帝乙归妹”？帝乙除了是古代帝王之外，这个从象意上来讲帝乙是从哪里弄出来的？为什么不说其他的帝王？再有帝乙嫁出女儿与得到好的吉利的结果是从哪里来的？古人是从哪个象意想到“帝乙归妹”并认为是吉利的？

我觉得研究《易经》应该带着问题去看书，带着问题去思考去审视古今的易学典籍，才能解开爻辞、象辞中的奥秘。不应该只做文字上的解读而忽略最根本的象意解读。

我在研究中发现，按照纳甲法去研究《易经》卦爻辞，是有助于我们从易象的角度去分析和解读经文本意的。如泰卦六五爻为癸亥，九二爻甲寅，癸亥为坤卦之妻财，而甲寅为坤之官鬼，而甲寅的伏神为乙巳，而巳为乾为天，为王象，为帝王，在巳上为乙，所以为帝乙之象。这个象是唯一的，所以易经的原文只能选择用帝乙这个象，而不能谈其他的帝王。由此再研究哪个是他的女儿哪个是他女儿所嫁的丈夫，然后再研究女婿与他的关系，就知道为什么结果比较吉利了。通过这样的研究再把这里面的规律总结一下，之后把所提炼出的易理再回生活中去检验，证实了就说明这样的思路和方法是可行的，验证不了说明这样的解读是错误的。

“山火贲”卦爻辞解析

——作者：贺云达

贲，饰也。有光彩烜赫，文章交错等意。土见木有盖房之象，土见火则有装修之象，故为饰，更何况艮为山为高土见火为装饰。艮宫见离，乃是艮二爻父母爻丙午旺象有文章交错之象，父母爻主衣服，离为丽。

贲，亦可读“奔”音，有船行水上（九三爻已亥，纳音为平地木，上互卦为震，故可等同于乙卯为船，下互卦为坎为水，伏丙申子孙为出行，为船行水上），马奔于路中之意。

初九，贲其趾，舍车而徒

初爻为足，卯亦为足，己卯在离为父母爻主车，在艮宫为鬼爻，故有车坏，而卯为震为动，舍车而徒。笔者曾有己卯动断车胎坏预测实例。

六二，贲其须

直译为装饰胡须。古人认为“身之肤发，受之父母”，所以不轻易剪头发刮胡子。胡子会由此越来越长，需加以修饰。古人对胡子的称呼根据部位不同而有所不同，长在嘴上面的叫作髭，下嘴唇下面的叫作须，下巴附近的叫作胡，两颊的叫作髯。此处之须应涵盖了以上的总称。

六二爻己丑下伏丙午，丙午为父母爻为长者，丙午为头面（相对于子为阴部而言，午为马为乾为头，丙午为离为面）。己丑为离宫子孙，丑为艮为装饰，丑谐音为虫，脸部之中，有须之象。

九三，贲如濡如，永贞吉

本爻的意思是：装饰得光泽柔润，永远坚守正道，便可获得吉祥。这里讲的是对全身的打扮，焕然一新，内心守正得吉祥。打扮不仅外表更注重内心，就是里里外外皆装饰打扮之意。己亥纳音为平地木，在艮宫，为土木结构，有盖房装修之象，亥为高楼，己亥在离宫，离中虚为里外皆装修之象。且己亥下伏丙申子孙生己亥财爻，金水相生为光泽柔润。启示：己亥见丙申有装修建房花钱之意。

六四，贲如皤如，白马翰如，匪寇，婚媾

奔跑气吁吁，太阳火辣辣。高头白马，向前飞奔，不是抢劫，而是娶亲。此处贲，借为奔。皤，郑玄本作燔，焚烧，这里指太阳当头晒。丙戌，丙为午，戌为火库皆可为马，下互卦坎丙戌对应的为戊午亦为马，戊午天上火为太阳。上互卦为震为奔跑之象，丙戌对应上互卦庚申为路，庚申为金为白，故为白马在路上飞奔，丙戌皆可为离，戌为乾为头，戊午为太阳，太阳当头晒。庚申为白虎可为匪寇，但在艮宫为子孙生财，不为寇而为娶亲。

六五，贲于丘园，束帛戋戋，吝，终吉

丘园，指隐逸之士所居住的地方。贲于丘园，倒未必是隐逸之士所居之所装饰得多豪华，而是因其品性高洁，所居之所文饰有光，当政的人耳闻，带着微薄的束帛（财物礼品）前来请他出山，礼物虽吝，但心诚，隐逸之士因感而出世。商汤五聘伊尹出，刘备三顾茅庐皆为此。古代许多高洁之士，为躲避黑暗的政治迫害，逃入山林，寄乐于山水之间。六五爻丙子为艮为山，上互卦为震为林，丙子为涧下水，故为丘园山水之象。丙子在艮应丙午父母爻朱雀，隐逸之士有文章盖世，不世之才。丙子上互卦对应震之庚戌，丙子见戌，戌十二辟卦为山地剥，丙子为子孙爻在五爻君位，子孙五爻为出山做事之象。丙子财爻在戌为子孙为微薄之束帛。贤人出山受重用，但山火贲，山下着火，丙午旺象，亦冲克丙子，亦有隐士出世有不厄之灾。

上九，白贲，无咎

朴素无华的装饰。丙寅为上九爻为官鬼爻，官至君临天下，当收敛。不锋芒毕露，才没有过失，于现实为官从政之道亦有意义。

贺云达：上海同济大学土木工程系硕士，现居上海，主业建筑工程。工作之余研习易经。

回乡过春节记

——作者：雷宝

今年回到东北老家过年，多年不见的亲朋好友有机会聚在一起，少不了喝酒畅谈。在酒桌上，大家平日里紧绷的心情都放松下来，谈论的话题天南海北，家里家外的新鲜事，新奇事。来串门的亲戚中有个大姐夫，当过兵，当过干部，现在外地做生意，年轻时也是天不怕地不怕的性格，按照他自己的话说“我一辈子啥也不信”，就是这个啥也不信的人，给大家讲了一个亲身经历的难以置信又不得不信的真实事情。

大家应该听说过东北的跳大神吧，跳大神是东北黑土地的一个萨满文化的传统，大到治病救灾，冲邪撞鬼，小到谁家丢个鸡，少个鸭都可以请人跳场大神舞，当然，是否施行还要考虑一下综合效益。萨满教是古代北方民族普遍信仰的一种原始宗教，太复杂了，一时无法细谈。

有明白的人应该听说跳大神的时候是二神来唱，要先请神，请神的过程民间俗称搬竿子。这样搬下神来降临附体在这个大神人身上，降临的各路仙家，动物仙一般是黄大仙、胡大仙或者常大仙。

跳大神需要二人配合组成，就是所说的大神和二神。大神和二神的角色有点儿像是相声界的二人搭档，一个捧哏，一个逗哏。大神呢更像是逗哏，承担此场“活动”的主要任务，好的大神还有讲究，下神之前全身要抖个不停，更重要的是要抖得匀乎儿，这个活儿也挺累人的。二神呢嗓子要好，要会唱，左手拿着文王鼓，右手拿着武王鞭，开始唱神调，负责“活动”热场，仙家也爱热闹，不能冷场。久而久之，神调慢慢地演化成现在东北二人转经常唱的靠山调，成了一项才艺展示。

大姐夫从小就在这种环境中生活，也就是觉得这个好玩，所以耳濡目染就会跟着哼哼。哼哼是哼哼，平时除了那些唱二人转的，嘴上没个轻重，一般人总是觉得这个调是请神唱的，平时随便哼哼不好，具体怎么个不好，也没人深究。

再说大姐夫，当年也是参加工作不久，有一回下乡去一个战友家吃饭，几个人喝酒喝到了兴头，也不知道怎么的就谈论到跳大神的事情上了，这个时候大姐夫就说，我来唱个神调，助助兴，大家一高兴也都附和起来，于是开唱：日落西山黑了天，家家户户把门关，喜鹊老鸦奔大树，麻雀家巧奔房檐，五爪的金龙归北海，千年王八回沙滩。大路短了星河亮，小路断了行路难，十家到有九户锁，还剩一家门没关，烧香打鼓我请神仙哎哎还呀……

这边正在边喝边唱的热闹着，就有点儿不对劲儿，本来战友家的孩子忙里忙外地端茶送水地侍候，这正端菜往里屋走的时候，突然“啊”了一声，仰面朝天，就倒在了地上抽起来了。大家都听得乐呵，谁见过这情形，一下就慌了。还是大姐夫这个战友家是住屯子里的，一看这情形就明白了，当时二话不说，拿起烧火棍就冲出了门，绕着房子四处找，结果在离不远的柴垛里发现了一条黄皮子，四脚朝天，正躺在那里抽搐呢。

在东北，最经常接触到的就是胡黄二仙，所以大家多少都听过关于黄皮子的故事。平时大家喝酒唱歌的事儿很常见，但是多少还是心存忌讳，很少有唱搬杆子神调的，没想到还真把老黄给搬来了，这种身边人讲身边的事并不多。大家听完之后少不了有点儿惊讶，东北话讲叫“胆儿突的”，不敢直呼其名，都说这老黄老胡可是惹不得，没事儿别招惹它们。

贺老师和我的年龄相差不多，老家又是邻县，一聊到儿时家乡的话题，感慨禁不住就多了起来。年前这段时间我知道他很忙，所以一直没敢打扰。昨天晚上（2月13日）在电话中和贺老师说到现在农村屯子里的生活水平提高了不少，但是和城里一样，过年的年味越来越淡。现在有的人家还多多少少保留着接财神、供灶王爷、年三十儿吃年夜饭之前要先发纸（我问过一些上年纪的老人，好像是说过年了，也要烧点儿纸钱答对那些没人祭祀的外鬼，免得找麻烦的意思）给老祖宗嗑头这些老的习俗，多数则是聚在一起就是大吃大喝，打麻将扯犊子。

我一下子想到那天我们这些人大吃大喝时的这一小段插曲。本来这个小插曲也是件奇事就讲给贺老师听，没想到我只说了个开头，讲到大姐夫他们这一帮人坐在一起又喝酒又唱神调的时候，没等我再往下说时，贺老师立刻就告诉我“是那家人的孩子那一刻肯定出了问题”。

这岂不是奇上加奇！不开玩笑，我听完之后愣了半天没说话，这世上的事情的的确确还真是有让人难以捉摸的一面？贺老师在电话那头可能察觉到了我的疑惑，说，你想知道这其中的易理吧！我一听有点不好意思，何德何能啊，这些年贺老师给我讲了太多他的易案，不怕各位嫉妒，呵呵，这些占测实例比博客公开的要精彩得多的多，而且是详细的解析。“你刚才说了几句我就想起梅花易数探研班上那个研究《酉阳杂俎》中姜楚公饮酒观舞的案例，一下就平移到了你讲的喝酒唱神调的事情上来，立即判断出这家的小孩出了状况。”然后，贺老师娓娓道来，详细解释了其中的易象原理，他说：“兑卦的世爻为丁未，应爻为丁丑，在卦画符号上看为乾卦的上九爻断开了，故兑卦类象为口，六三爻、上六爻为上下卦天爻，为以口问天之象，在古代为巫，故兑类象为巫。唱神调曲即兑卦六三爻、上六爻动，此世应爻均为父母，丑、未土发动必然克丁亥子孙，而丁亥应丁巳官鬼爻即初九爻，所以小孩必然出了问题即倒地抽了起来。”啊啊……原来易理如此精妙！

后　记

丁酉岁末至戊戌岁秋，我讲了两次语音课，共六十堂课。整理出两本书。其中,《干支易象学梅花易数注解》是对古籍《梅花易数》的批判解读与拓展延伸的实践,《干支易象要诀历史悬案探秘》一书是《干支易象学梅花易数注解》的姊妹篇。在《干支易象学梅花易数注解》的基础上，对《稽神录》《搜神记》《酉阳杂俎》《睽车志》等古籍进行了更为深入系统地探研解读，并增加了《三国志》中关于管辂、杨仪、魏延、邓艾的四个易案解析，既有对传统易学易术易理的深度剖析扬弃，又有常用常新的实践应用，力求做到知识性、趣味性、启发性、实用性的融合统一。由此形成了六十八个完整易案。同时，将本人部分相关研易文章附录于后，以便于读者检索参考。

最后要说的是缅怀感恩杨仁恺先生，十分感谢著名画家孙其峰、林忠军教授的题词鼓励，感谢孙维国老师作画。本书定稿之际，有幸得到了詹石窗教授、雷宝博士、才伟博士及华龄出版社编辑的帮助和关爱，在此一并致谢!

参考书目

1.（汉）司马迁《史记》
2.（晋）陈寿《三国志》
3.（晋）干宝《搜神记》
4.（唐）段成式《酉阳杂俎》
5.（宋）徐铉《稽神录》
6.（宋）郭象《睽车志》
7.（宋）李昉《太平广记》
8.（明）陆粲《庚巳编》
9.（明）许仲琳《封神演义》
10.（清）不著撰人《断易天机》
11. 杨景磐《邵彦和断案选》
12. 卢央《京房易传》
13. 朱伯崑《易学哲学史》